U0563723

“强素质·作表率”读书活动主持词选编

“Qiangsuzhi·Zuobiaoshuai ”Dushu Huodong Zhuchici Xuanbian

郝振省　著

图书在版编目（CIP）数据

“强素质·作表率”读书活动主持词选编 / 郝振省
著．—北京：中国书籍出版社，2022.8
ISBN 978-7-5068-8915-5

Ⅰ.①强… Ⅱ.①郝… Ⅲ.①读书活动－主持人－语
言艺术－中国 Ⅳ.①G252.17 ②H119

中国版本图书馆 CIP 数据核字（2022）第 021180 号

“强素质·作表率”读书活动主持词选编

郝振省 著

责任编辑 刘 娜
责任印制 孙马飞 马 芝
封面设计 北京楠竹文化发展有限公司
出版发行 中国书籍出版社
地 址 北京市丰台区三路居路 97 号（邮编：100073）
电 话 （010）52257143（总编室） （010）52257153（发行部）
电子邮箱 chinabp@vip.sina.com
经 销 全国新华书店
印 刷 北京睿和名扬印刷技术有限公司
开 本 787 毫米×1092 毫米 1/16
印 张 18
字 数 293 千字
版 次 2022 年 8 月第 1 版 2022 年 8 月第 1 次印刷
书 号 ISBN 978-7-5068-8915-5
定 价 46.00 元

序言

中央和国家机关工委“强素质·作表率”读书活动（以下简称“读书活动”），是由中央和国家机关工委、国家新闻出版署联合主办，中国新闻出版研究院承办，人民出版社、中国新闻出版广电报社协办的一项公益性活动。举办这项活动的目的，是贯彻落实党中央确立的建设马克思主义学习型政党的战略任务，服务并引导中央国家机关党员干部认真读书学习、开阔文化视野、全面增强素质。活动自 2009 年 4 月启动到 2019 年底暂告一段落，走过了整整 10 年的历程，留下了许多生动而感人的印记。

10 多年时间里，在各级领导同志的亲切关怀下，在广大机关干部和社会各界的大力支持下，读书活动取得了显著的成效，实现了预期的效果，不仅受到中央和国家机关党员干部的热情欢迎，在社会上也产生了广泛的影响，对学习型党组织建设、对全民阅读活动，都起到了独特的示范和促进作用。2012 年，“强素质·作表率”读书活动被中央国家机关工委授予“中央国家机关示范学习品牌”。人民日报、新华社、中央电视台等主流媒体持续跟踪报道，对活动的价值和意义高度关注。读书活动还得到中央领导同志的关心和鼓励。2012 年 11 月，时任国务委员和国务院秘书长马凯同志为读书活动作出批示：“读书活动，初见成效；长期坚持，必有好处；不断改进，更上层楼。”2017 年 8 月，时任中共中央政治局委员、中央书记处书记中央办公厅主任栗战书同志也为读书活动主题讲坛 100 期作出批示：“这一活动办出了特色和水平，产生了良好影响，深受机关职工干部欢迎，要认真总结经验，不断提高完善，在提升干部职工的政治素养、文化素养和工作能力方面发挥作用。”

“强素质·作表率”读书活动之所以取得较好的成绩，赢得广泛赞誉，得益于各级领导的关心和支持，得益于中央和国家机关广大干部的热情参与和积极响应，得益于主办单位和协办单位的通力合作和有力推动。其中，十二届全国政协委员、中国新闻出版研究院原院长郝振省同志起着重要而关键的作用。作为承办单位的负责人和活动的主持人，郝院长对读书活动倾注了极大热情，付出了大量心血，作出了突出贡献。在多年承办过程中，郝院长带领研究院的工作团队精心筹划安排，科学组织实施，使活动得以高效有序开展，顺利完成了各项任务。读书活动是一项系统工程，内容非常丰富，包括荐书、讲书、读书、出书等多个方面。郝院长统筹把握各个环节，悉心指导把关，细致周全，精益求精。对每一本推荐的图书，郝院长都认真阅读，严格审核，确保所荐图书的政治导向正确，内容质量上乘，同时还细致考虑篇幅和形式是否适合机关干部需求。每次为确定合适的讲坛主题和主讲嘉宾，他都要花费大量精力研究热点重点论题，了解听众急迫需求，广泛调研专家成果。为了保证讲座现场效果，他坚持每次讲座之前都和他的核心工作团队主动登门拜访主讲专家或学者，为之详细介绍活动宗旨、讲坛要求和听众情况，通过与嘉宾的深入沟通，提炼讲坛主题，设计讲坛结构，努力使主讲嘉宾做到心中有数，有的放矢。在读书活动的相关会议、征文中，郝院长也都悉心指导，倾情关注。我本人作为读书活动工作团队中的一员，有幸参与了郝院长主持的多项工作，对他强烈的责任意识和精益求精的精神印象深刻，由衷感佩并深受教益。

在郝院长主导读书活动的十多年时间里，最为人称道的是他作为主题讲坛主持人的出色工作。主题讲坛是读书活动中的核心内容，是联系和服务中央和国家机关党员干部读书学习的重要载体和平台。讲坛每月举办一次，邀请我国政治、经济、文化、科技领域的知名专家学者，围绕重点和热点论题进行主题演讲，以讲坛促进读书，以读书呼应讲坛。活动开展10多年间，主题讲坛共举办了127场，100多位国内著名专家、学者作为主讲嘉宾先后登台，讲解政策、传播新知、介绍观点、交流思想，奉献了各具特色的精彩演讲，到场听众累计超过5万人次。虽然讲坛安排在周末，但一直听者踊跃，场场座无虚席，还常常出现一票难求的情形。而跨越10多年的127场专题讲座，全部是由郝振省同志主持的。一个人主持同一系列活动讲座时间跨度之长、人气之旺、水平之高，郝院长创下了一个纪录。

读书活动主题讲坛之所以具有强劲吸引力，应该说是多种因素的综合效应。主题内容的扎实深厚，嘉宾的出色发挥固然是关键因素，但郝院长的精彩主持，也起着不可或缺的作用。许多同志都和我有相同的感受，参加主题讲坛，除了从讲座内容中获益良多、深受启发之外，还能从郝院长的主持中受到强烈感染，获得珍贵启发。在很大程度上，是郝院长的出色主持和嘉宾的精彩讲座一起，共同构成了读书活动主题讲坛的独特魅力。常听一些听众表示，他们之所以长期坚持参加主题讲坛，除了对读书活动理念的高度认可和对特定讲座主题的浓厚兴趣，一个重要原因就是对郝院长主持风格的欣赏。每次来听讲座，他们不仅期待嘉宾的专业、权威讲述，也同样期待主持人的精当归纳和点评。郝院长的主持能达到这样的效果，实在是难能可贵，令人钦佩。

细细想来，郝院长的主持之所以给人留下深刻印象，或是因为他的主持具有以下几个特点：

一、提炼准确，重点突出。主持人在讲座现场的作用主要是提炼核心观点，突出重点内容，以使听众更好地把握要义，理解关键内容。郝院长每次主持，均以此为目标展开，很好地发挥了引导、提示作用。在开场环节，他对嘉宾的介绍简洁明了，不重头衔和职务，关注的是嘉宾的专业背景和研究专长，提示的是嘉宾与讲座主题的内在联系，因为这才是听众最希望了解的信息，也是讲座自然展开的前提和保证。在总结环节，郝院长对讲座内容的归纳梳理清晰、准确，重点内容被突出强调，可以有效强化听众认知，增进听众收获感。主题讲坛内容涵盖极广，涉及政治、经济、文化、历史、科技等诸多领域，所请专家也都是各领域中的权威、知名人士。所以每次讲座前，郝院长都要广泛收集嘉宾的相关资料，深入阅读有关文献，他所做的提纲挈领的介绍、中肯到位的点评，既来源于他广博的知识积累，更是他认真、用心准备的结果。

二、节奏明快、语言幽默。主持是对内容的掌握，也是对节奏的把控，是对恰当语言方式的恰当运用。郝院长的主持之所以受到许多听众的喜爱，除了他对讲座内容的高水平提示和概括提炼，还在于他对主持节奏的合理把握，在于他富有个性的语言方式。讲座开始前，他的开场白简单明了，几句话就能调动听众的兴趣；嘉宾与听众的互动环节，他的主持语言生动风趣，既能有效把握讲座的精髓，又能有力烘托现场气氛；讲座结束后的总结、点评虽然简洁，但注重思想逻辑的呈现，注重内容展开的有序性和层次感，便于听众接受和记忆。在整个主持过程中，他还时刻秉持着“强素质·作表率”这个活动主旨，每每在不经意中，将丰富多彩的讲座内容明确引导至这个主旨之下，体现了出色的控场意识和统筹能力。

三是富有激情、别开生面。作为读书活动的推动者和参与者，郝院长对读书活动相关工作一直保持着充沛激情。这基于他对读书学习重要性的一贯认识，更基于他本人对读书学习的由衷热爱。所以他主持主题讲坛不是简单地例行公事，而是沉浸其中，非常投入。他在讲坛开始前浏览材料，认真准备，在讲坛现场用心聆听，认真记录，积极思考，与讲者共情，与听众共振。所以无论是介绍情况还是总结交流，他常能有新颖独到的表达，常能有深入浅出的阐释，也就常常能给听众带来意想不到的惊喜，并对主讲嘉宾本人产生令人振奋的激发。

郝院长的主持特点还可以从其他方面归纳，但上面三点应该是主要的。我想，如果把主题讲坛比作一座装点着知识鲜花、智慧美景的大花园的话，那么郝院长就是带领大家游览这座花园的优秀导游；如果把主题讲坛比作一场由学术大腕、专家明星出演的盛大晚会的话，那么郝院长就是魅力不亚于那些明星大腕的金牌主持人。如果说在 10 多年的时间里，读书活动在引领中央国家机关党员干部读书学习、促进全民阅读方面确乎发挥了显著作用，其中无疑包含了主持人郝振省所作的独特贡献。

正是为了完整地表现“强素质·作表率”读书活动的丰富内涵，同时集中展示郝振省同志富有特色的主持风格，中国书籍出版社征得郝院长本人同意，将他 10 多年来在主题讲坛上的主持词结集整理出版，这是一件很有意义的事情。读读这些主持词，参加过讲坛的同志将重回现场，亲切之感油然而生，没有参加过主题讲坛的朋友也会如临现场，在分享嘉宾思想观念和经验智慧的同时，得以近距离领略一位“金牌主持”的独特风采。关于读书活动主题讲坛的内容，此前已经被陆续收集整理过，由书籍社出版了 10 卷《周年读本》，这次读书活动主持词的结集整理出版，无疑是对主题讲坛内容的必要和重要补充。我相信，把这本书和《周年读本》结合起来，相互参照着阅读，必定能更加充分地分享读书活动的丰富成果，真切体会到读书学习的价值和意义。

王 平

2022 年 2 月 7 日

目录

2011年　35

2012年　57

2013 年　75

2014 年　103

2009年郝振省主持词选编

毛泽东的读书生涯和政治实践（2009年第1期　陈晋主讲）

金融危机之启思——金融危机与中国的应对（2009年第2期　王东京主讲）

中国文化导读——丝绸之路上的文化交流（2009年第3期　张信刚主讲）

曾国藩与传统文化（2009年第4期　唐浩明主讲）

党的十一届三中全会及其在当代中国史上的伟大意义（2009年第5期　朱佳木主讲）

毛泽东诗词的另一种解读（2009年第6期　朱向前主讲）

张居正与万历新政（2009年第7期　熊召政主讲）

革命战争与革命英雄主义（2009年第8期　王树增主讲）

毛泽东的读书生涯和政治实践

（2009 年第 1 期　陈晋主讲）

郝振省（开场）：各位领导，各位同仁，大家早上好，首先感谢大家牺牲了双休日的时间来参加这次主题讲坛。为了贯彻中央关于建设学习型政党、学习型社会的要求，响应中宣部和新闻出版总署等 11 家部委《关于开展全民阅读的倡议》，也为了提高中央国家机关党员干部公务员的素质，增强落实科学发展观的能力，中央国家机关工委决定和新闻出版总署联合组织，在中央国家机关开展广泛的"强素质·作表率"读书活动。这个活动已经于 4 月 21 日启动，产生了强烈的反响，引起了普遍的关注。今天是这项活动的第 1 期主题讲坛，为了使这个讲坛达到比较理想的效果，我想给各位简单地说明三个问题：

第一个问题，我们讲坛的主旨是什么？我想有两个方面，一个方面是当我们的社会从农业社会、工业社会发展到知识信息社会的阶段，国际间的竞争从军事竞争、经济竞争发展到文化竞争的时代，读书已不仅仅是一种爱好，而更是一种展示，是一种能源的供给和补充，是生产资料的购置和消费资料的消费。特别是读书成了我们更多国民的基本生活方式，有人曾经讲过："读书能力的强弱是个体差异的本质特征，读书人群的大小是一个国家文化软实力和国家综合能力的重要标志。"另一方面，中央国家机关处于国家机关的重要位置，其素质如何，对于我们贯彻中央的路线方针政策，对于国家形象的建立都有很大的作用，特别是对各级国家机关具有很强的示范作用，对于推动全民阅读、营造书香社会，都有很强的现实意义和深远的历史意义。

第二个问题，我们为什么选毛泽东的读书生涯作为这次讲座的主题？因为毛泽东同志作为我们党的第一代领导核心，在读书方面也堪称典范，毛泽东同志的雄韬伟略、激扬文字，还有他的诗词，都与他的读书生涯交织在一起。毛泽东同志读书内容广泛，还能够把读书和思考结合起来，把读书和治党、治国、治军的实践结合起来，对我们有很强的借鉴价值。

第三个问题，我们为什么请中共中央文献研究室的副主任陈晋同志作为主讲嘉宾？陈晋同志是研究毛泽东和毛泽东思想的权威专家，他本人是中国中共文献研究会副会长、毛泽东诗词研究会副会长，撰写过《文人毛泽东》《走近毛泽东》《独领风骚》《毛泽东读书笔记解析》《毛泽东心路解读》等著作以及关于毛泽东读书活动的重要文章，同时还是电视纪录片《毛泽东》的总撰稿人。现在让我们用热烈的掌声有请陈晋同志演讲。

郝振省（总结）：我们再次对陈晋同志表示感谢。

第一，陈晋作为研究毛泽东和毛泽东思想的专家学者，今天给我们列举了非常丰富的例子，从毛主席读书的特点，到他的读书历程，到荐书和讲书。特别谈到毛主席读书内容非常广博，活到老读到老，读书与讨论相结合。

谈到毛主席读书的历程，包括青年时期读的四类书，为“实事求是”思想路线的形成打下了基础。陈晋同志还特别回答了毛主席读书的三大动力问题，这是他自己独到的研究和提炼。他史论结合，讲到主席为许世友荐书，讲到主席临终前敲床要读有关三木武夫的资料，这都让我们感觉到其理论的厚重和材料的丰富，使我们体会到读书人群的大小是一个国家文化软实力和综合实力的重要标志，我们举办这个活动的目的也是为了提升读书能力，提高我们全方面的素质。

第二，我要特别介绍今天参加论坛的有关领导和同志。今天参加读书活动的有新闻出版总署的蒋建国副署长、李东东副署长、孙寿山副署长，中央国家机关工委宣传部部长陈祥如、副巡视员郭存亮等，他们也都是抱着在读书方面向毛主席学习的态度，给大家作出了示范。我作为讲坛的主持人，对同志们牺牲双休日来这里学习，再次表示衷心的感谢。

今天的讲坛到此结束，谢谢大家。

金融危机之启思
——金融危机与中国的应对

（2009 年第 2 期　王东京主讲）

郝振省（开场）：各位领导，各位同仁，大家早上好！感谢大家牺牲双休日的时间来参加“强素质·作表率”读书活动第 2 期主题讲坛。

今天我们讲坛的主题是“金融危机之启思”，主要针对金融危机与中国的应对策略展开论述。该选题完全是根据中央国家机关干部的实际需求而设置的。今天我们的主讲嘉宾是中共中央党校经济学部的主任王东京教授，他平时授课的主要对象是省部级和司局级的领导干部，他讲课的精彩是出了名的。王教授撰有《与官员谈经济学》《与官员谈中国经济》《与官员谈经济政策》《与官员谈经济名著》《与官员谈中国的改革》等多部我们熟知的作品。特别要跟大家说明的是，他刚刚率团到美国考察过经济危机的情况。王东京教授对中国经济问题长期关注，研究深入，今天的主题讲坛一定会极具深度、精彩纷呈！同志们，让我们一起用期待的心情和热烈的掌声欢迎王东京教授开讲！

郝振省（总结）：谢谢王东京教授准备充分、知识含量丰富的演讲，为我们奉上了一场难得的精神大餐！我简单为王教授的演讲做一个总结。

王东京教授此次关于美国金融危机实质和中国应对之策的演讲是为中央国家机关干部的实际工作需要“量身定制”的，从王教授的演讲中，我们至少可以得出两点结论：一是通过读书可以借鉴西方经济理论，再结合我国经济运行的实际情况，制定自己的积极的财政政策和货币政策。从读书活动的角度来看，这从一个侧面反映了读书和治国理政的关系，读书和做好中央国家机关工作的关系。二是王教授的演讲出神入化、深入浅出，他用轻松幽默的语言、形象生动的举例，把枯燥、艰涩的经济学理论讲得清晰而透彻、富有感染力。由此可以看出，王教授在读书、教书、阐释和发挥这些方面都是我们学习的榜样。让我们再次感谢王教授！

中国文化导读——丝绸之路上的文化交流

（2009 年第 3 期　张信刚主讲）

郝振省（开场）： 今天是中央国家机关工委和新闻出版总署联合举办的“强素质·作表率”读书活动的第 3 期主题讲坛。今天我们的主题是文化，我们为大家请来的主讲嘉宾是全国政协委员、香港城市大学前校长张信刚教授。张教授毕业于台湾大学土木工程系，后赴美国进修，获斯坦福大学结构工程硕士，美国西北大学生物医学工程博士，曾经担任美国匹兹堡大学工学院院长，他是英国皇家工程院的院士和国际欧亚科学院院士，被聘为北京大学叶氏鲁迅社会科学讲座教授，这是一个特有的学术荣誉。我特别要说的是，张教授是集自然科学家和人文科学家于一身的科学工作者，是中西兼通、文理并容的学者，他崇尚科学与文化相融合的理念，通晓英文、中文和法文，对人文和社会科学的研究相当深入。他除了发表自己诸多独到的见解之外，还发起并组织强大班底，主持编撰了《中国文化导读》一书。对我们中央国家机关工作人员来讲，具有如此背景的张信刚教授的讲座，特别值得期待。

今天张信刚教授演讲的主题就是“中国文化导读”，他曾在不同国度不同场合就此主题进行了多次成功演讲，想来今天又会是一次文化的美餐、文化的盛宴。特别是张教授事先提出两个要求，第一是“我按讲课标准做演讲”；第二是“我要做严谨的 PPT，我要考虑到大家对我的演讲的沟通和理解”。我们相信张教授的精心准备会给大家留下更细致更深刻的印象，同时也希望大家边听讲边思考，为我们演讲后的互动问答做好准备。让我们以追求文化的虔诚心态来欢迎张信刚教授给我们开讲！

郝振省（总结）： 咱们的互动就告一段落。各位听众，我做一个简单的小结。今天张教授利用两个小时为我们介绍了中国文化之变迁，中西文化交流，也谈到他自己深入开展文化研究和进行文化交流的历程，特别是从丝绸之路的角度讲到了文化交流的问题，讲到了丝绸之路的源起与发展。当他讲到张骞的政治使命没有完成，但是客观上履行了一种文化的时候，我们便想到种瓜得瓜、种豆得豆有时是一种自然规律，但在另外一些时候，“种瓜得豆”也是一种定律，这里也有它的必然性。他讲到了中外文化交流史上几位有影响的重要人物，讲到了鸠摩罗什、玄奘、成吉思汗，他们的文韬武略，影响了我们中华民族的生存和发展，影响了我们文化的博大精深。后面张教授还谈到了各种宗教的兴起和作用，谈到了文学艺术、音乐绘画，以及自己多年研究的一个总结，这些都让我们受益匪浅。

今天是我们过去三次主题讲坛中观众提问最踊跃的一次，我看到外交部也来了许多青年才俊，感谢大家给予我们支持，作为讲坛的主办者，我们也希望能给大家传播更多的知识。再次谢谢大家。

曾国藩与传统文化

（2009 年第 4 期　唐浩明主讲）

郝振省（开场）：由中央国家机关工委和新闻出版总署联合主办的“强素质·作表率”读书活动，已经完成了三期的主题讲坛。

第一期的主题是政治；第二期的主题是经济；第三期的主题是文化。这三期的论坛我们请的主讲嘉宾都有深厚的学养和富有感染力的演说才能，应该说非常成功。工委和总署的领导同志都认为该活动已经形成了初步的品牌，引领了我们国家机关的读书活动，也影响了全国国民阅读的走向趋势。今天是第 4 期主题读书讲坛，主题是历史，题目是“曾国藩与传统文化”，主讲嘉宾是唐浩明先生。唐先生是第九届和第十届全国政协委员，湖南作家协会主席，中南出版传媒集团公司董事，岳麓书社的首席编辑。我想，更多的介绍实际上也没有很大的必要，因为唐先生的人气指数非常之高，他是研究曾国藩的第一人。

我们甚至可以这样说，曾国藩因为唐浩明先生，恢复了他在中国文化历史当中应有的地位，而唐浩明先生也因为对曾国藩的研究，确立了他在中国历史文化研究中的地位。现在有一句流行语，经商要看胡雪岩，从政要读曾国藩。想来这句流行语会使我们的唐先生满足，也会使我们大家意识到今天讲坛的主题很有价值。好，现在我就把更多的时间留给唐先生，让我们以热烈的掌声有请唐浩明先生开讲。

郝振省（总结）：非常感谢提问的同志，互动内容也很值得思考，质量很高，接下来我简单做下今天讲坛的小结。

唐浩明先生一再讲到，由于时间关系主题没有展开，但是仍然带给我们诸多很有价值的启迪。曾国藩在长达 23 年的政治生涯中，在致力功业的同时，也深入地研究了中国的传统文化，并身体力行，颇有建树，颇多发明。总的来看，正是我们源远流长的传统文化考验、塑造了曾国藩，而曾国藩也以我们常人难以企及的毅力，为中国传统文化增添了新的元素。如果说曾国藩是中国最后一个传统文化的集大成者，那么唐浩明先生则是研究曾国藩与传统文化的集大成者。

所以我提议，让我们再一次以热烈的掌声，感谢唐先生给我们带来的这场文化盛宴！

党的十一届三中全会及其在当代中国史上的伟大意义

（2009 年第 5 期　朱佳木主讲）

郝振省（开场）：今天是中央国家机关“强素质·作表率”读书活动的第 5 期主题讲坛，我们为大家选择的主题是关于十一届三中全会和改革开放。用朱佳木副院长的话说，党的十一届三中全会刚好处在前三十年和后三十年承上启下的关键时期。它承上承的是前三十年我们所建立的社会主义的基本制度，所取得的社会主义建设的基本成就，所探索的社会主义的基本规律。启下启的是后三十年我们的改革开放乃至未来中华民族的伟大复兴。它标志着我们党的历史的转折和共和国新的历程的开始。它凝聚着我们党第二代中央领导集体拨乱反正，带领全党全国人民高举中国特色社会主义伟大旗帜前进的意志。可以说自 1978 年 12 月 22 日，也就是三中全会闭幕那天起，十一届三中全会就成为贯穿我们三十年改革开放进程的一条红线。拨乱反正与工作重心的转移，社会主义体制方向的根本确立，都是对十一届三中全会精神的伟大实践和对其真理性的不断检验。但是，三中全会召开的背景是什么？会议上发生了哪些重大的事件？会后形成了哪些影响中国历史进程的文件等等，估计大多数的同志并不十分清楚。而了解这些情况对于我们更加自觉地贯彻十一届三中全会以来的路线方针政策十分必要。今天我们请来了中国社会科学院副院长朱佳木同志来做主讲嘉宾。朱佳木同志 1971 年担任胡乔木同志的秘书，1981 年开始担任陈云同志的秘书，也是研究党的十一届三中全会问题的著名专家，今天送给各位的《我所知道的十一届三中全会》具有十分重要的史学价值、学术价值和理论价值，在理论界、思想界、学术界和改革开放三十年的纪念活动中获得了很高的评价，读书活动专家组也向大家郑重地推荐这本书。下面让我们以热烈的掌声有请朱佳木副院长开讲。

郝振省（总结）：刚才朱院长给我们做了一场非常好的关于十一届三中全会的报告，他讲到三中全会既是历史的又是现实的，讲到三中全会最主要的两个历史性的成果，一条路线和一个班子，概括得非常精辟准确。一条路线是从思想上政治上组织上能够准确地把握的路线，一个班子使我们对第二代中央领导集体的组成有一个非常准确和清晰的认识。他还讲到两个会议和基本议程发生了重大改变，其中有一定的偶然性但最终取决于必然性，讲到小平同志的主题报告的形成和作用，党中央全会上从实际出发批评和自我批评优良作风的恢复。前头讲到偶然性后面讲到必然性的问题，特别强调我们这个转折，不是一般意义上的转折，也不是改变我们的基本制度和我们的基本性质。他特别强调对我们党和共和国历史的尊重、保护和维护，强调作为国家机关的公务员应该积极做实践者，把改革开放的伟大事业继续推向前进。考虑到学术和理论的凝重，朱院长在今天的讲座里也增加了很多轻松的东西，使我们感到凝重中也有轻松，历史中也有现实。所有这些都使我们在学术、理论和历史方面受到了一次非常强烈的感染，让我们再一次对朱院长精彩深入的报告表示感谢！

毛泽东诗词的另一种解读

（2009 年第 6 期　朱向前主讲）

郝振省（开场）：今天是中央国家机关“强素质·作表率”读书活动的第 6 期主题讲坛，今天的主题是艺术，相对轻松一些。题目是“毛泽东诗词的另一种解读”，主讲嘉宾是解放军艺术学院前副院长朱向前教授。

今天我们的主题论坛有两大要素请大家关注，一个是毛主席诗词；一个是朱向前教授。从毛泽东诗词来说，那种浩然大气、人文气象，洋溢在乾坤上下。有人说毛泽东的诗词有三个特征：马背写作、昆仑情怀、鲲鹏气势；也有人说毛泽东诗词是人在马背，剑指昆仑，势接鲲鹏。有着很强的政治内涵、战争美学和艺术魂魄。从朱向前教授这方面来看，他不仅是诸多文学作品的获奖者，更在文艺评论、文学理论方面有很深的造诣。他的《军旅文学史论》获全军优秀教学成果奖，他的《中国军魂的回溯与前瞻》获中国文联首届文艺评论奖，《朱向前文学理论批评选》获第三届鲁迅文学奖中的理论批评奖，足见他在艺术修炼方面的功力与底蕴。

从 2005 年起，朱教授开始从文化和文学艺术的角度对毛泽东诗词作深层次的解读，他在清华大学、国防大学和现代文学馆等 50 多所院校和单位的演讲，引起了强烈的反响。今天我们可以跟随朱教授进入毛泽东诗词的艺术殿堂，去领略毛泽东诗词那种前无古人后无来者的风光，感受毛泽东诗词磅礴的气势与华美的风采，享受毛泽东诗词的艺术神韵和独特魅力。现在让我们怀着对毛主席诗词艺术的崇敬，请朱向前教授给我们开讲。

郝振省（总结）：今天朱向前教授给我们讲了对毛泽东诗词的另一种解读，在背景部分他谈到了对毛泽东同志的一些评价，这里面有西方的评价，有梁漱溟的评价，有文化狂人李敖的评价。朱教授还特别讲到，毛泽东的国学童子功达到了异乎寻常的水平和高度，他对传统文化烂熟于胸，运用起来出神入化，用文房四宝打败了蒋家王朝。毛主席的诗词今天听起来还是那么铿锵有力，让我们感到骄傲。朱教授还讲到了传统文化稳定性和超越性、穿透性和覆盖性的问题。从他对毛泽东诗词的背景介绍中我们也可以更深切地感受到，以邓小平同志为核心的第二代中央领导集体对毛泽东的历史功绩，对毛泽东思想的评价是何等的重要。我们能够感受到，了解国情、史情，深入实际和实践，对于我们做好工作、强国富民是何等的必要和重要。从毛泽东对传统文化的继承中我们感受到，研究和发扬我们的精神文化遗产，对我们搞好文化建设、社会建设、政治建设和经济建设是何等的重要和必要。让我们再一次以热烈的掌声表达我们对朱教授演讲的感谢！

张居正与万历新政

（2009 年第 7 期　熊召政主讲）

郝振省（开场）：今天是中央国家机关“强素质·作表率”读书活动今年的第 7 期主题讲坛。今天，我们的主讲嘉宾是中国当代著名作家、诗人、学者，现任湖北省文联副主席，湖北文学艺术研究院院长熊召政先生。今天我们的主题是政治与历史，内容是关于大明王朝的一位职业政治家的从政生涯，题目是“张居正与万历新政”。熊召政先生从事文学创作三十余年，从事国学及中国历史研究二十余年，有着深厚文史底蕴。正是在这种深厚底蕴的基础上，他的政治抒情诗《请举起你森林一般的手，制止》，获得了 1979—1980 年全国首届中青年优秀新诗大奖，他耗费十年心血完成了四卷本的长篇历史小说《张居正》，书一经问世便产生了强烈反响，获得第六届茅盾文学奖，第十届全国五个一工程奖中的文艺作品大奖。

今天他的演讲将围绕三个维度展开：第一是关于改革的背景，就是张居正为什么要推行万历新政，为什么能够推行万历新政；第二是关于改革的进程，张居正推行万历新政，这个新政的框架是如何设计，又是如何实施的，遇到了哪些阻力，克服了哪些难以克服的障碍，取得了哪些改革的突破和进展；第三是关于改革的启示，万历新政的成功主要有哪些地方，有没有不成功的地方。我们应该从张居正的万历新政中汲取哪些政治营养，增长哪些改革的智慧，借鉴哪些管理的艺术。所有这些都有赖于熊召政先生的解答，现在就让我们以热烈的掌声欢迎熊召政先生演讲。

郝振省（总结）：我来做一个小结。今天熊先生讲到了张居正早期学习和获取功名时受到的挫折，讲到了张居正 25 岁担任编修时斗胆向皇上呈递奏折提出建议，讲到了他心忧天下、志在国家的抱负，讲到了张居正之所以能够推行万历新政的内在原因。另外熊先生也讲到了明武宗的骄奢淫逸以及对行政游戏规则的极大破坏，讲到了明世宗对长生不老的极端追求及其与整个文官系统的直接对抗、对立，特别是讲到了近60年时间里明朝官场的腐败、腐朽、迷信盛行、乌烟瘴气。这实际上就是张居正提出和推行万历新政的时代背景和社会原因，就是他这种新政的根基所在。

再就是他讲到了张居正担任首辅以后对吏治的整顿，讲到他重用循吏、慎用清流的从政宗旨，特别是讲到金融业的发端，讲到边贸开启对民族关系的影响等，这些都是万历新政的一些特点，值得记载和研究。

当然，我们还需要假以时日来思考、梳理今天这个主题，就是张居正与万历新政的内在价值和外在价值。刚才几位也提到了，一切历史都是当代史，万历新政对我们有什么启示，我们从中能得到哪些有益的东西，都需要进一步的思考和整理。

最后，让我们再一次以热烈的掌声感谢熊先生的精彩演讲！

革命战争与革命英雄主义

（2009 年第 8 期　王树增主讲）

郝振省（开场）：今天是中央国家机关工委和新闻出版总署联合举办的“强素质·做表率”读书活动的第 8 期主题讲坛。我们特别邀请到武警总部政治部创作室主任、一级作家王树增同志作为主讲嘉宾。

王树增同志是中国作家协会全国委员会和全军艺术委员会的委员。他的作品曾获第一届中国出版政府奖、第十届中宣部“五个一工程”奖等多个奖项。王树增同志历时 15 年，创作了《朝鲜战争》《长征》《解放战争》三部非虚构类文学作品，国内一些名家大家曾经评价，在当今国内，能把战争小说写到极致水平的非王树增莫属。他的代表作《朝鲜战争》写的是肉体战胜钢铁的史诗，《解放战争》写的是新生战胜腐朽的史诗，《长征》写的是由失败走向胜利的史诗。他秉承“绝无虚构”的写作标准，认真查证、了解每一个历史事件，绝不做“剪刀加糨糊”式的“报告文学”。王树增同志在写作中不仅介绍历史知识、揭秘历史真相，更主要的是发掘在革命战争条件下所形成的信仰与精神力量，以及这种精神力量对当代人的重要意义。让我们热情欢迎王树增同志开讲。

郝振省（总结）：谢谢王树增同志慷慨激昂、富有激情的演讲！他在演讲中对历史事件的生动描述，对英雄主义发人深省的解读，深深震撼着我们在场的听众。

在今天两个小时的演讲中，王树增同志分三个层次为我们讲述了革命战争和革命英雄主义的若干问题：什么是英雄主义，英雄主义是怎么形成的，如何来追求英雄主义。他讲到长征路上的追求，陈树湘师长的“回家”，以及在朝鲜战场上“联合国军”听到志愿军的胶鞋声魂飞魄散等等史实，都给我们留下了非常深刻的印象。王主任铿锵有力的声音，信手拈来的英雄事例，深深地感染了我们。他的演讲格外生动感人。

今天是我们伟大领袖毛泽东同志的生日，是一个非常值得怀念的日子，能在今天由王树增同志给我们讲述革命战争和革命英雄主义，可以说是非常贴切和有纪念意义的，希望在座的同志借着今天的主题讲坛，更好地读书，读那些充满阳刚之气、充满英雄主义的书，以此来怀念老一辈的革命英雄，向革命英雄主义精神致敬。

2010年郝振省主持词选编

百年科技的历史回顾与哲学反思

（2010 年第 1 期　吴国盛主讲）

郝振省（开场）： 今天是 2010 年的第一期主题讲坛。按照总的序号，是第 9 期。我们今天的演讲主题是“百年科技的历史回顾与哲学反思”，由北京大学哲学系科技哲学教研室主任吴国盛教授主讲，他同时还担任北京大学科技传播与科技教育中心主任，中国科学技术史学会副理事长，中国自然辩证法研究会科技传播与科技教育专业委员会主任。今天发给大家的书《科学的历程》就是他的一部代表作。

安排今天这次讲座，我们有三个目的、三个出发点：

第一，我们认为，作为中央国家机关的中高级公务员，不仅需要政治的坚定性，文化的深刻性，历史的厚重性，同样需要对先进的科学技术有所了解和认知。我们现在处在一个科技和信息日新月异的时代，接受科学熏陶和增加知识储备显得尤为迫切，尤为重要。

第二，吴教授今天讲的内容对科学素养提升与科学精神修炼，具有独特的意义，可以使我们把现象与本质区别开来，透过习以为常的现象，寻求本质的东西。它可以将我们对科学技术的局部把握集中到整体理解，把对静态的理解，放到发展的过程中加以考察，也有利于我们系统掌握科学方法。它可以使我们不仅了解到科学家的伟大发明创造，而且能够了解到他们那种从怀疑走向真理，独立思考、锲而不舍的品格。

第三，从推进中央国家机关的读书活动看，我们也想通过这次主题讲坛和以后的类似的讲坛，来改变我们在阅读选择上的偏颇。现在包括中央国家机关部门的同志在内，人们对人文科学、文学、社会科学的选择，和对自然科学读物的选择不成比例，悬殊很大，这是不利于我们从经济大国和文化大国向经济强国和文化强国发展的。我们要到深厚的国学传统文化中，寻找我们民族的精神家园，但是我们不能够沉浸在这里边不能自拔，更要拥抱科学的春天，拥抱技术的春天，让我们怀着这种期待、这种目的和这种责任，有请吴国盛教授开始演讲！

郝振省（总结）：吴教授给我们做了一次深入浅出、生动精彩的学术演讲，大家听得非常投入，这从互动里面特别能够看得出来，大家提的问题很有分量，教授的回答也很有见地，现在我简单给大家总结一下。

今天我们至少有两点收获。第一，通过吴教授的演讲，我们对20世纪整个科学技术的重大发现和发明有了一个浓缩性的认识，我们知道了两次物理学革命，两大超级能量和两大生活的基本技术。这里就把好多东西渗透进去了。吴教授还讲到核能量，讲到核技术所带来的政治效应和社会效应。

第二，我觉得在哲学反思上吴教授很有自己的想法，他提了好多问题，从文化的角度、哲学的角度、社会学的角度，我觉得这些问题虽然没有结论，但是启发我们进一步来读书、研究、讨论。有关科学的演讲能不能够和大家达到一种默契和认同，今天演讲的成功增强了我们的信心，同时也说明我们在座的领导同志，我们的中高级公务员对科学知识有很强烈的需求。我们希望通过今天的讲坛，把我们在科学有关方面的学习、研究能够往前推进一步，这是我们的初衷。

音乐——人类诗意栖息的一种方式

（2010 年第 2 期　叶小钢主讲）

郝振省（开场）：今天是“强素质·作表率”读书活动的第 10 期主题讲坛，主题是艺术，是音乐。科学和艺术是不可分割的，科学和艺术的知识对我们在座的各位是不可或缺的。所以今天我们请来了中央音乐学院的博导、副院长叶小钢教授作为主讲嘉宾，以他的才气、他的智慧、他的灵气带领我们领略音乐的美。叶小钢教授也是中国音乐家协会的副主席、创作委员会的主任，在香港、北京、上海、澳门等国际性音乐节和艺术节上举办过一系列的个人专场音乐会，担任过很多国际大赛的评委，也获过金鸡奖、五个一工程奖等多项大奖。今天他把他的团队也带到了讲坛上。叶教授是全国政协常委，现在正在出席全国政协常委会，他是专门请假来到我们讲坛的，让我们以热烈的掌声欢迎叶教授。

郝振省（总结）：听了叶院长的演讲和他的团队的演奏，我和大家都有这样的感受：这是高雅的音乐、精彩的演讲、美妙的演奏、超值的享受。叶院长给我们讲了音乐的本质，中华音乐的精神追求，特别是讲了音乐的社会功用，讲得很深刻，很精彩。我觉得叶院长也给了我们一些音乐辩证法的教育，他谈到含蓄中会有汹涌澎湃的情绪，音乐空白的时候可能是最紧张的时候，音乐中最紧张的时候也许是最放松的时候；讲到文化和物质之间的关系，物质的传递总是有限的，而文化的传播是广袤的、无限的，这些想法对于我们今天研究中国文化软实力是非常有参考价值的。对于中央国家机关的工作人员来说，我觉得叶院长的演讲实际上有双重的作用，一个是对人生，一个是对工作。对人生，音乐是安抚神经的一个非常重要的元素。关于音乐对工作的作用这个问题，可能由于时间关系叶院长没有讲到，但实际上艺术修养对我们做好工作，尤其是做好领导工作，对于我们化解矛盾、凝聚人心、提升人格魅力、提高自己的水平都是非常有必要，非常有价值的。今天尽管时间不长，但大家都感受到了音乐带来的强烈震撼。今天也是我们从科学到艺术的一次华丽转身。让我们再一次对叶院长的演讲和他的团队的演奏表示衷心的感谢。

袁崇焕：其人、其事及其精神

（2010 年第 5 期　阎崇年主讲）

郝振省（开场）：今天，我们为大家邀请的主讲嘉宾是史学名家阎崇年先生。阎先生是北京市社科院研究员，北京满学会会长，还是中国紫禁城学会的副会长。他的《努尔哈赤传》《正说清朝十二帝》《明亡清兴六十年》和《康熙大帝》在业界享有很高的声誉。他今天主讲的内容也是历史和历史人物，题目是“袁崇焕：其人、其事及其精神”。袁崇焕是一位悲剧式的英雄。他指挥的对后金的三次战役取得了空前的胜利，但他的结局和下场又是空前的悲切、悲凄和悲惨，说他是千古奇冤也不为过。他是在民众对他的切齿之恨中被凌迟，被千刀万剐的。为什么会有这么大的反差？为什么会是这样一种令人扼腕的结局？历史为什么如此的残酷？我们应该得出什么结论？我想，要知道其中的情节，请听阎崇年先生分解。

郝振省（总结）：谢谢阎先生精彩的演讲！今天阎先生从开始讲他为什么研究袁崇焕，包括对袁崇焕出生地的考究等等，到最后讲研究的过程就是他自己学习融会的过程，应该说反映了阎先生的科学求实态度和探本求源的精神，这对我们如何做好科研工作很有价值。阎先生谈到袁崇焕的一生，谈到“予我钱粮兵马，我一人足以守辽”这句话，激发了我们的报国愿望。讲到袁崇焕之魂魄时，那种“凭坚城，用大炮”的智慧，给我们留下了深刻印象。阎先生还讲到，在没有圣旨的情况下，袁崇焕那些看起来特别忠诚的做法，实际上却为他后来非常悲惨的结局埋下了伏笔。在短短的两个小时里，阎先生尽最大努力把一些重要的史料和史实介绍给大家，对我们以史为鉴、丰富智慧，做好各方面工作都是非常有益的。让我们再次以热烈的掌声对他表示感谢！

国家安全筹划中的战略思维

（2010 年第 6 期　金一南主讲）

郝振省（开场）：今天是中央国家机关“强素质·作表率”读书活动今年的第 6 期主题讲坛。我们特别邀请到国防大学战略研究所所长、博士生导师金一南教授做我们的主讲嘉宾，他主讲的题目是“国家安全筹划中的战略思维”。现在大家手中拿到的这本《苦难辉煌》，是金一南教授历经 15 年完成的一部非常有影响的中国革命的史诗，这部作品告诉我们，正是苦难的元素铸成了辉煌的丰碑。当我们考察辉煌的丰碑，寻找它赖以存在的根基的时候，发现苦难是它的有机构成。苦难和辉煌两者互相引证，一脉相承，这就是苦难和辉煌的辩证法。

金教授主要的研究方向是国家安全战略，国际冲突与危机处理，他曾经赴美国国防大学和英国皇家军事学院学习，并代表国防大学赴美军的院校讲学，被聘为中央党校、国家行政学院等多所院校的兼职教授，是中央人民广播电台“一南军事论坛”的主持人。接下来让我们以热烈的掌声欢迎金一南教授演讲！

郝振省（总结）：今天金教授在讲坛上的精彩演讲，为我们大家增加了很多战略思维细胞。他从战略思维的高度，对治国安邦提出了自己颇有深度的思考和建议，对民族团结、国家统一等案例的深度解剖和分析，让我们受益匪浅。金一南教授以翔实的资料、独到的见解，从历史到现实，从现实到未来，从经验到教训，从西方的利益观、价值观到中国的利益观、价值观，在各个层面深入分析了我国追求国家安全的合理性和必然性，探讨了在全球化条件下把国家近期利益与长远利益结合起来的思路和方法。这对我们中央国家机关部门的同志而言，拓宽了思路、增长了见解，让我们可以通过读书、通过学习，站在国家利益的高度思考问题，做好我们改革开放的工作，做好我们社会稳定的工作，做好事关国家统一和长期稳定发展的工作。让我们再一次以热烈的掌声感谢金教授！

儒家思想与当代社会

（2010 年第 7 期　陈来主讲）

郝振省（开场）：我们今天给大家请来的主讲嘉宾是一位哲学大师，他就是清华大学国学院院长、清华大学哲学系教授、北京大学哲学系教授陈来老师。陈教授有三个“说不清”。哪三个说不清呢？第一个是他的职务说不清。除担任中国哲学史学会会长和冯友兰研究会会长之外，他的现职、兼职和曾任职，可以写一份三页纸的单子。第二个是陈教授发表的著作和论文的数量说不清，重要的著作和获奖的作品就能写满五页纸，从 1985 年到现在，他的著作和文章列出目录一共是十页纸。最后一个是头衔说不清。他既是清华大学教授、国学院院长，又是北京大学教授，而且还担任着十几个大学的教授。由此可见陈教授的耕耘之深、修炼之深和造诣之深。我们热烈欢迎陈来教授。

郝振省（总结）：我简单做一个小结，陈来教授用两个多小时，给我们勾画了以“四书五经”为主体的儒家文化体系，揭示了儒家思想平淡无奇、普遍深刻的本质特征，应该说给了我们关于儒家思想的一些新认识。他阐释了儒家思想以人为本，以民为本，以德治为本，以修身为本，以家庭为本的治国理政观念，强调了得民心是政治的最高成就，对儒家的思想作出了独到的阐释。他分析了儒家人生观，包括刚健有为，厚德载物，己所不欲、勿施于人，知行合一，天人合一这样一些普泛的主张，他对儒家思想的现代方式的表达提出了自己的看法和见解，特别是对儒家和老庄的哲学思想进行了一定的比较和研究，所有这些对于我们充分了解儒家思想，感受国学底蕴，更加深刻地理解和践行社会主义核心价值体系有重要帮助。让我们再一次对陈来教授的深刻演讲表示感谢。

"全球化"的宗教及其对中国的影响

(2010年第8期　卓新平主讲)

郝振省(开场):我们今天给大家请来的主讲嘉宾是卓新平教授,他是中国社科院世界宗教研究所所长,中国宗教学会会长,同时是中国社科院的学部委员,也是十一届全国人大常委会委员。他在宗教学、当代宗教伦理和西方宗教学等方面都有很深的造诣,他个人的学术著作有19部之多。让我们热烈欢迎他给我们开讲。

郝振省(总结):卓新平教授讲了宗教的全球化的背景,全球化的分布和全球化的影响,讲了对中国宗教的历史理解以及宗教与中国社会政治的关系,讲了当代中国宗教的状况,预测了宗教未来的发展走向和可能性。特别是结合当代政治文化经济建设的实际,提出了有关政教关系研究的问题,这些对我们更好地了解和理解宗教的历史演变和它的生存空间,它的本质特征,它的独特的功能,对我们增长这方面的知识,更好地开展宗教问题研究和管理工作,建设和谐社会具有很强的针对性和重要价值,让我们再一次对他非常深入的演讲表示衷心的感谢。

统一与分裂——中国历史的启示

（2010年第9期　葛剑雄主讲）

郝振省（开场）：同志们，朋友们，统一问题关系国家根本利益和核心利益。无论我们研究民族问题还是宗教问题、边疆问题，实际上都和我们的国家统一问题紧密相连。毛泽东主席曾经有过精辟的论述：国家的统一、人民的团结、国内各民族的团结，这是我们的事业必定要胜利的基本保证。相信我们在座的同志对这一主题都抱有很大的兴趣。关于这一主题我们隆重地邀请到了今天的主讲嘉宾葛剑雄教授。葛剑雄教授是中国地理学会历史地理专业委员会主任，复旦大学特聘教授、复旦大学图书馆馆长，全国政协常委和上海市人民政府参事。他在历史地理、中国史、人口史、移民史、文化史等方面多有建树。此次的演讲主题属于他长期关注、深度投入、成果丰硕、影响广阔的领域。究竟如何从地理的演变中寻求历史的变迁、从历史的变迁中寻求国家疆域的演变，葛教授今天将给我们一一分解。大家欢迎他！

郝振省（总结）：葛教授在短短的两个小时内给我们讲述了非常重要的历史地理方面的知识。他讲到了统一的标准，对不同历史阶段我国疆域的变化做了非常深入的解说和分析，对统一和分裂的相对性发表了自己独特的见解，对统一的贡献做了充分的展开和论证。在结论部分，葛教授讲到在统一的条件下如何实现国家的发展，如何发挥每一位公民的创造力，对一些过分强调血统认同的观点提出了批评，指出了其中潜在的危害。葛教授的主题演讲对于我们了解中华民族的统一与分裂的历史演变，以及疆域的变迁非常有价值，对于我们在今天的条件下更加科学地、更加实事求是地从国家核心利益和根本利益的角度理解和研讨统一问题非常有价值。让我们再一次对葛教授精彩而厚重的演讲表示感谢。

留住城市文化的“根”与“魂”

（2010年第10期　单霁翔主讲）

郝振省（开场）：今天是我们读书活动今年的第10期主题讲坛，我们为大家邀请到国家文物局局长，全国政协委员，首都规划建设委员会委员，清华大学、西北大学和中国艺术研究院博士生导师单霁翔教授给我们做主题演讲，大家欢迎。今天单霁翔教授演讲的主题是“留住城市文化的‘根’与‘魂’”。其实“根”与“魂”和文化遗产是难舍难分的，今天我们越来越认识到，把文化遗产的目标定位在经济效益上是远远不够的，那种“文化搭台经济唱戏”的说法也是落伍的。文化遗产上真正具有“根”与“魂”特征的东西，就是让我们魂牵梦绕并承载着民族精神的家园。丢失文化遗产会使我们心无所依、恍然若失，找不到回家的道路，找不到精神的归宿。这就是为什么很多同志喜欢人文景观甚于自然景观的原因，因为文化遗产里面有文化的内涵，而这种内涵仍在不断地发展。

郝振省（总结）：单教授的演讲如数家珍，娓娓道来。国家经济发展之后，向城市化、城镇化迈进有其必然性，而向文明生活方式、向城市化迈进，又必然出现一些困难和挑战，该如何对待？单教授既有观点也有论据。他讲到一些重要工程，讲到怎样从想法到做法，从思路到出路，怎样将文化遗产从包袱变为重要的资源，这些都令我们印象深刻。单教授以学者的身份，给我们普及了知识，让我们增长了见识，特别是让我们看到我国文化资源规模浩大，价值难以估量。他从“功能城市”到“文化城市”、从“文物保护”到“文化遗产保护”的主题演讲，使在座的各位加深了爱国主义情结，增强了对民族历史的自豪感和自信心，也让我们对于国家资源的丰富性和多样性有了更多的底气。谢谢单霁翔教授。

核武器与国家安全环境

（2010 年第 11 期　张翔主讲）

郝振省（开场）：今天是中央国家机关“强素质·作表率”读书活动今年的第 11 期主题讲坛，总排序第 19 期。我们以前的主题讲坛的内容更多属于软实力范畴。其实软实力离不开硬实力，硬实力中最硬的部分就是军事实力，而军事实力的核心内容之一就是核武器。今天我们邀请到的主讲嘉宾是现任全国政协委员、中华人民共和国国史研究会副会长兼“两弹一星”研究会理事长、国家信息技术研究会会长——张翔将军。张将军毕业于哈尔滨军事工程学院核武器设计专业，从进入大学起到今天，一直献身于国家核武器的神圣事业，并先后撰写过多部有关国防建设和高新技术方面的研究报告及专著，多次获得国家和军队科技进步奖，在中文信息处理技术、军队信息化创新、战略核力量建设等领域作出了重要贡献。让我们以热烈的掌声欢迎张将军开讲！

郝振省（总结）：谢谢张翔将军饱满热情的演讲！张翔将军在有限的时间里简要地、扫描式地介绍了我国核武器、核力量的发展。他一开始讲到了“两弹一星”，讲到中高级干部应该增强对核力量的了解；他讲到核武器与国际关系，特别指出美苏直接对抗造成的 40 多年的冷战是一种特殊的战争形态；他讲到我们国家也曾几次遭受核威胁，讲到我们国家安全发展的几个阶段，特别是我们现在具备的二次反击能力对于保护国家安全和维护世界和平的重要意义；他还讲到我们国家在“两弹一星”领域取得的十多项标志性工程，讲到“两弹一星”的意义，强调我国科技的进步更体现了我们制度的优越性，提升了民族的凝聚力和自信心，等等。相信在座的各位同志都能从中感受到中华民族、中国人民真正站起来了的自豪感。张将军特别讲到中美关系、中苏关系，指出恰恰是在巨大压力之下、在核威胁之下，我们发展起来了自己的核力量。今天，我们要继续发扬这种不怕打、不怕压的精神，在打压面前发展我们自己的事业、提升自己的国力。

考古学与古代文明

（2010 年第 12 期　李学勤主讲）

郝振省（开场）：今天是中央国家机关“强素质·作表率”读书活动 2010 年的第 12 期主题讲坛，总的排序是第 20 期。让我们感到特别高兴的是，国务委员兼国务院秘书长、中央国家机关工委书记马凯同志也来到我们中间，和我们一道参加今天的主题讲坛，让我们对马凯同志的到来表示热烈的欢迎！出席今天主题讲坛活动的，还有中央国家机关工委常务副书记杨衍银同志；国家新闻出版总署党组书记、署长柳斌杰同志；中央国家机关工委副书记俞贵麟同志；国务院办公厅党组成员、纪检组长阎京华同志；以及新闻出版总署党组全体成员。今天讲坛向大家推荐的书就是摆在各位座位上面的《中国古代文明十讲》，讲坛的主讲嘉宾是这本书的作者、著名学者李学勤教授。李教授曾担任中国社会科学院历史研究所所长，现任清华大学出土文献研究与保护中心主任，历史系和思想文化研究所教授、博士生导师，中国先秦史学会名誉理事长，国家夏商周断代工程首席科学家、专家组组长，中央文史馆馆员。李教授在古文字学、考古学、中国古代史、学术史等方面均有造诣，取得了显著的成就。他主持和参加了马王堆汉墓帛书、云梦秦简等的整理工作，是国内外公认的简帛研究权威。让我们以期待的心情，欢迎李学勤教授给我们开讲。

郝振省（总结）：李学勤教授讲到了五千年文明史的由来，讲到了我们的古籍出版，乃至整个出版，对于文明史研究和确认的作用；特别是讲到了考古对于文明史研究的独特作用，讲到了收藏与考古的联系与区别，讲到现代考古学的理论基础是进化论，中间讲到好多重大发现对我国古代文明研究的贡献。应该说它上推了中国古代文明的历史，拓宽了古代文明研究的地域，特别是揭示了中华古代文明的一些特色：它的绵延不绝，它的包容性的成长，它的重视礼乐的和谐之道，包括以人为本等。李教授讲到的这些非常重要的结论，使我们初步地了解到，中国的考古学虽然起步较晚，但有着非常好的进展和成就，特别是还有着十分广阔的发展空间。也使我们初步地领略了中华早期文明的灿烂辉煌，认识到中华文明是各民族、各地区的人民共同创造的。应该说教授精彩、深厚的演讲，对于我们更好地理解五中全会提出的“文化是一个民族的精神和灵魂，是国家发展和民族振兴的强大力量”的论断，对于我们按照五中全会的要求，建设中华民族的共同精神家园，增强民族凝聚力和创造力，有着十分重要的现实意义。

让我们再一次对李学勤教授的演讲，表示衷心的感谢！

2011年郝振省主持词选编

中国艺术中的智慧——由八大山人谈起

（2011 年第 1 期　朱良志主讲）

郝振省（开场）：上一讲是我们读书活动主题讲坛的一个高潮，国务委员、国务院秘书长，中央国家机关工委书记马凯同志，和我们一起听了李学勤教授的“考古学与古代文明”，听完以后他又发表了重要讲话。高潮之后，就是一个平和的发展期。在这个平和的发展期，我们不妨研究一下国画艺术问题。与国学一样，国画也是我们的国粹，是我们增加艺术修养的重要元素。但是与对国学的了解相比较，我们对于国画方面的知识，也许显得更弱、更少一些。今天的主题讲坛就是想在这方面作出努力。为此，我们专门为大家邀请了北京大学哲学系教授、博士生导师、教育部重点研究基地北京大学美学与美育研究中心副主任朱良志先生作为我们今天的主讲嘉宾。他演讲的主题是“中国艺术中的智慧——由八大山人谈起”。中国的文化、艺术以含蓄为主，耐人寻味，神妙隽永。中国画富有深厚的传统和历史渊源，凝聚了画家深邃的思想与智慧，值得我们反复品味与感悟。本次讲坛的主题画家八大山人，是清初画坛四圣之一，特殊的时代背景和人生经历，使他无法直抒胸臆，于是他让自己的生命思考与体验蕴藏于绘画中。下面让我们以热烈的掌声，欢迎朱教授带领我们进入国画的艺术世界，感受中国艺术的智慧与魅力。

郝振省（总结）：朱教授告诉我们，知识的障碍和知识的力量都是存在的，但是要克服知识的障碍和把握知识的力量，需要更高的知识。所以学习型社会的建立，绝对是顺乎公理和人类文明发展趋势的。今天朱良志教授的演讲，非常的投入。他让我们摆脱繁冗的杂念，远离城市的喧嚣，欣赏艺术的空谷幽兰，宛如置身一片幽深宁静的国画世界。朱教授介绍了八大山人的人生经历和艺术成就，指出八大山人的画，不只是一种视觉的表现，更是一种独特的生命感觉和思考。朱教授以画作为出发点，为我们揭示了作品背后所隐含的有价值的思想。在对话篇，他讲到艺术的最主要的功能在倾诉，艺术不只是交流，而是灵魂的契合。在荷园篇，他讲到了荷花就是出淤泥而不染，讲到平等觉慧的问题，讲到没有一个最终的价值归宿的问题。在孤独篇，他讲到了对孤独和独立的思考，讲到尊严是人得以存在的一个根本理由。最后归于平静，是内心深处的平和，在八大山人的绘画中，有一种从容不惊的空灵。总之，今天朱教授的讲座对于我们如何欣赏国画艺术，如何汲取国画艺术的营养，对于我们了解国画的佛性、艺术的灵性、哲学的悟性，都有非常重要的借鉴作用。

社会建设与民生问题

（2011年第2期　李培林主讲）

郝振省（开场）： 今天的读书活动是春节后的第一讲，总排序第22期。我们为大家邀请的主讲嘉宾是中国社会科学院社会学研究所所长李培林教授。今天李教授主讲的题目是“社会建设与民生问题”。“社会建设”这个词组并不是一个新概念，但是在今天看来，它已经成为中国特色社会主义事业总体布局中的重要组成部分。它是党的重要理论创新和实践创新，是科学发展观的重要内容。民生问题既是政治问题，又是经济问题；既是社会问题，又是文化问题；既是生态问题，也是环境问题。所有这一切问题都因为民生问题而成其为问题。从这个意义上讲，我们期待从李培林教授这里，获取关于社会建设和民生问题的新见解、新观点和新思想。

郝振省（总结）： 李教授用了两个多小时，讲到了关于社会建设和民生问题概念的演变，讲到了目前在社会建设与民生方面出现的几大趋势，特别是后面讲到的六个问题，非常深入和具体。实际上李教授是以民生问题为轴心，辐射性地论述了一系列的发展问题、教育问题、就业问题、收入分配问题、社会保障问题。我们发展了，但是发展过程中出现的问题也不少，我们都无法回避，必须逐步解决。从另一个角度来说，这对于我们更好地理解“以人为本、执政为民”的宗旨和理念非常有价值，对于我们从社会建设的角度、从宏观和微观的角度来解决这方面的问题非常有价值，对于我们从历史和现实的角度处理好民生问题非常有价值。让我们以热烈的掌声感谢李培林教授精彩的演讲。

“十二五”规划：编制与解读

（2011年第3期　胡鞍钢主讲）

郝振省（开场）：今天是我们读书活动今年的第3期主题讲坛，也是总排序的第23期。考虑到在座的各位同志都不同程度地参与了国家“十二五”规划和部门行业“十二五”规划的调研和制定工作，考虑到刚刚闭幕的两会讨论并高票通过了“十二五”规划纲要，也考虑到“十二五”规划的宏伟目标还要靠我们长期艰苦的奋斗来实现，所以我们给大家推荐了放在各位面前的《中国：走向2015》这本书，今天的主讲人就是本书的作者胡鞍钢教授。

胡鞍钢教授今天的演讲既是对这本书的导读，也是对我们国家的“十二五”规划的一个简要介绍。现在我们就欢迎胡鞍钢教授开讲。

郝振省（总结）：胡鞍钢教授向我们介绍了党和国家总动员，举国上下一盘棋，按照民主集中制的原则，制定“十二五”规划的情况，并与美国和欧盟相比较，阐发了我们制度的优越性。他讲到了“十二五”规划的整体思路、指导思想、宏伟目标和战略保障，也就是其框架与核心内容，全面而比较深入地揭示其要点，从而增加了我们贯彻落实“十二五”规划的自觉。他还讲到了改革的疲劳期问题、三化问题等等，使我们对“十二五”规划落实中面临的困难和问题保持一种高度的警觉。他还讲到制定“十二五”规划的过程，不是几个学科几位秀才几年时间的事情，而是信息集成、知识集成、思路集成和创造集成的过程，强调了科学方法论的重要性，从而有助于提高我们贯彻落实“十二五”规划的创造性和主动性。

胡教授在短短的两个小时内，让我们几百位听众，获得了关于“十二五”规划的高度浓缩的知识，同时也让我们领略到了胡教授作为国情专家的气质、水平和风采。让我们再一次以热烈的掌声感谢胡教授！

中国的“三农”问题与“三治”问题

（2011年第4期　温铁军主讲）

郝振省（开场）：今天我们为大家特别邀请了中国人民大学农业与农村发展学院院长温铁军教授为我们主讲“中国的‘三农’问题与‘三治’问题”，他主编的《中国新农村建设报告》一书是中央国家机关工委和新闻出版总署今年上半年推荐的重点书之一。从历史上看，漫长的封建社会与庞大的农业社会是紧密结合在一起的。我们的革命走的是农村包围城市的道路，我们的改革开放也是在农村首先获得成功。从现实看，我们着重解决的粮食安全问题、教育问题、农民工问题等等，都与“三农”问题紧密地交织在一起。农业作为第一产业，其基础地位是长期性的，甚至是永久性的，而“三农”问题是全局性的、根本性的战略问题。现在让我们热烈欢迎温教授开讲。

郝振省（总结）：温教授用短短的两个多小时，从世界文明史开始，讲到白银战争，讲到思维方式转换，讲到“耕者有其田”“均田免赋”的农民理想，也讲到小农经济的超稳定性和金融资本阶段危机连续爆发的原因，还讲到农民获得土地和国家稳定的关系，国家工业化和农村组建合作社的关系，与“三农”问题的关系等等。温教授旁征博引，娓娓道来，很有感染力和吸引力。他的讲座没有拘泥于原定的题目，但他这种大尺度、大角度的分析，可能更有价值。温教授使我们以一种世界眼光，一种历史眼光，一种马克思主义的世界观和方法论，来更全面地思考我们的改革开放，思考我们的基本理论和信念，思考我们所面临的“三农”问题和解决“三农”问题的道路选择，也能使我们感受到自己的责任和担当。对于我们所有参加讲坛的同志，这既是一次难得的学习机会，也是一种畅快淋漓的享受。让我们再一次对温教授的演讲表示感谢！

民族问题：世界与中国

（2011年第5期 郝时远主讲）

郝振省（开场）：今天是中央国家机关“强素质·作表率”读书活动第25期主题讲坛，也是我们今年的第5期讲坛。这一讲的题目是“民族问题：世界与中国”。为什么要把民族问题作为我们今天的演讲主题呢？因为民族问题是古今中外普遍存在的对人类社会产生重大影响的社会政治问题。从国际上看，这个世界本来就是一个多民族的世界，近年来一些国家出现的裂变和许多国际恐怖活动，背后都有民族问题因素。从国内看，我国是一个典型的多民族国家，有56个民族，少数民族有1亿多人口，西部和边疆地区绝大部分是少数民族集中居住的区域。这一基本国情决定了民族问题始终是我们建设中国特色社会主义必须处理好的一个重大问题，决定了民族工作始终是关系到我们党和人民事业发展全局的一项重要工作。近年来民族问题更趋复杂、严峻，我们中央国家机关党员干部适当地阅读关于民族问题方面的著述、了解民族问题的历史渊源和发展格局，极具紧迫性。因此，我们为大家特别邀请了我国民族问题研究的权威专家——中国社会科学院的郝时远研究员来为我们讲解民族问题。现在让我们欢迎他开讲。

郝振省（总结）：郝时远先生的演讲非常厚重，他深入讲解了民族问题的重要性、长期性、复杂性、普遍性、国际性，讲到了民族问题背后蕴含的天下统一的哲学思想，介绍了我国多民族的国情，西部大开发里面的民族问题，以及反分裂斗争和国家长治久安的内在关联问题等等，大大丰富了我们对于民族问题的认识，使我们能够从更悠久的历史角度和更广阔的国际视野来理解和把握民族问题；有助于我们透过复杂多样的民族问题，抓住民族问题的主要矛盾和症结，找准解决民族问题的根本路径；也能使我们更加自觉、主动地对待民族问题，做好民族工作以及与民族工作相关的其他工作。我们再一次对郝时远研究员厚重的演讲表示衷心的感谢！

在探索中前进的中国共产党

（2011 年第 6 期　张启华主讲）

郝振省（开场）：今天是中央国家机关“强素质·作表率”读书活动今年的第 6 期主题讲坛，总排序第 26 期。为了纪念伟大光荣正确的中国共产党建党 90 周年，也为了配合《中国共产党历史》第二卷的学习，我们为大家选定本期讲坛的主题是“在探索中前进的中国共产党”。选择这个主题有两点考虑，一是理解中国模式的一种需要。现在世界上出现了一股中国模式研究热，我们认为，中国共产党是中国模式的核心，中国模式的形成、发展就是因为有了伟大的中国共产党。毛泽东同志曾说，中国产生了共产党，这是开天辟地的大事。德国著名汉学家南因果说，破解中国之谜首先要破解中共之谜。我们中国共产党由小到大、由弱到强，一直发展到今天的 8000 多万党员，始终巍然屹立、气势磅礴，始终富有自信、充满活力。我们为自己是中国共产党的一分子感到骄傲和自豪，当然也感到一种责任和压力。另一个考虑，是理性地把握 1949 年至 1978 年这一段历史的需要。1949 年到 1978 年这一段历史是我们党 90 周年承上启下的三分之一历程。理解和把握这一段党史，对我们执政党的党员干部有着重要价值和特殊意义。这段党史既使我们看到我们党取得新民主主义革命伟大胜利以后，朝气蓬勃、前所未有地进行社会主义革命和建设取得的巨大成就；又使我们看到党在取得成就的同时所经历的挫折；更使我们看到党克服困难、在探索中前进的不懈努力。正是考虑到讲坛主题的神圣性、严肃性、学术性和理论性，我们为大家特别邀请了党史研究资深专家、中央党史研究室原副主任张启华同志作为今天的主讲嘉宾，让我们以热烈的掌声欢迎张主任为我们演讲！

郝振省（总结）：张启华同志作为党史二卷的主要编写专家之一，在短短的两个小时里，为我们深入讲述了我们党在改革开放前 29 年既波澜壮阔又曲折复杂的历史。“在探索中前进”这个立论是恰如其分的，既然是探索，那就意味着有试验对了的、成功的，也有试验错了的、不成功的。中国共产党由革命党转变为执政党以后，这种探索是必然的，因为破坏一个旧世界和建设一个新世界是不同的历史任务，探索中出现的失误与探索中获得的成功一样，都具有一定的必然性。在我看来，张启华主任今天的演讲可以归结成三个关系：一是成就与失误的关系。这 29 年来，有成就也有失误，成就辉煌，失误惨痛，但成就是主流和本质。二是集体领导和领袖责任的关系。毛泽东同志作为我们党第一代领导集体的核心，他对失误当然负有主要责任，但是其他领导同志也有一定责任，这里有对社会主义建设规律认识和把握的问题。三是两个 30 年的关系。要认识到二者的联系在于它们的目标和方向是一脉相承的，这样我们就容易理解毛泽东思想和邓小平理论继承与发展的关系问题。确认成就的主流和本质地位，使我们能从科学规律和全党利益的高度，来认识社会主义强大而又持久的生命力，认识中国共产党强大而又持久的生命力。而理性地分析这 29 年的错误和失误，是以史为鉴，居安思危。今天我们党无论在国内还是在国外，都面临着一系列的挑战。我们每位党员，包括在座的中央国家机关的党员干部，也都面临着诸多考验。正确理解两个 30 年的关系，将使我们对党的下一个 30 年、对我们中华民族的伟大复兴、对社会主义的光明前途充满信心，也使我们自己充满活力和动力。张启华主任以其富有磁性的声音、极强的逻辑性、深厚的理论功底和研究功力，为我们研读党史二卷和相关的经典著作提供了必要的帮助，让我们再一次对张启华主任的厚重演讲表示感谢！

禅宗与中国文化

（2011 年第 7 期　葛兆光主讲）

郝振省（开场）： 今天是中央国家机关“强素质·作表率”读书活动今年的第 7 期主题讲坛，总排序第 27 期。今天我们为大家邀请的主讲嘉宾是复旦大学文史研究院院长、历史系教授、博士生导师葛兆光先生。他今天演讲的题目是“禅宗与中国文化”。这也是葛先生 20 世纪 80 年代一部重要著作的书名。在这部书里，葛先生讲到了中国禅宗的形成与发展，研究了禅宗与士大夫之间的关系，讲到了禅宗是如何影响士大夫的人生哲学、审美情趣和艺术思维的。2500 年前，佛祖拈花，迦叶微笑，诞生了“禅”。1400 多年前，达摩大师将“禅”带到中国，六祖惠能创立禅宗。经过千年发展，与我国传统文化的儒学、道教，还有魏晋玄学相结合，禅宗成为既有精致的世界观理论，又有与世界观相契合的解脱方式和认识方法的宗教流派。它带有深刻的中国文化烙印，凝聚着东方的哲学智慧，通过历代士大夫的参与和弘扬，对中国文化的各个领域产生了深刻而久远的影响。我国著名的国学大师钱穆先生说，在中国学术思想史上，有两位伟人对中国文化有极大影响，一为唐代禅宗的六祖惠能，一为南宋的儒家朱熹，由此可见禅宗在中国文化史上的地位。禅的原意是境遇或思考。禅静就是安静地沉思，禅的意蕴在于心灵的修养，不立文字，以心传心，直指心性，顿悟成佛。我们能否借助禅学的智慧提升我们自己的文化修养，实现自我的身心和谐呢？让我们以热烈的掌声欢迎葛先生为我们开讲！

郝振省（总结）： 今天听葛兆光先生介绍禅宗的一些情况，特别是讲到禅宗的几个基本问题，让我想起来苏格拉底的一句话，苏格拉底说，我只知道一件事情，就是我什么都不知道。我想，用禅宗的语言讲，就是我的理性就是非理性，我的语言就是非语言，反传统就是我的传统。我想，我们在听葛教授讲禅宗的时候也可以采取一点禅宗的办法来听。

应该说，禅宗的这种思想、主张，如果从不要过分迷信传统，不要为一些已成定论的东西所束缚的角度看，对我们大胆地进行理论创新、文化创新，还是有积极意义的。另外，禅宗也是我们中国文化里面非常重要的财富，是我们中华民族精神家园的重要内容，从这个角度看，研习禅宗对于我们今天研究文化繁荣，研究文明缔造，研究和谐目标的追求，应该说都有很强的现实价值。而对我们个人的道德修养，对人怎样在入世和出世之间找到一个恰当的平衡点，从而进行更好的自我修炼，更有意义。我们再一次感谢葛教授的精彩演讲！

从辛亥革命到中国共产党的建立

（2011 年第 8 期　金冲及主讲）

郝振省（开场）： 今天是中央国家机关“强素质·作表率”读书活动今年的第 8 期主题讲坛，总排序第 28 期。本期我们为大家选定的主题是“从辛亥革命到中国共产党的建立”。

为什么要选这个主题呢？一个最朴素、最直接的目的，就是推荐大家读一点有关辛亥革命的书。第二个目的，就是我们在纪念建党 90 周年辉煌历史之后，还应该纪念辛亥革命这个伟大的历史事件。1911 年 10 月 10 日，武昌起义的枪声响起，辛亥革命身负“起共和而终帝制”的使命，揭开了中国人民救亡图存的壮丽画卷，开启了古老中国社会进步的闸门。还有一个更重要的目的，就是寻找和探讨辛亥革命和中国共产党建立这两个伟大历史事件之间的内在逻辑关系。所以，我们今天为大家特别邀请了中央文献研究室原常务副主任、著名学者金冲及教授。金教授的学养和资历完全符合中央国家机关工委和总署领导对我们提出的要求：要努力选择和邀请国内最顶尖的学者、专家作为我们的主讲嘉宾。相信大家的期待能够获得极大的满足。下面让我们以热烈的掌声欢迎金教授开讲！

郝振省（总结）： 今天，金冲及先生以八十一岁的高龄，精神矍铄，侃侃而谈，声音洪亮，铿锵有力，让我们这些晚辈感到由衷的钦佩。这是今天讲坛的一大亮点。还有一个亮点就是金先生是解放前在复旦大学加入地下党的，由一名青年共产党人成长为党史专家和史学大家。更重要的是，金先生给我们讲述了辛亥革命发生和发展的原因，那就是当时列强的贪婪侵略和专制政府的无能和压迫。金先生讲到，辛亥革命不仅从胜利和失败两个方面为马克思主义在中国的传播和中国共产党的建立准备了重要条件，而且在一定程度上从思想和组织上孕育了中国共产党；讲到我们早期的共产党人为数不少就是辛亥革命的拥护者和参与者；讲到中国共产党从诞生的那一刻起就有着同以往的其他中国政党完全不同的鲜明特点：如它的指导思想的选择，它深入社会基层的方向，它对于共同理想和严格纪律的强调和追求。特别是他讲到，如何将工人运动与马列主义相结合，促成了中国共产党的诞生。金先生今天的讲演史料丰富、观点鲜明，对问题进行辩证分析，深刻阐述了从辛亥革命到中国共产党建立的历史，从中我们清晰地看到，中国共产党的建立和中国革命的胜利，是历史的必然和人民的选择，从而也使我们能够更加科学地评价辛亥革命的历史作用。让我们再一次对金先生的演讲表示衷心的感谢！

贝多芬交响乐综述与赏析

（2011 年第 9 期　卞祖善主讲）

郝振省（开场）： 今天是中央国家机关"强素质·作表率"读书活动今年的第 9 期主题讲坛，总排序第 29 期。我们今天为大家特别邀请的主讲嘉宾是卞祖善教授。卞教授今天主讲的题目是"贝多芬交响乐综述与赏析"。与他的演讲主题相配套，送给大家的图书是他的著作《乐海回响》。从读书活动办公室的安排来讲，除了政治、经济、历史和文化主题之外，安排一些艺术欣赏方面的内容，是我们早有计划的。我们曾经专门邀请中央音乐学院叶小钢教授为大家讲音乐欣赏的问题。但是在安排音乐欣赏的主题讲坛的时候，选择什么样的音乐和艺术形式，请哪一位大家来讲，可以说是颇费心思。今天也是希望在国庆节之前给大家提供一次音乐大餐，希望大家能够认可。贝多芬不仅是德国的音乐家，而且是全人类的音乐家，因为他的音乐至今影响着整个人类的音乐文化生活。他的交响曲仍是全世界各交响乐乐团演出最多的交响曲。他的交响乐体现了人类"通过苦难走向欢乐""通过斗争走向胜利"（贝多芬语）的伟大精神。特别是我们了解到他的诸多经典的交响曲，都是自他渐进而立之年时两耳逐渐失聪的情况下创作的，使我们对这位音乐大师，肃然起敬。他在给朋友的信中说："我要卡住命运的咽喉，它绝不能把我完全压倒。"这就是他《命运交响曲》最好的注脚。1830 年歌德听了他的《命运交响曲》之后说，这是壮丽宏伟、惊心动魄的，简直就要把房子震坍了。1841 年恩格斯听到《命运交响曲》的时候，给他的妹妹写信说，如果你不知道这奇妙的东西，那么你一生就算什么也没有听见。今天卞祖善教授带领我们一起赏析贝多芬的交响曲，让我们以热烈的掌声欢迎卞教授给我们开讲！

郝振省（总结）： 今天，卞先生带领我们走进音乐神圣的殿堂，享受了一次交响乐曲的盛宴。应该说对贝多芬和他的交响曲我们并不算生疏，但是我们在座的绝大多数人又很难说对贝多芬和他的交响乐曲有很深入的了解，像今天这样，由一位音乐大家来讲述世界级的音乐大师的情景应该说是很珍贵的、难以忘怀的。卞教授从《影响人类历史进程的100名人排行榜》讲起，向我们介绍了贝多芬和维也纳古典乐派；集中地讲解了贝多芬九大交响曲的创作情况、艺术特征、以及广泛而深远的影响；回顾了贝多芬交响乐在中国传播和演出的历史；最后他得出一个非常明确的结论，就是贝多芬交响乐是影响人类历史进程的伟大的乐章。我们可以从中得到几点启示和收获。第一，我们在有限的时间里，在卞教授的讲授下，比较集中地了解到了贝多芬生活的时代背景、社会环境和音乐环境；了解到了贝多芬九大交响曲的一些重要知识，特别是音乐的赏析使我们有强烈的现场感；了解到贝多芬交响曲的历史渊源、特殊价值和他巨大而悠远的时代影响和世界影响。在一定程度上，为我们增长交响乐知识，提高音乐素质提供了非常重要的元素。第二，伴随着卞院长的边播放边讲解，我们在音符中徜徉，我们在沉浸中回想，我们能感受到伟大的交响乐华章的力量，更能够感受到蕴含在这种华章里面的思想的力量。第三，由交响曲的欣赏，又引导我们叹服人格的魅力以及影响。一位以音乐与声音为生存方式的音乐家，在自己最可能富有创造的年华却双耳失聪，命运对他是多么的不公，多么的残酷，而他却把残酷变成了财富，在最痛苦的时候，创造了最阳光的交响乐曲。应该说他创造了不朽的乐章，成为影响历史进程的伟大的音乐家，这正如他自己所说，谁能参透我音乐的意义，便能超脱寻常人无以自拔的苦难。钱学森老人曾经在中央领导看望他的时候讲到，要培养和提高科学家、技术专家的艺术修养。其实不只是科学家和技术专家，我们中央国家机关的同志也需要交响乐修养、需要音乐修养、需要艺术修养。如果说艺术修养能够直接或间接地帮助科学家和技术专家进行创造发明的话，那么我们也可以说，音乐修养包括交响乐的修养无疑会直接或间接地帮助我们提升自身的品质，使我们更能从容不迫地、非常理性地、有音乐节奏地应对复杂局面，化解一些技术的矛盾。让我们再一次以热烈的掌声感谢卞先生的演讲和带领我们所做的深入赏析！

21 世纪的信息科技

（2011 年第 10 期　张亚勤主讲）

郝振省（开场）：今天是中央国家机关“强素质·作表率”读书活动今年第 10 期主题讲坛，总排序第 30 期。这意味着我们的主题讲坛活动已经经历了 30 个月，就是两年半的时间，这也是一个节点。

今天讲坛的主题是科技，题目是“21 世纪的信息科技”，主讲嘉宾是张亚勤先生。我想了想，今天有三个“重要”：第一，时机重要；第二，主题重要；第三，嘉宾重要。首先，时机重要。大家知道，中国共产党第十七届六中全会刚刚闭幕，全会作出了深化文化体制改革、推动社会主义文化大发展大繁荣的重要决定，特别是提出了建设社会主义文化强国的宏伟目标。围绕这个宏伟目标有一系列的理论创新和理论概括，其中特别讲到文化领域是最需要创新的领域，讲到要建设现代文化强国，要构建现代文化产业体系，要推进文化科技创新等等，所以我们今天的讲坛呼应了中央部署的要求。第二，主题重要。从数字传播和出版的角度来看，有人说现在是网络革命时代，也有人说 2009 年是电子书年，2010 年是电子阅读器年，今年是云出版年、云计算年。所以有的说要建造云出版年，有的说要打造云中书城，有的号称要做云服务提供商，有的要推广云阅读，有的讲数字出版飘浮在云端。什么是云计算、云出版、云传播？它们的功能和定位究竟如何？和我们有什么样的关系？未来有什么样的趋势？这就是今天张亚勤先生要给我们讲的重要内容。第三，嘉宾重要。张亚勤先生是一位“神童”，他自己讲，我第一不是“神”，第二也不是“童”，因为毕竟是人到中年了。但是我之前看过他的书，看到他的“神童”是名实相副的。我讲两个例子。一个是他还不到 10 岁的时候，一个星期就把高中数学教材的所有习题全部做完了。还有一个例子，人们形容他是拍照式的记忆，看了当时的报纸，几分钟后就可以几乎一字不差地读出来。所以今天的聚会特别难得，我们也是慕名请他到我们今天的讲坛。他 12 岁考入中国科技大学少年班，获得科大电子工程学士学位和硕士学位，23 岁的时候，就以最好的成绩获得了美国乔治·华盛顿大学的电气工程博士学位。31 岁成为美国电气电子工程师协会百年以来最年轻的院士。45 岁的时候成为中央国家机关“强素质·作表率”读书活动主题讲坛最年轻的特邀嘉宾。1999 年加入微软研究院，担任首席科学家，现在担任微软全球副总裁，并且兼任微软亚太研发集团主席，是比尔·盖茨智囊集团的核心成员。让我们热烈欢迎张亚勤先生为我们开讲。

郝振省（总结）：张亚勤先生用了短短的一个半小时多一点的时间，给我们浓缩性地介绍了大量信息革命和信息技术的历史和现状，预测了未来的发展趋势，谈到了农业革命、工业革命和信息革命，不同时代的科技特征和它进化的标准。讲到创新的概念不但丰富而且深化，讲到创新趋势的几大特性，向我们介绍了信息产业正从以 PC 为核心向以互联网为核心转移。一方面是数据和应用的加速汇集和迁移，一方面是用于接收和处理的设备日益丰富，云和端的协调以及进一步发展，使得人人互联、物物互联成为可能。特别是他讲了大量自己体验的结论和知识，讲了三大平台的战役和四大定律，讲到微博和三个文化的关系。特别是讲到计算机的资源、平台要素和动态的数据服务，还给我们演示了视频，给我们留下非常深刻的印象，使我们看到了未来几年的前景。张亚勤博士讲的时间虽然不长，但我们却获得了一些额外的营养，他讲到伟大公司的考验，讲到领导力的几个要素，讲到怎样用人，很有实践意义和底蕴。使得我们对于科学技术是第一生产力的论断有了更深入的了解和更深刻的体验，对于借助信息技术，提高自主创新能力，转变经济发展方式，实现结构调整和产业升级，有了更科学的把握和更加切实的思考。也使得我们对于促进文化与科技的融合，建设我们自己的社会主义文化强国，有了更充分的信心和更坚定的意志。让我们再一次对张亚勤博士的演讲表示衷心的感谢。

中国文化近代转型的启思

（2011年第11期　丁伟志主讲）

郝振省（开场）：今天是中央国家机关“强素质·作表率”读书活动今年第11期主题讲坛，总排序第31期。今天的会场又是座无虚席，我们了解到有很多同志是全家出动。今天我们为大家特别邀请的主讲嘉宾是中国社会科学院原常务副院长、荣誉学部委员丁伟志先生。他主讲的内容是“中国文化近代转型的启思”。需要特别说明的是，我们今天的主题是严格按照六中全会精神的要求给同志们设计的。六中全会《决定》一开始就讲“文化是民族的血脉，是人民的精神家园”。然后讲到5000年源远流长、博大精深的中华文化。在“建设优秀传统文化传承体系”的章节里边，又特别强调优秀的传统文化凝聚着中华民族自强不息的精神追求和历久弥新的精神财富。由此我们可以体会到《决定》的论述是非常精辟、非常有感染力的。丁伟志先生长期从事哲学、历史学研究，主攻近代政治思想史、文化思想史，学养深厚、著作颇丰，又长期在文化部门领导岗位上工作，擅长演讲，因此讲好这个题目应该是没有问题的。但是作为主持人，我也有点担心，担心思想史不像革命史、战争史、文学史那么富有故事性，相对来讲比较形而上一点、抽象一些，而且跨度也比较大，一百多年的波澜起伏，加上我们老学者的文言文在里边，涉及的人物事件又比较多，有些概念距离我们今天又相对久远。所以我们能否追随着丁先生思想的引擎，真正进入到近代文化转型的历史深层，获得关于文化思想史方面的一定程度的文化自觉，这对我们大家也是一次考验。现在让我们用热烈的掌声，欢迎丁先生开讲。

郝振省（总结）：同志们，丁先生以他深厚的历史文化修养和思想理论功力，向我们描述了百余年文化转型的曲折过程，深刻地分析了这一过程的多方面的、深层次的原因。丁先生充分地肯定了新文化运动的兴起，肯定了以《新青年》为代表的文化启蒙运动为现代化转型作出的巨大贡献。当然他也没有讳言一些见解上的偏激和错误，包括因受共产国际影响而产生的“左”倾幼稚病。我认为从丁先生的演讲里面，能够获得以下几点体会。第一点我还是想讲，传统文化永远是我们民族博大精深、弥足珍贵的精神家园，是5000年文明的厚重积淀，你继承它也好，批判它也好，发展它也好，都离不开它。如果脱离它的话，你任何的思想见解主张，我认为都将会成为“无本之木”“无源之水”，从这个意义上讲，文化是我们民族的血脉，我们必须呵护好中华民族的精神家园，这个家园就像我们国土中的任何一个板块一样，都属于民族的巨大财富，甚至它的某些“糟粕”也不要轻易地扔掉，因为在不同的情况下还有一个转化的问题，我想这是我们今天需要考虑的。当然我们要与时俱进，古为今用。第二点，从近代文化的转型过程来看，文化思想也必须坚持对外开放。通过比较、论证和筛选来借鉴其他国家、其他民族先进的、积极的文化思想，是我们创新发展自己文化的重要途径。无论是中学与西学之争，体与用之辩，还是国外各种思潮的涌入，不同主义之间的论战，以及最终我们对马列主义的选择，都表明了对外开放应该是我们的基本国策。经济要开放，思想文化也要开放，并且思想的开放往往是经济开放的前奏，反过来经济开放又加强了思想的开放，当然这种开放，我认为最后还要落脚到和中国的国情相结合。中国共产党的一个伟大之处就是结合，马列主义和中国实际相结合，社会主义和市场经济相结合，有的人觉得老结合很复杂，但实际上不结合往往容易出大问题。第三点，就是刚才丁先生讲到的，从思想文化自身的发展来看，有一条规律值得我们研究，就是思想学术的发展一开始总是比较偏激甚至比较片面，但在这种偏激和片面之中又往往会产生一些深邃的思想和独到的见解，然后又有学者和哲人出来纠偏、综合，于是文化思想的学说就发展起来了。《决定》里面讲到这么一段话，要“营造积极健康、宽松和谐的氛围，提倡不同观点和学派充分讨论”，这是非常重要的。如果繁荣完全是我们制造出的一个产品，然后规模化地生产，规模化地消费，这样理解繁荣恐怕太简单了，繁荣必须有宽松的环境，提倡不同的学派来交流，这也是我们将来非常重要的一项任务。

今天，丁院长以81岁的高龄，来向我们传授他的学术、见解和理论创造，讲得很深入、很厚重，回答问题也非常到位、非常精彩。我以为这本身就显示了文化的力量和文化转型的深刻影响，所以从这个意义上讲，文化大繁荣大发展太重要了！谢谢丁先生！

先秦诸子研究与现代文化建设

（2011 年第 12 期　杨义主讲）

郝振省（开场）： 今天是中央国家机关“强素质·作表率”读书活动今年的第 12 期主题讲坛，也是今年最后一次主题讲坛，总排序第 32 期。大家参加读书活动其实都是一个心思，就是一起来听大专家、大学者的真知灼见。今天我们有幸为大家请到了中国鲁迅研究会会长、中国社会科学院学部委员和文学研究所、民族文学研究所前所长，现在澳门大学文学院担任讲座教授的杨义先生，为我们讲“先秦诸子研究与现代文化建设”。杨先生在文学研究领域的功夫之深、作品之丰、影响之大，为学界所公认。我还记得前几年曾读过先生的《毛泽东诗词大气象》，当时真是爱不释手，就找了一位专业的播音员录音，之后放在车里面经常放听。因为有许多专家讲毛主席诗词的风格、气势、魅力，但是先生讲毛主席诗词的大气象、大智慧，就让人感觉到不同凡响。这篇文章实际上是他为参加一个研究会的论坛写的急救章，上飞机前在办公室写了三分之一，在飞机场的候机室写了三分之一，在飞机上又写了三分之一。应该说，这是断续草成，却一不小心成了佳作。今天我们请先生讲“先秦诸子研究与现代文化建设”这个主题，主要有两方面考虑，一方面是党的十七届六中全会提出，要营造积极健康、宽松和谐的氛围，提倡不同的观点和学派充分讨论，强调贯彻百花齐放、百家争鸣的方针，鼓励创新，包容差异，而先秦诸子构筑了百家争鸣的学术创新与文化繁荣的社会景象，为中华文明的延绵发展提供了厚重的思想文化铺垫，成为古为今用的民族文化基因；另一方面，先生本身就有先秦诸子还原的四大作品，今天发给大家的是《庄子还原》，还有《老子还原》《墨子还原》和《韩非子还原》，这四种书通过贯通相关文献、考古资料，进行全新研究，追踪了先秦诸子的生命历程和思想轨迹，破译了若干千古之谜。现在让我们以热烈的掌声欢迎杨先生开讲。

郝振省（总结）：今天杨先生讲的体系比较大，走进先秦诸子，还原历史现场，破解千古之谜，描绘文化地理。我们觉得，是不是能给我们这样两点启示？第一，在座各位不能说对先秦诸子不了解，但是恐怕多数在知其然，不知其所以然的层面，或者不大知其所以然的层面，先生的研究成果和生动的演讲，让我们在知其所以然方面大大地迈进了一步。他讲到了庄子的身世、墨子的身世、韩非子的历史，还有老子的思想，好多东西都是非常深刻的，引发了我们继续探究的兴趣。第二，先生的演讲使我们对于学术创新、思想创新、文化创新的规律和特点的了解大大加深了。学术和文化创新不可能是无本之木、无源之水，而只能是在以往历史的前提和基础上进行，与大的社会环境、学术环境、文化环境相互作用，必须依赖思想家自身的锲而不舍、哲学悟性乃至深刻的体验才能有所造诣。从这个角度讲，杨先生今天的演讲从客观和主观的角度，从历史和现实的角度，为我们今天进行文化创新和推动文化繁荣提供了非常重要的借鉴。让我们再一次感谢杨先生生动、深入和精彩的演讲。

2012年郝振省主持词选编

中国经济发展与文化复兴

（2012 年第 1 期　林毅夫主讲）

郝振省（开场）：今天是中央国家机关“强素质·作表率”读书活动 2012 年的第 1 期主题讲坛，总排序第 33 期。今天我们向各位推荐的书目是《中国经济专题》，作者是世界银行首席经济学家、高级副行长林毅夫先生，他也是我们今天邀请的主讲嘉宾，他主讲的题目是“中国经济发展与文化复兴”。大家都非常重视今天的读书主题讲坛，在林先生开讲之前，新闻出版总署署长、党组书记柳斌杰同志会见了林先生。下面我做三点说明。第一，我们为什么要推荐林先生的《中国经济专题》这本书？因为党的十一届三中全会一个里程碑式的贡献，就是把党的工作重心转移到以经济建设为中心的轨道上来。正反两方面的历史经验表明：经济建设问题始终是我们处理和解决其他一切问题的前提和基础，我们党的基本路线就包含了这个伟大的结论。党中央、国务院每年年初的第一个重要会议就是经济工作会议。对于我们国家机关工作人员来讲，坚持不懈地提高自己的理论素养，增加自己的经济知识是十分必要的。推荐这本书，还有一个原因就是这本书获得了很多评价。林先生就学的芝加哥大学的教授、诺贝尔经济学奖获得者詹姆斯·赫克曼先生评价说，这本书在很多层面都取得了成功，它以宏大的历史视角展示了中国经济两千多年来的跌宕起伏与伟大复兴；它解读了中国经济重要的源头和未来增长的前景，以它富有见地的比较优势战略理论，系统地研究了中国经济成功的实践经验，并向传统的古典经济理论提出了挑战。第二，请林先生做主讲嘉宾，是因为他的履历和资历都表明他是一位享誉国内外的、权威的经济学家。他从北大毕业以后，获得了芝加哥大学经济学博士学位，而芝加哥大学是全球拥有诺贝尔奖获得者最多的大学之一。他撰写了《中国的奇迹：发展战略和经济改革》《经济发展与转型：思潮、战略和自生能力》等 18 本专著，并在国际和国内一些重要的刊物上发表了 100 多篇经济学论文。他应邀为英国的剑桥大学做马歇尔讲座，为美国的耶鲁大学作西蒙·库兹列茨讲座。从林先生的经济学实践来看，他在国内外多个有关发展政策、科技和环境的委员会、领导小组任职，直至到世界银行任职，负责领导世界银行的知识发展，并对世界银行经济议程的研究形成起到了关键作用。刚才柳署长会见林先生时讲到：世界银行首席经济学家传统上一直由欧美发达国家的人员垄断，所以，林先生到世界银行任职也是我们中华民族的骄傲！第三，我们选择“中国经济发展与文化复兴”这个主题，就是因为十七届六中全会提出了文化大发展、大繁荣的历史任务和建设社会主义文化强国的伟大目标，文化的改革与发展已经成为发展是硬道理、发展是第一要务的内在的重要组成部分。单纯地讲文化发展和复兴也是不科学的，文化发展必须依赖经济的有力支持，而经济的发展也需要文化来引领。从这个意义上讲，我们请林先生就这个问题发表他的见解，贡献他的成果，是有重要意义的。林先生昨晚刚从世界银行赶回北京，专门为这次论坛回来，旅途的劳累还没有很好地解除，这种精神也使我们肃然起敬，让我们以一种平实、冷静、理性的心态来细心聆听林先生这场重要的演讲，大家以热烈的掌声欢迎林先生！

郝振省（总结）：我觉得今天林先生讲的几个问题值得我们深度思考。第一，关于发展经济学的问题。他先是给我们描述了中国经济发展的历程和改革开放以来的奇迹，尤其是近30年的经济奇迹，9.9%的高速增长率，是发展战略选择方面的成功。这就使我们对发展经济学的内在价值及其社会效能有了一定的了解。他从发展经济学的角度，解释了改革开放深层次和具体的原因，并且预测了我们还可以维持较高的增长率。第二，林先生提出，判定一种文化的先进和落后，强势和弱势，不能单从文化自身得出结论，它的标准是要从经济基础方面寻找和探索，文化说到底是生产方式和经济基础的产物。我认为这实际上是强调了社会存在决定社会意识，这是历史唯物主义的基本观点，体现了马克思主义理论的科学性和指导地位，为我们从社会大背景分析文化问题提供了方法论。第三，既然判定文化的优劣强弱离不开经济基础这个大前提，那么文化的复兴也是一个整体化的过程，文化的发展要对经济基础和生产方式起到加固和提升的作用。林先生谈到核心伦理价值与器物层次的关系，主张在技术上要引进创新，实际上是要坚持对外开放、拿来主义的宗旨；讲到经济发展要充分利用后发优势，实际上是倡导解放思想、他为我用的宗旨；讲到将来能否形成一个完备有机的文化体系，实际上是讲文化建设与经济、政治、社会建设整体推进的问题。第四，文化有自身的发展规律，不能脱离经济基础和生产方式来研究文化问题，但也并不等于否认文化自身的发展规律，林先生提出文化的绵延不断在于其核心价值的延续不断，并且为我们描绘了以“仁”为核心的价值观念在我国历史上发生和发展的过程，使我们看到了核心价值在文化中举足轻重的作用。林先生最后在讲文化发展的自身规律的时候讲到它的随机性和或然性，不容易改变并非不可能改变，特别是对我们的政治精英和文化精英包括今天在座的同志们、朋友们寄予厚望，这些问题都值得我们深思。

让我们再一次为林先生的学识和风度、精彩而生动的演讲表示衷心的感谢！

守望精神家园

（2012年第2期　田青主讲）

郝振省（开场）： 今天是我们中央国家机关“强素质·作表率”读书活动今年的第2期主题讲坛，也是我们龙年的第1期讲坛，总排序第34期。我以为，一个讲坛要办好，起码要有三个条件：第一是看主题如何？第二是看演讲嘉宾的水平如何？第三是看配套的图书推荐得怎么样？

从这三条标准来看，我觉得今天的演讲会很成功。首先，我们这次选择的是关于非物质文化遗产的主题，它的诗意化的说法叫做坚守我们的精神家园，这是一个十分热门的话题。党的十七届六中全会专门讲到要弘扬我们的优秀传统文化，要做好非物质文化遗产保护的传承工作。非物质文化遗产是指各种以非物质形态存在的，与群众生活密切相关，世代传承的传统文化表现形式。比如说我们刚刚度过的龙年春节，就是与我们关系最为密切的一种非物质文化遗产。

田先生讲过，非物质文化遗产承载着一个国家、一个民族或者一个族群文化生命的密码，是一个民族精神的DNA，这是一个很有神韵的说法。我们现在非物质文化遗产保护取得了巨大的成绩，《非物质文化遗产法》也已颁布，非物质文化遗产观赏性的保护和生产性的保护已成为我们文化繁荣和发展的重要内容，当然非物质文化遗产保护也面临着极大挑战，这些都是我们确定今天选题的意义和价值所在。

其次，我们今天为大家邀请的主讲嘉宾是中国艺术研究院的田青研究员，田先生是著名作家、音乐学家、非物质文化遗产保护专家。现在担任中国艺术研究院音乐研究所所长，佛教艺术研究中心主任，博士生导师，兼任中国昆剧古琴研究会会长，中国佛教协会顾问，全国政协委员。他长期致力于中国民族民间音乐和佛教音乐的研究，积极推动非物质文化遗产的保护工作。他力推原生态的唱法，主张文化的多样性，弘扬中国的传统文化，并著有多部著作，因而在文化界具有很大的影响。

最后，摆在各位面前的《捡起金叶》这本书，是田先生的一本关于非物质文化遗产和原生态研究的文集。这本书很有趣，内容非常精彩，先生关于糟粕和精华的关系、迷信和文化的关系、先进和落后的关系，包括对非物质文化遗产不能简单地讲发展或者不能讲发展，只能讲保护、讲原生态的一些看法，都很有见地。所以我们有理由相信先生的演讲和著作，特别是先生还给我们准备的陪同温总理去日本的“融冰之旅”演出专场的一个视频给大家放映，这些一定会相得益彰、相映成辉。让我们怀着对民族艺术的虔诚之心欢迎先生开讲。

郝振省（总结）：我做一个简单的小结。第一，田先生给我们分析了现代化进程与民族传统之间的矛盾、文化生态发生的巨大变化、文化的多样性受到了相当严重的破坏，甚至不少地方经济发展的规模和速度令人自豪，而非物质文化遗产的消失速度也令人吃惊。这些使我们增强了保护非物质文化遗产、保护文化多样性的紧迫性和自觉性。

第二，先生介绍了我们国家在非物质文化遗产保护方面，从理念到实践、从政府到民间，从系统性的保护到生产性的保护，我们所做的大量工作和所取得的重大成就，这能够使我们比较理性地认识到文化多样性的长远的精神价值和巨大的经济效益。

第三，先生讲到了现代保护工作遇到的瓶颈和困难，包括对非遗保护中的精华和糟粕的判断问题。他指出关于区分精华和糟粕的一般原则是正确的，但是我们在精华和糟粕的具体判断中，反反复复走了许多弯路，可以说是振聋发聩、发人深省。这使我们能够深深地感受到保护非物质文化遗产、保护文化的多样性任重而道远。

特别是先生带领我们领略和欣赏了非物质文化遗产展演，让我们近距离地感受到非物质文化遗产跨越时空的魅力和文化多样性的神韵。从而使我们形成了一种民族自豪感、神圣感和尊严感。我提议，我们再一次对先生的讲演、主持和表演表示深深的感谢！

当前朝鲜半岛局势及我对策

（2012 年第 3 期　张琏瑰主讲）

郝振省（开场）：今天是我们今年“强素质·作表率”读书活动主题讲坛的第 3 期，总排序第 35 期。我们有幸为大家邀请到中央党校国际战略研究所教授、博士生导师张琏瑰同志作为我们本期的主讲嘉宾。他为我们演讲的题目是“当前朝鲜半岛局势及我对策”。我们选取这个题目，主要是考虑到大家有这方面的需求。我们在座不少同志从记事的时候起，就对“雄赳赳，气昂昂，跨过鸭绿江”这首抗美援朝志愿军的歌曲留有深刻的印象。近些年来，对我国具有重要地缘政治影响的朝鲜，更是扑朔迷离：朝核问题、六方会谈、换取粮食、卫星发射，等等。那么朝鲜半岛究竟是一个什么样的局势，这种局势的来龙去脉和未来走势是什么，它对我们的国家利益、对外战略有什么影响，以及我们应该如何应对等问题，都值得我们思考。而且这些问题，也都是同志们想了解、想知晓的，同时也是我们立党为公、执政为民所应该了解的。这就是我们今天请张教授来讲这个主题的初衷。张教授是研究朝鲜问题的顶级专家。他于 1964 年到 1968 年在朝鲜金日成大学留学，和金正日是同学，学成回国后，在吉林的边防部队主要从事与朝鲜相关的工作，后来到吉林省社科院朝鲜问题研究所工作，然后到中央党校主攻国际政治，并对朝鲜问题进行跟踪研究。所以我们讲朝鲜问题，请张教授作为主讲嘉宾是非常合适的。另外，当我们到他府上邀请他做演讲嘉宾的时候，他特别强调：科研要为高层的决策服务，高层的决策要依赖科研的支撑，这使我们深刻感受到了作为共和国的一名高级知识分子，一位专家、学者，他的学术报国、理论报国、战略报国的执着追求和不懈努力。现在让我们热烈欢迎张教授开讲！

郝振省（总结）：今天张教授讲得非常深入。他从地缘政治讲起，讲到历史上朝鲜对中国曾经的依附性关系，以及后来的甲午战争、日俄战争、抗日战争和朝鲜战争。从中我们可以看出，中国周边那么多国家，没有一个国家像朝鲜那样影响到我们的国家利益和国家战略，也可以看出作为中央国家机关一定层级的领导干部，了解朝鲜与中国关系的历史渊源，掌握有关的知识是多么重要和必要。总之，在有限的时间内，我们通过张教授的演讲，了解到朝鲜问题对我们国家利益的影响，朝鲜对我们的整体国际战略的特殊性、重要性，以及这种重要性的历史行程和它的未来走势。让我们再次对先生精彩而深刻的演讲表示衷心的感谢！

智能语音技术及产业应用前沿介绍

（2012 年第 4 期　刘庆峰主讲）

郝振省（开场）：今天是中央国家机关“强素质·作表率”读书活动今年的第 4 期主题讲坛，总排序第 36 期，也是我们“强素质·作表率”读书活动三周年的纪念日。在本次讲坛开讲之前，我们有两项工作需要进行，一是简单地向同志们报告一下昨天下午我们读书活动三周年座谈会的情况，二是请同志们在开讲之前观看一下我们读书活动三周年的一个 15 分钟的视频宣传片。

昨天下午，中央国家机关工委和新闻出版总署联合召开了中央国家机关“强素质·作表率”读书活动三周年纪念座谈会，会议由机关工委宣传部赵建国副部长主持，总署机关党委常务副书记孙文科介绍了读书活动三周年的开展情况，回顾了我们的活动历程，总结了我们的活动经验。演讲嘉宾代表是给我们讲坛进行首讲的中央文献研究室的陈晋副主任和第 34 期讲坛的主讲嘉宾——中国艺术研究院音乐研究所所长田青教授，他们两位在会上发表了重要的见解。有关部委、省委机关党委的负责同志，如鹿生伟同志、杨林同志、王京京同志、卢得志同志也都发表了自己的体验、感想和建议。我也代表我们承办单位中国新闻出版研究院汇报了三年来的工作体会。新闻出版总署副署长孙寿山同志从读书是机关干部神圣职责的角度谈了正确处理专与博、零与整、知与行等关系问题，并且代表总署对全民阅读工作进行了总结和部署。中央国家机关工委副书记俞贵麟同志在充分肯定我们的读书活动引领了良好风气，向广度和深度发展，成为常态化重要抓手的功能的同时，要求我们继续强化品牌意识、创新意识、管理意识、导向意识。特别是，昨天晚上中央电视台的《晚间新闻》已经播报了我们座谈会的情况。下面请大家观赏一个 15 分钟左右的视频宣传片，一起回顾一下我们读书活动走过的历程。（视频播放）

三年的时间过得太快，回想起来，这项读书活动确实取得了丰富的成果。我们推荐了近80种适合我们阅读的精品书目，举行了35场主题读书讲坛，应该说通过嘉宾的演讲和书目的推荐，我们在场的中央国家机关党员干部，受到了熏陶和感染，强化了爱读书、读好书、多读书的习惯，提高了综合素质。可以说这项活动已经成为一个影响非常大的读书活动。当然昨天总结的时候，我们也发现还存在一些不足和缺陷，但是我们有决心、有信心在同志们的支持下，在工委和总署的领导下，把这项活动做得更好，切实把它打造成国家品牌、国家讲坛，使它的作用能够久远地延续下去。

现在请我们今天的演讲嘉宾刘庆峰同志出场，他演讲的题目是“智能语音技术及产业应用前沿介绍”。刘庆峰同志是中国科技大学信号与信息专业博士，中国科技大学的兼职教授、博士生导师。他在语音技术核心研究和产业化方面作出了创造性的成就和创新性的贡献。他改写了中文语音产业的格局，在利用国际规则、树立民族语音产业壁垒方面做了卓有成效的工作。

他带领他的团队把语音像化学元素一样，先进行分解再进行合成，能够像识别指纹一样来识别声纹，这是多么了不起的事情。他们不仅能进行中文的语音合成，而且还能进行英文的语音合成，语音的仿真程度让被仿真的播音员都感到很吃惊。另外，别人都在打破壁垒建立统一的大市场，而他们却是要打造民族的语音壁垒，这确实是独特的思维。刘庆峰同志和他的团队因而获得了多项顶级荣誉，因此我们推荐刘庆峰同志作为我们读书讲坛的演讲嘉宾。让我们以期待的心情和热烈的掌声欢迎刘庆峰同志给我们演讲和演示。

郝振省（总结）：我简单做个小结。刘庆峰同志的前沿介绍让我们大开眼界，他使我们了解到语言特别是语音与文化基础和民族象征的关系，了解到这种语音技术对于国民生产生活的重要意义，对于我们核心价值领域的战略意义。他向我们介绍了智能与语音技术的支撑点，讲到了国际社会在这个领域里激烈竞争的格局，以及我们国家采取的一系列应对策略和措施。他向我们介绍并演示了三项技术最新的进展，让我们领略到智能语音技术的无穷魅力。他讲到语音技术应用的问题，包括在口语教学和考试中的大规模使用，更是让我们感到由衷的高兴。他也讲到了声纹与指纹相比具有的非接触性的特点，说明了语音技术在国家安全、反恐甚至反腐倡廉中的重要作用。

最后庆峰同志向我们展望了智能语音技术的新发展和产业应用的新拓展，并且建议从国家层面加强产学研的企业建设，增加技术的制高点，同时实施相应的准入制度，以确保国家语音信息的安全。

总之，庆峰同志的演讲和演示让我们在有限的时间里浓缩式地了解了我们国家语音技术方面的领先地位，使我们不禁充满一种向创新型国家迈进的民族自豪感。让我们再次对庆峰同志的演讲和演示表示衷心的感谢！

红岩魂——信仰的力量

（2012年第6期　厉华主讲）

郝振省（开场）： 今天是中央国家机关"强素质·作表率"读书活动2012年第6期，总排序第38期主题讲坛，也是新闻出版总署各司局、支部书记和所有党员的一次重要的党员活动。今天，我们特别邀请了中国红岩文化现象的研究专家厉华教授作为主讲嘉宾。厉华教授是红岩历史博物馆馆长，也是党的十六大、十七大的代表。配合今天演讲主题的有两本书，一本是由厉华教授撰写的《信仰的力量——红岩英烈纪实》，另一本是《忠诚与背叛》。

同志们，党的生日对我们所有共产党员来讲都是一个伟大的、庄严的节日，在这个节日来临之际，我们特别挑选了和这个庄严节日更吻合的主题"红岩魂——信仰的力量"。让我们以热烈的掌声欢迎厉华教授开讲。

郝振省（总结）： 朋友们，我看到大家受厉华教授讲座的感染，还处在极大的感动之中。厉华教授讲到了国共两党的比较，从国民党最终走向失败，而我们共产党带领人民最终走向胜利的结局中，我们能否得出这样的结论：三大法宝中党的建设是法宝中之法宝。第二部分，厉华教授根据所占有的重要史料，向我们十分动情地介绍了一位又一位的红岩英烈。他们那种"威武不能屈，贫贱不能移，富贵不能淫，苦行不足惧"的伟大品格和钢铁意志，是我们党的伟大宗旨和信仰力量的生动诠释。从这里面我们能感受到我们党的信仰的力量、思想的力量、真理的力量。在此我们也要向同志们提出一些问题，究竟什么是信仰的力量？信仰的力量是怎么形成的？为什么我们的党员必须要有信仰？为什么对于一些党员来讲，信仰在不断深化？而对于另外一些党员来讲，信仰却发生了动摇，甚至走向反面？特别是在今天，我们应该从感性和理性的结合上、从历史和现实的联系上、从正面和反面的对比上，更加深刻地理解理想和信仰的力量。让我们再一次感谢厉华教授感人至深的演讲！

中国人口红利消失及其对经济增长的挑战

（2012 年第 7 期　蔡昉主讲）

郝振省（开场）：今天是中央国家机关“强素质·作表率”读书活动今年第 7 期，总排序第 39 期的主题讲坛，主题是“中国人口红利消失及其对经济增长的挑战”。

蔡昉研究员是中国社科院学部委员，主要的研究领域包括“三农”问题、劳动经济学、中国经济发展、收入分配和贫困等领域，长期参与国家经济决策，被评选为影响新中国建设的 100 位经济学家之一，让我们用热烈的掌声欢迎他！

郝振省（总结）：从蔡昉研究员的演讲中我得到了三点收获：第一，我们享受了一次“经济学理论大餐”。蔡老师为我们深入地讲解了人口红利问题，以及“刘易斯拐点”、人口抚养比的下降与上升、中等收入陷阱、潜在增长率等相关概念，给我们上了一堂专业而生动的经济理论课。第二，我国第一次实现人口红利是一个自然的过程，客观上存在人口红利，但正是因为改革开放完成了这个伟大的转移，才真正使人口红利得以实现。从蔡老师的演讲和他的书里面我们可以得知，第一次人口红利的延伸、第二次人口红利的开发和转化，还需要靠进一步的改革开放、转变发展方式来推进。所以我觉得，这是按照经济学的逻辑呼应了胡锦涛总书记在中央党校的讲话“解放思想、改革开放始终是我们的强大的思想武器和不竭的发展动力”。第三，蔡老师最后讲到的宏观产业转移、中观产业升级、微观创造性的破坏等问题，与我们在座的很多同志息息相关，对我们做决策有非常重要的参考价值。让我们再次对蔡昉老师表示衷心的感谢！

中国传统文化价值理念的现代意义

（2012年第8期　刘梦溪主讲）

郝振省（开场）：今天是中央国家机关“强素质·作表率”读书活动今年第8期，总排序第40期的主题讲坛，我们为大家邀请到的主讲嘉宾是我国著名文化历史学者刘梦溪先生，他演讲的题目为“中国传统文化价值理念的现代意义”。传统文化是一个民族延续发展极为重要的元素，我们作为中华民族的传人，有责任把我们的传统文化继承发扬。另一方面，针对现如今我们社会出现的一些消极现象，我们亟须从传统文化中寻找到一些重要的思想资源，来应对这种挑战，相信刘梦溪研究员今天的演讲会给我们带来启示。

刘梦溪先生是中国艺术研究院终身研究员、中国文化研究所所长、中央文史馆馆员，他是艺术文化学和文学思想史方面的博士生导师，《中国文化》杂志的创始人和主编，曾经担任过北大和南师大的兼职教授、哈佛大学的访问学者、哥伦比亚大学的客座教授。让我们用热烈的掌声欢迎他！

郝振省（总结）：非常感谢刘先生的深刻演讲，我觉得今天收获了三点启示。

第一，今天的讲座使我们从宏观的角度了解到中国文化传统的价值理念的源头在哪里。刘先生的看法是从先秦两汉的制度文化，到清代的汉学，最后到国学，实际上是中国学术在不同历史时期所表现的特征。刘先生特别提到了“六经”，指出要加强对传统价值的挖掘，维护民族文化的基本元素，使之成为新时期鼓舞人们前进的精神力量，这是刘先生今天讲的第一个问题，帮我们从宏观上找到中国传统价值理念的源头。

第二，从“敬”“恕”“耻”“和”这些具体层面阐述国学。我认为

"敬"和"耻"讲的是自我修炼的问题更多，"恕"讲的是自己和他人关系的问题，"和"则涵盖了更大的范围，涉及个人、社会、团体、国与国之间的关系，这里面包括对话和对抗，对我们有非常重要的启示。

第三，从具体实施的角度讲，刘先生建议中小学要开设关于"六经"的基础性的国学课，这是值得我们思考的。刘先生对民族复兴和文化复兴的关系，对如何实现传统文化价值观的汲取有很深刻的见解。让我们再一次感谢刘先生生动的演讲！

信息科学技术漫谈

（2012 年第 9 期　梅宏主讲）

郝振省（开场）：今天是中央国家机关“强素质·作表率”读书活动今年第 9 期，总排序第 41 期的主题讲坛。今天我们为大家特别邀请到了中国科学院院士、北京大学信息科学技术学院院长、软件研究所所长梅宏教授，他也是主题讲坛邀请到的第一位两院院士主讲嘉宾。今天梅教授演讲的题目是“信息科学技术漫谈”。马克思曾说过，“科学是一种历史上起推动作用的、革命的力量”。今天梅教授主讲的“信息科学技术”涉及的信息产业属于战略性的新型产业，它既代表着科技创新的方向，也代表着产业发展的方向，是第三次产业革命的引擎。让我们热烈欢迎他开讲！

郝振省（总结）：谢谢梅宏教授精彩的演讲，我简单做个小结。梅宏院士不仅在科学技术知识方面博大精深，还是一位很有科普素养的院士。他从人类社会全球化的进程，论证了信息技术对我们当今社会的不可或缺性，还讲到了信息技术的内涵、外延及信息产业的现状，并进一步说明了信息技术是怎样深刻地改变了我们的世界及未来趋势等热点问题。我认为梅教授今天的演讲在帮助同志们思考问题和读书的角度上有三个特点：第一，他的演讲中，蕴含着历史的厚度和空间的广度，对最新的宏观数据和总体趋势的把握可以帮助我们比较深刻地理解信息技术对于我们这个时代的必要性和重要性。第二，他的演讲中典型技术的描述和若干领域的特殊使用的案例，不仅可以帮助我们从理论层面把握其趋势，而且还能使我们从生活和工作的角度尽可能了解它。第三，他的演讲中着重讲了信息技术的热点问题和未来的发展趋势，这有利于我们中央国家机关公务员更理性地思考和决策关于信息科学技术方面的项目战略，从而增加我们的硬实力，打造我们的软实力，为民族复兴打好基础，做出自己的贡献。让我们再一次对梅院士的演讲表示衷心的感谢！

苦难辉煌：对国家和民族命运的思索

（2012 年第 10 期　金一南主讲）

郝振省（开场）：今天是中央国家机关“强素质·作表率”读书活动 2012 年第 10 期，总排序第 42 期的主题讲坛，我们为大家请来了国防大学战略研究所所长金一南教授作为我们的主讲嘉宾，他今天演讲的题目是“苦难辉煌：对国家和民族命运的思索”。

让我们用热烈的掌声，隆重欢迎金教授再次为我们开讲！

郝振省（总结）：谢谢金教授精彩的演讲，我简单做一个小结。

金教授为我们深情地讲述了中国共产党从建党伊始到武装夺取政权所经历的种种曲折与磨难，共产党从一个不被看好的政党到最后赢得胜利，遭遇了世界革命史上前所未有的磨难，它的成功是由无数的偶然性堆积起来的，而共产党人坚定的信念和强烈的历史自觉性使这些偶然变成了革命成功的必然。

金一南教授的演讲给我们带来了深深的思考，让我们从中国革命史无前例的苦难和无与伦比的辉煌中思考我们国家和民族的命运，特别是作为国家公务员，思考我们自己与国家命运、民族命运的关系，思考在新的时期我们应该成为一名什么样的共产党人。我想以此来迎接我们党的十八大，这是非常有价值和意义的，让我们再次对金教授的演讲表示衷心的感谢！

2013 年郝振省主持词选编

《资治通鉴》与家国兴衰

（2013 年第 1 期　张国刚主讲）

郝振省（开场）： 今天是“强素质·作表率”中央国家机关读书活动 2013 年的第 1 期，总排序第 45 期，中央国家机关工委副书记邵旭军同志、总署党组书记蒋建国同志、副署长孙寿山同志和纪检组长宋明昌同志和大家一起出席今天的主题读书讲坛。今天我们为大家特别邀请到的主讲嘉宾是清华大学历史学博士张国刚先生，大家欢迎他！

今天张教授主讲的题目是“《资治通鉴》与家国兴衰”，上次我给大家预告的是“王朝的兴衰”，张先生这么一改就把宏观和微观都照顾起来。选这个题目主要出于以下三点考虑：第一，协助同志们阅读古典著作、经典著作，因为经典著作的内容丰富，思想深邃。《资治通鉴》的作者是北宋著名的政治家、文学家司马光，他花费了近 20 年的心血，连同他的助手完成了这个浩大的出版工程，记载了上至战国初期，下至五代末年 22 个王朝兴衰交替的历史，以便借鉴历史上治国理政的经验教训。第二，结合国家机关公务员的公务需求来与经典对接，吸收经典精华。从司马光的资料来看，这部巨著可以“鉴前世之兴衰，考当今之得失，得大治之格局”。宋元之际著名学者胡三省说“为人臣而不知《通鉴》者，则上无以事君，下无以治民”。曾国藩则认为先哲经世之书莫善于司马温公的《资治通鉴》。有报道说毛泽东终身翻阅《资治通鉴》，而且每读一遍都获益匪浅。第三，即便我们不能深度解读《资治通鉴》，也应该了解这部著作的来龙去脉，成书的背景以及它的历史功用。历史上很多脍炙人口的故事，著名战役的典故都出自《资治通鉴》。

今天我们的主讲嘉宾张国刚教授曾经是清华大学历史系主任暨思想文化研究所所长，教育部长江学者特聘教授，曾被聘为联邦德国洪堡学者及剑桥大学等多所著名大学的客座教授，兼任中国唐史学会会长等职，也为中央国家机关的部长讲座专门做过演讲，让我们欢迎张国刚教授开讲。

郝振省（总结）：感谢张教授，今天的演讲非常精彩，我简单地说三点感想：

第一，张先生讲到了《资治通鉴》的精髓——“治心之要”和“治国之要”。张先生讲到，治国之要，实际上最关键的是用人、干部任用，赏罚讲的是激励机制和约束机制，我认为这是一种辩证法。只有具备内在智慧，才能在用人时得心应手，才有正确的赏罚机制。反过来讲呢，对外在事物的追求，要求我们必须修身克己，怎么做？多读书。

第二，领导干部的有用、无用、大用之间的辩证关系。我认为只有内外兼修、有真才实学的人，才有资格说自己“不行”。所以我们得到两种启示，一种是谦虚地讲自己不行的人，我们不要以为他真的不行；另外一种是我们能不能经过勤奋刻苦、内外兼修、完善自己，而使自己成为有底气说自己不行的人，这是我的第二个感悟。

第三，关于用人的知人善任。我认为唐太宗的“用人如器”、子思的“用其所长，弃之所短”和我们党的十八大提到的“人皆可以成才，人才处处都是”的观点一脉相承。我们也可以得出两个结论：一个是天生我材必有用，任何时候都不能放弃努力，机遇偏爱有准备的人；第二个是说我们作为不同层面的领导者，要有“人才处处有”的认识。当我们感叹人才匮乏的时候，往往是缺乏培养，缺乏科学的调配和使用，建议我们加强这方面的修炼。

我觉得今天大家冒着寒风而来，冲这三点就很值得。张先生讲到了封建王朝的基础和领导人的本质，这对我们做人、培养人才、治国理政都非常有价值。另外，张先生讲到了王朝兴衰与历史变迁的问题，这恰恰是习近平总书记最近讲话强调的要研究秦王朝的问题，要研究唐王朝的问题，甚至研究陈后主的问题。所以我们要借鉴历史，吸取经验教训，从严治党，从严执政。张先生从古文讲到白话，从历史讲到现实，从国内讲到国外，从理论讲到案例，娓娓道来，给予我们极大的教益，让我们再一次对先生表示衷心的感谢！

古典诗词的阅读和欣赏

（2013 年第 2 期　葛晓音主讲）

郝振省（开场）：春节刚过，元宵在即，今天是中央国家机关“强素质·作表率”读书活动今年的第 2 期，总排序第 46 期主题讲坛。我们为大家邀请到的主讲嘉宾是北京大学中文系教授葛晓音女士，她演讲的题目是“古典诗词的阅读和欣赏”。我们选这个题目，最初有两方面的考虑：一方面是我们中央国家机关的工作人员，长期处在一种紧张的工作状态和精神状态之中，承受着多方面的压力，阅读和欣赏作为民族文化瑰宝的古典诗词可以调剂神经、缓解疲劳进而修身养性增加几分情趣。

另一方面，作为国家机关公务员，通过阅读和欣赏古典诗词，不仅能提高自身的文化修养，而且能够提高我们的写作能力，办文能力，表达能力，使自己的文章更富有感染力和文采。

但是今天看来，特别是党的十八大以后我们感受到这两方面的考虑是很不够的，起码还有以下两点：

1. 首先是改进文风。我们在文风方面不仅存在假话、空话、套话的问题，还存在语言贫乏的问题。习近平总书记在参观中华复兴之路展览时，讲到中华民族的昨天、今天和明天，他用了三句诗：“雄关漫道真如铁”“人间正道是沧桑”“长风破浪会有时”，一下子使听者对我们的中国梦，有了深刻的印象。所以从这个角度来讲，在今天改变会风、文风的要求下，古典诗词的娴熟运用和欣赏理解，是我们改变文风的一个重要的方面，一个重要的内容和标志。

2. 阅读和欣赏古典诗词也是强化中华文化软实力的重要方面。毛泽东在重庆谈判时，一首《沁园春·雪》便征服了山城重庆的国民党高层和知识分子，由此可见古典诗词在精神文化建设中所起的作用。

葛晓音教授曾在日本的东京大学任教，兼任香港浸会大学中文系的讲座教授，是十届全国人大代表和十一届全国政协委员，她的主要研究方向是汉魏六朝唐宋文学，她的一系列的代表作讲义内有详细介绍，让我们以热烈的掌声欢迎葛教授开讲！

郝振省（总结）：今天葛教授讲得非常充分，我帮大家简要梳理一下。

首先，从作品的内容题材风格来看，中国古典诗歌的题材是从少到多逐渐增加的，在题材形成和扩大的过程中，会形成某类题材作品的内容主题以及艺术风格的传承性。葛老师为我们比较了同样一首意思相近的诗词，它在最早的时候是什么样的情况，到今天是什么境界。在不断的继承中，后来的词人和诗人把前人相传已久的题材内容继承下来，然后使其包容的思想内涵向深处延伸，使艺术的表现形式更加炉火纯青。

第二个问题讲的是形式体裁，这个问题葛老师讲得非常丰富，不同的体裁往往有不同的适用限定，体裁和题材的关系是什么。她特别讲到歌行既可以层次重叠，波澜起伏，也可以婉转曲折，摇曳多姿，而绝句则以含蓄为主，又有不尽之意。我今天听了葛教授的讲座以后得出了一个结论，就是今天的讲座使我们对古典诗词形成的历史和特点有了一个大致的把握，是比较全面的而不是片面的，是整体的而不是局部的，是内在的而不是外在的，是动态的而不是静态的，可以了解我们古典诗词的发展史。

第三个问题是讲通过学习古典诗学和词学理论来提高我们的欣赏水平。这里面讲到人工和自然的关系，讲到神韵的说法，就是形神关系问题。

第四个问题，葛教授实际上讲到了主体和客体的关系。我们的诗词里面有大量的禅学和玄学的成分，所以要求欣赏者自己要具备一定的魏晋玄学和唐宋禅学的学问。这对我们的欣赏提出了综合素质的要求。

总之，我也是在努力地追随葛教授的思想，争取今天的讲坛有更大的收获。我感觉到葛教授确实给我们概述了中国古典诗词的博大精深，并进行了深度的分析，唤起了我们加强这方面学习、修炼的兴趣和愿望。我们要去寻找一种境界，在当前的浮躁中努力追寻宁静致远的境界。从古典诗词中吸取养分，可以改进我们的文风，增加我们个人的情趣，对培养我们健康的人格和丰富我们的内心世界亦有帮助。

让我们再一次感谢葛教授娓娓道来、富有智慧和灵气的演讲，谢谢！

读书的立场、趣味与方法

（2013 年第 3 期　陈平原主讲）

郝振省（开场）： 今天是中央国家机关“强素质·作表率”读书活动今年的第 3 期，总排序第 47 期的主题讲坛。今天我们为大家特别邀请到的主讲嘉宾是北京大学中文系教授、香港中文大学讲座教授、教育部“长江学者”的特聘教授陈平原先生，大家欢迎！

陈平原教授今天演讲的题目是“读书的立场、趣味与方法”，与他演讲相配套的图书是由北京大学出版社出版，由他本人撰写的一本佳作，叫作《读书的风景》。今天中央国家机关工委和国家新闻出版广电总局的领导，以及有关负责同志和我们一起来聆听这次主题演讲。

今天向大家推荐这本书，并由陈平原教授来主讲，主要有以下三点考虑：第一，响应习近平总书记的号召和倡导。习近平总书记在纪念中央党校建校八十周年的重要讲话和出访金砖国家的答记者问中，都谈到了关于读书的问题。一个国家要上进、一个民族要上进、一个政党要上进，就要大兴学习之风，而学习的关键就是读书。习总书记在回答记者怎样支配工作余暇的提问时，表示自己最大的爱好就是读书。这令我想起总书记在不同的地方，曾多次强调读书的重要性，他身体力行的示范，是我们国家和民族的幸事，这也促使我们深入地思考，读书和一个人的成长究竟有什么关系？

第二，呼应最近的一系列的阅读形势。两会期间受柳斌杰同志和蒋建国同志的委托，时任新闻出版总署副署长邬书林委员联合 114 位政协委员，向会议提出实施全民阅读国家战略的重要提案，涉及阅读立法、阅读规划、阅读基金、阅读机构确立等一系列问题。国务院法制办、总局有关部门，还有中国新闻出版研究院共同启动了全民阅读条例的起草工作，就像全民健身条例一样，这项工作作为全民阅读的一项重要活动，要求各位参与者责任更深、更广地来思考阅读问题。

第三，主题讲坛即将四周年，马上走入第五个年头，在这个承上启下继往开来的时刻，作为领导干部、国家公务员，我们一起来思考什么是读书？为什么要读书？读什么书？如何能够更科学、更有效地读书，不能不说是一件十分迫切和有意义的事情，对读书的认识也有必要从感性上升到理性。毛泽东主席曾经讲过，感觉到了的东西不一定能理解它，只有理解了的东西才能更深刻地感觉它。

相信今天在座的各位能够和陈平原教授的演讲产生深刻的共鸣，让我们热烈欢迎陈平原教授开讲。

郝振省（总结）：谢谢陈教授精彩的演讲！看陈教授的演讲提纲和听刚才的演讲，我认为他至少给我们提出了三个有针对性的问题：第一，应该读什么样的书？第二，书选好以后，能否读进去？第三，读进去以后能不能有实际收获？

陈教授讲到读者自身的审美情趣的问题，我想从这里边能不能得到一种启发，是不是从三个方面来讲述：第一，看是不是经典；第二，是经典了以后我有没有需求；第三，我既有兴趣，又有需求，但是有没有消费的条件，或者具备不具备这方面的知识，能否从中获益。所以我认为选什么样的书，就是这三条。

对于第一个问题，关于读什么书，陈教授讲过去是“书到用时方恨少”，今天则是“书到用时方恨多”，一不小心，茫茫的书海就把我们淹没掉了，用他的话讲“开卷未必有益”，他也强调了经典著作的功用，读书在网络时代作为“压舱石”的重要性，这些确实值得思忖。

第二，关于选好书以后，能否读进去的问题。陈教授讲到过去古人面对一本经书可以字斟句酌、聚精会神地读，而今天却是发散性思维的读书，用检索代替阅读确实是一个普遍性的问题。我们都是讲坛的参与者，我们推荐的书里面有一本《邓小平时代》，我从春节开始到上周六早晨八点钟才读完，读完以后我就写了一篇卷首语，《请把一本书读完》。为什么这么说呢？不是所有的书都要读完，不可能也没必要，问题是我们自己认为比较重要的书能不能读完，陈教授认为应该把读书作为一种生活方式，那么我们至少应把自认为很重要的一本书读完。

第三，关于读进去以后，能否有实际收获的问题。陈教授说获取知识固然重要，但更重要的是保持一种思考、反省、批判、上下求索的姿态。对一本书，我们要穿越历史的时空和作者对话、和作者探讨、和作者研究，也就是说我们应该以向历史追溯的读书姿态，从作者真理性的描述中汲取营养，从作者的曲线性描述中寻求思想和成长的兴奋点。

总之陈教授在短短的时间里，给我们讲述了读书的立场、趣味和方法，从感性和理性的结合上、从主体和客体的结合上、从继承和批判的结合上让我们享受了一次关于读书问题的知识大餐，让我们再一次对陈教授表示衷心的感谢！

文学创作漫谈

（2013 年第 4 期　莫言主讲）

郝振省（开场）：到今天第 48 期主题读书讲坛，中央国家机关“强素质·作表率”读书活动已经走过了四周年历程，根据中央国家机关工委和国家新闻出版广电总局领导的指示，我们在这里举办一个简朴、庄重的纪念活动。

中央国家机关工委邵旭军副书记、国家出版广电总局副局长孙寿山同志，国家新闻出版广电总局纪检组长宋明昌同志和我们共同出席。纪念活动分为以下三个环节：首先由新闻出版总署机关党委常务副书记孙文科同志为我们介绍读书活动四周年开展的情况；第二个环节，由中央国家机关工委宣传部副部长赵建国同志宣布“最受中央国家机关干部欢迎的十本书”的评选推荐结果，以及三十位优秀推荐人名单；第三个环节，由中央国家机关工委副书记邵旭军同志向优秀推荐代表颁发纪念品。

我们今天的主讲嘉宾是莫言先生。莫言先生今天演讲的题目是“文学创作漫谈”，邀请莫言先生作为今天的演讲嘉宾主要出于以下三点考虑：

第一，迎接 4 月 23 日世界读书日的到来。1995 年联合国教科文组织设立世界读书日的时候，就是希望引导社会成员养成读书的习惯，引导世界走入阅读社会；同时也是为了纪念两位伟大的文学家——塞万提斯和莎士比亚。文学和阅读的关系最为密切，文学拥有最广泛的读者，今天我们的演讲嘉宾莫言先生既是著名的文学家、中国茅盾文学奖的获得者、诺贝尔文学奖的获得者，又是原新闻出版总署授予的全民阅读形象大使。

第二，是为了进一步了解莫言先生及欣赏他的作品。莫言先生作为诺奖的获得者，有来之不易的个人成就，更是中国文学界的光荣和骄傲，甚至可以说代表中国文化的软实力。

第三，是为了增加我们中央国家机关各个层级的公务员的文学素养。

我们考察了一下，古今中外凡是文学修养深厚的官员往往更具有亲和力和号召力，因为他们的文章、谈话更富有感染力和魅力。文学修养好的人一般也都更具有人格魅力。

现在让我们以热烈的掌声有请莫言先生给我们演讲！

郝振省（总结）：根据我们主题讲坛的惯例，我来代表大家对莫言老师的演讲、大家的提问和他的回答做一个总结。我在准备功课的时候，本来想通过三点来研究他：

第一，莫言老师怎样从乡村生活的贫困和孤独中走出来。刚才莫言老师讲了粮食问题，早年他处在一个非常饥饿的状态，啃过树皮，啃过煤块。我在莫言老师的散文里读到过这段经历，他说这些黑暗和苦难，都是上帝对他的恩赐。所以我就在想这个问题，莫言老师认为贫困和孤独是他文学创作的两笔财富，那么贫困怎么转化成财富，真正的财富和永久的财富究竟在哪里？把人生的苦难转化成财富，要具备哪些品格，中间要经历多少磨难？

第二，莫言老师的文学之路。莫言老师的文学梦是从阅读开始的，为了能向别人借阅一本《封神演义》，他去给别人推磨。我为什么强调这个细节呢？阅读是他改变命运的一个垫脚石，我就在想我们在今天如果能够改变命运当然是好事情，如果不能改变命运，它起码能够让我们的生命更丰富。

第三，莫言老师的梦想。莫言老师最初是因为听一位邻居讲作家拿了稿费以后可以一天三顿吃饺子，觉得这种生活太诱人了，所以产生了当作家的梦想。咱们现在不是研究中国梦嘛，莫言老师他的梦想是怎么产生的？我认为就是在贫困境遇中通过阅读产生了能量，滋生了梦想。然后他锲而不舍，从模仿开始，不断尝试，最后走上了文学之路，并且取得了今天的成就。

今天听了莫言老师的讲座之后，我觉得他有很独特的理论思考。莫言老师讲到了文学要走向世界，共性与个性统一、普遍性与特殊性的统一。他说历史学家是从历史里面找思想，而我们作家、小说家是通过思想来选择事件、选择素材，这些对我们都极有启发。

莫言老师最近一段时间在连续作战，为了配合全民阅读、世界读书日做了一系列的工作，今天又赶来和大家见面，非常认真、平和地回答了同志们的提问，让我们再次对莫言老师表示衷心的感谢！

文化强国与中国梦

（2013 年第 5 期　郭建宁主讲）

郝振省（开场）：今天是我们中央国家机关“强素质·作表率”读书活动今年第 5 期，总排序第 49 期的主题讲坛，今天我们为大家特别邀请到的主讲嘉宾是北京大学马克思主义学院教授、博士生导师郭建宁同志，他演讲的题目是“文化强国与中国梦”。

郭建宁教授研究的方向是现当代中国哲学与文化、马克思主义中国化。他曾承担国家社科基金重大项目、国家社科基金特别委托项目，并多次获奖，发表多部现当代中国哲学与文化、马克思主义中国化的相关著作。今天我们特别邀请郭教授演讲“文化强国与中国梦”这个题目，是想帮助同志们加深以下三个问题的学习和理解：

第一，自从党的十一届六中全会提出建设社会主义文化强国的目标以来，大家对文化强国这个概念便耳熟能详，但文化强国的战略是什么？战略地位、战略目标、战略举措是什么？恐怕大多数人都很难一一知晓，尤其是与经济战略、政治战略、社会战略和生态文明战略相比较还有哪些特殊的要素和困难，恐怕还不够清晰，这是我们今天请郭老师演讲的第一个原因。

第二，我们究竟如何来理解和把握中国梦的理论和逻辑。自从习近平总书记提出“中国梦”这个命题以来，我们国家各行各业、各个领域，都从不同的角度进行了探讨，我们希望今天能从马克思主义理论家这里得到更为深邃、精准的见解。

第三，文化强国与中国梦有着怎样的关联？“中国梦”的理论和内涵影响着中国社会的全面进步和中华民族的伟大复兴。而在这梦想之中，文化战略的使命是我们特别想了解的，希望郭建宁老师能够为我们中央国家机关的公务员们解惑。

让我们以热烈的掌声及期待的心情欢迎郭教授开讲！

郝振省（总结）：谢谢郭老师激情澎湃的演讲！我按照惯例做一个小结，代表大家对郭建宁教授的精彩演讲做一个回应。

第一，郭建宁教授从上个世纪初期讲到了本世纪，讲到了当前的社会，通过中国近代历史的风云变幻来论述文化问题的重要性，指出文化对国家的稳定发展具有全面的覆盖性和根本的支撑性；相对于变器物、变制度，变文化为民族振兴的根本；国家的衰落与崛起，文化起着不可或缺的作用。这就使我们深刻地意识和体验到建设"文化强国"的伟大目标多么高屋建瓴。

第二，郭建宁教授对文化战略的框架和内容作了深刻的分析和论证，使我们对文化强国的战略和内涵有了初步的把握。尽管在今天，我们媒体的传播能力迅速发展，应该说我们对核心价值，对精神家园，对文化软实力这些重要的概念已经相当熟悉，但是扪心自问，我们真正掌握"文化强国"的真谛了吗？有的学者说：如果我们存在某种危机，那首先是文化危机。我们在这方面认识的肤浅和熟视无睹才是最致命的，我们深深感觉到文化建设的任务相当艰巨。特别是郭老师讲到文化软实力随处可见，在日常生活中广泛渗透，更让我们感觉到"文化强国"口号好喊，但任务艰巨。

第三，郭教授最后讲到"中国梦"凝聚人心的内在威力与成就"中国梦"的多层意义。可不可以这样理解，实际上"中国梦"是理性和感性的高度统一。理性使"中国梦"具有坚实的内在逻辑，感性使"中国梦"具有极大的号召力和动员力。我们能不能思考一下，如何定位自己在实现文化强国战略中的责任与担当，思考一下在实现"中国梦"伟大历史进程中我们个人的责任与担当。"中国梦"既是中国的梦，又是每个中国人的梦，是总体和个体的有机统一。郭教授在短短的两个小时中侃侃而谈，从历史与现实，理论与实践，内容与形式等各个层面，给我们提供了关于"文化强国"与"中国梦"的真知灼见。

让我们对郭教授的演讲再次表示衷心的感谢！

中国人的探月梦

（2013 年第 6 期　欧阳自远主讲）

郝振省（开场）： 今天是中央国家机关“强素质·作表率”读书活动今年的第 6 期，总排序第 50 期的主题讲坛，我们为大家特别邀请到的主讲嘉宾是我国著名天体化学与地球化学家、中国科学院院士欧阳自远教授。

欧阳教授今天演讲的主题是“中国人的探月梦”，同时推荐给我们在座各位的图书也是由欧阳自远教授主编的《嫦娥奔月——中国的探月方略及其实施》。策划和安排这次演讲，我们是出于以下两点考虑：

第一，是对学习和领会“中国梦”思想进一步延伸和拓展。我们上期讲坛的主题是“文化强国与中国梦”，本期主题是“中国人的探月梦”，现在恰巧又是“神舟十号”与“天宫一号”对接成功之时，我们的航天梦又一次取得了巨大成功，从整体上看，中国梦辐射了中华民族伟大复兴的方方面面，可以说是包罗万象；从结构上看，中国梦是一个系统连接着另一个系统，一个系统助推着另一个系统，航天梦必然会走向深空探测的探月梦和登月梦。

第二，是我们读书活动科技板块的一次重要的功课和作业。关于月球和探月知识，客观地讲我们或许沉浸在神话的层面，或许沉浸在常识的层面，或许还沉浸在文学的层面。但是作为中央国家机关的公务员，特别是担负一定领导责任的公务员，很有必要站在国际太空竞争的层面上来了解月球的真面目，来破解月球的谜团，来了解月球与地球的真实关系，了解探月工程的几个链条，特别是了解探月工程对我们国家的战略性意义。这是我们举办这次讲坛的用心所在，也是我们对欧阳教授急切期盼的原因。现在让我们以热烈的掌声欢迎欧阳教授开讲！

郝振省（总结）： 同志们，按照我们活动的惯例，我代表大家对欧阳教授的演讲做一个小结。

第一，欧阳教授给我们讲到有关月亮的人文情怀，古时农耕社会大家对于花好月圆的美好幻想，自古以来人类就对月球有着无限的憧憬和遐想。欧阳老师给我们讲述了第一次探月高潮的来龙去脉，讲到了探月的科研成果，告诉了我们月亮的真实面貌，也由此讲到了人类重返月球的多方面原因。我觉得根据这些我们可以得到以下结论：首先就是中华民族最早萌发的爱月情怀不断地丰富着我们的探月梦想，这是我国实现探月梦战略的梦想源头。嫦娥奔月的古老传说，敦煌石窟的飞天壁画，无不透露着我们伟大民族对太空探索的无限向往，我们不能让吴刚酿出桂花酒而没有品尝的嘉宾，不能让嫦娥寂寞地跳舞而没有欣赏的观众。教授讲到第一次探月高潮，美苏争霸时代探月的成果，阿姆斯特朗的一小步使人类对于月球的认识迈近了一大步，初次揭开了月球的神秘面纱，而我国的探月工程也提供了非常重要的科学参数，我认为这个参数非常重要，它彰显了我国改革开放的真实进步和综合国力的极大提升。欧阳教授讲出了我们中华民族的一种情怀，我们要战胜一切困难，像他这样的科学家就是我们的一种力量支撑，是我们获得信心的源泉。

第二，欧阳教授讲述了绕月、落月、回月这三个环节，讲到“嫦娥一号”的成果，讲到“嫦娥二号”的突破，讲了“嫦娥三号”新的使命，这都使我们深深感受到了中国探月科学家所付出的艰辛努力，也让我们感受到中国探月工程的后发优势和伟大超越，从这种超越中我们能看到中国理论、中国道路、中国制度的独特魅力，从而进一步增强我们的理论自信、道路自信、制度自信，当然也包括科研自信。

第三，欧阳教授向我们介绍了深空探测的未来设想。探月工程还有很长的路要走，还有更艰巨的任务需要完成，还有无数的堡垒需要攻克。中国还要对火星、金星、木星乃至整个太阳系进行科学探测，这使得我们在座的同志都感觉到在太空探索的道路上前景诱人、使命光荣、责任重大。这一伟大使命也从侧面鞭策我们，要把读书学习的标杆定得更全面一些，更切实一些。我们既要不断地补充政治、历史、经济和文化知识，又要加强科技知识的学习，强化我们的科学精神、科学理念和科学方法，为建设创新型国家作出自己的贡献。

欧阳教授用侃侃而谈、娓娓道来的方式，谦逊又不失幽默地给我们介绍了关于月球和探月工程的重要知识，给予我们极为珍贵的资讯。我代表大家对我国的探月科学家及所有参加探月工程的人表示深深的钦佩并致以崇高的敬意，是他们的艰苦付出和不懈努力才使得我国的太空探测事业取得了巨大成果！最后，让我们对欧阳教授极富科技含量和感染力的演讲再次表示衷心的感谢！

走进晚明

（2013 年第 7 期　商传主讲）

郝振省（开场）：今天是中央国家机关“强素质·作表率”读书活动今年第 7 期，总排序第 51 期的主题讲坛，我们特别为大家邀请的主讲嘉宾商传先生是中国社会科学院历史研究所研究员、博士生导师，中国明史学会会长，他曾在中央电视台《百家讲坛》栏目主讲《永乐大帝》《明太祖朱元璋》，主要学术著作有《永乐皇帝》《明代文化史》及关于明代典章制度、经济、社会与文化等方面的论文多篇，我们熟知的著名历史学家商鸿逵先生是商传老师的父亲。

我们今天有请商传先生主讲这个题目，主要出于以下两点考虑：第一，响应中央号召。习近平总书记曾多次提出和强调：历史是一个民族、一个国家形成、发展及其盛衰兴亡的真实记录，是前人各种知识、经验和智慧的总汇。重视对历史的学习和善于总结历史经验，从历史规律中找到前进的正确方向和正确道路，是我们党 90 多年来能够领导中国革命、并不断地在建设、改革中取得胜利的一个重要原因。

第二，对于《明朝那些事儿》中的内容，我们多数同志耳熟能详，但晚明这段历史究竟是怎么一回事？恐怕我们还是知之不多或者似知非知。晚明在时间上究竟指的是哪一段？晚明究竟是不是一个向近代社会转型的历史开端？特别是晚明在经济、政治、文化、军事方面与前朝历代相比都呈现出不同的气质，但最后也没有逃避一个悲剧性的结局，这是什么原因呢？让我们带着这些问题，向商传先生请教！

郝振省（总结）：感谢商传先生的演讲。按照惯例我做一个小结，和大家一起回顾一下商传先生精彩的演讲。

第一，商传先生从对晚明的误读谈起，解释了晚明名声不佳的几条主要原因：一是传统的思维定势把晚明当成了末代；二是清朝对前朝在舆论上的否定；三是对当时社会的片面认识，只看到了政治腐败的一面，而没有看到经济文化和社会生活的进步，这些都显现了商传先生卓尔不群的学术品格和晚明社会的丰富多样。

第二，商传先生讲到了晚明作为向近代中国转型开端的若干特征，比如经济上商品生产的发展促成了资本主义萌芽的出现；社会生活上的追逐奢靡，争富笑贫；政治上的专制控制开始松动，议论朝政比较宽松；文化上的人文思潮开始萌生，个人主义开始盛行，这反映了经济状况和经济形势对于整个社会的基础性作用，而这恰恰是唯物史观的真谛。

第三，商传先生讲到尽管社会转型带来了很多新的事物，但是晚明的确存在诸多问题，比如畸形的社会风气、社会上弥漫的奢靡之气、商业欺诈和苛捐杂税并存、政治腐败和国家权力的异化，这些导致社会矛盾日趋激化，最终葬送了明王朝。这里面提到了一个特别重大的命题，就是政治权力如何对商品经济的运行做到兴利除弊，能够最大限度地促使其发展的同时又很好地约束自身，保证社会机体的健康状态。

第四，商传先生诙谐且智慧、厚重而深邃的演讲，拓宽了我们的知识面，加深了我们对于明王朝特别是晚明历史的理解，促使我们思考商品经济、市场经济的两面性和政治腐败的严重性，促使我们思考习近平总书记最近在西柏坡讲到的一句话，“党面临的‘赶考’远未结束”，体会其中极其深刻的政治含义。让我们再次对商传先生厚重的演讲表示衷心的感谢！

中国发展经验的前后30年

（2013年第8期　温铁军主讲）

郝振省（开场）：今天是中央国家机关“强素质·作表率”读书活动今年的第8期，总排序第52期的主题讲坛，我们特别为大家邀请到的主讲嘉宾是中国人民大学农业与农村发展学院院长，中国人民大学教授温铁军先生，大家欢迎他！

温铁军教授今天主讲的题目是“中国发展经验的前后30年”，配合这次读书活动赠发给各位的图书是《八次危机：中国的真实经验》，请同志们把演讲和图书结合起来学习。

本期讲坛邀请温铁军教授作为主讲嘉宾，有三点理由：第一，经济类主题始终在我们主题读书活动中占据一个重要位置，因为以经济建设为中心始终是我们的主旋律，特别是最近习近平总书记在全国宣传思想工作会议上强调，只要国内外大势没有发生根本变化，坚持以经济建设为中心就不能也不应该改变。这是坚持党的基本路线100年不动摇的根本要求，也是解决当代中国一切问题的根本要求。

第二，中国成为世界第二大经济体以后，世界各国学者对中国经验、中国道路、中国模式表示了极大的兴趣，我们作为国家机关的工作人员，应该有责任对中国经验、中国的发展道路有所把握和有所理解。从这个意义上讲，我们来听听著名经济学家给我们系统地分析和介绍中国经验是非常有必要的。

第三，由于温教授在第24期读书活动时所讲的“中国的‘三农’问题与‘三治’问题”十分引人入胜，令观众感觉非常过瘾，听后还意犹未尽。大家一直等待着“且听下回分解”，而今天终于有了这个机会，让我们大家以热烈的掌声欢迎温教授开讲！

郝振省（总结）：谢谢温铁军教授意犹未尽的演讲，按照惯例我做一个小结。我想从今天先生的演讲中，我们起码可以得到以下三点收获：

第一，关于历史发展真实性的问题。温教授首先讲到了欧洲的历史进程，不同于我们惯常听到的西方制度文明、教育文明和科技文明，他指出西方还存在着千年黑暗之谜的问题；温教授也为我们讲述了中国的历史进程，从气候变化、地理变迁这些历史的细节，阐述了生存需求与维系发展在文明形成中的作用，这应该是合乎唯物史观的。温教授不是在否定历史的多样性，而是在强调历史的真实性，这是我们分析问题的前提和基础。

第二，温教授讲了“两个结构”的问题。就经济结构而言，他从两百万亿讲到一百五十万亿，再讲到二十万亿外债，揭示了我们发展战略从西部大开发到东北大振兴，到中部的崛起，到新农村建设，一直到十八大提出的城镇化建设，它有一个经济动因，就是为不断产生的过剩生产力找到能够承接的通道和空间，这也是我们经济自信的一个重要支撑。就社会结构而言，温教授讲到“小资”“中资”和“大资”的情况和特点，对于我们认识经济结构的情况是一种独特的视角。应该说，温教授的讲座弥补了我们对经济结构的了解不够、分析不够、研究不够，也提示着我们意识形态工作和媒体工作上的某种缺位和不足，这和中央宣传思想工作会议的精神是一致的。

第三，温教授讲到了中国发展经验前后 30 年真实经验的问题。他指出，由于中国特有的历史、文化空间和地理环境，所以我们的软着陆相对来说比较成功。改革和开放是相互引领、相互推动的。

温教授强调历史的真实性、经济结构和社会结构的真实性、对发达国家研究的真实性，由此来探讨中国前后 30 年真实的经验，表明了他作为一个经济学家忠于真实、忠于历史、忠于客观的一种学术品格，在真实和历史的客观性基础上来展现自己的理论追求和理论见解，这是十分可贵的。这正是习近平总书记讲到的“踏石留印、抓铁有痕”，研究历史问题、研究理论问题、研究中国经验问题，就应该踏踏实实。

让我们再次对温教授厚重、深入的演讲表示衷心的感谢！

哲学与人生

（2013年第9期　楼宇烈主讲）

郝振省（开场）：这个周六正值中秋之后国庆之前，是个非常祥和的日子，也是中央国家机关“强素质·作表率”读书活动今年第9期、总排序第53期的主题讲坛，我们为大家特别邀请到的主讲嘉宾是79岁高龄的北京大学哲学系、宗教学系著名教授楼宇烈先生，大家欢迎他。

今天赠送给大家的图书是楼老师的一本访谈录：《人文立本——楼宇烈教授访谈录》。国家新闻出版广电总局的领导、主讲单位有关职能部门的负责同志也和大家一起聆听先生的主题演讲。请楼老师给我们作题为“哲学与人生”的主题演讲，主要出于以下三点考虑：

第一，学习哲学、增强哲学素质是中央的号召和要求。习近平总书记多次讲到哲学是人类的智慧之学，哲学是一切学理的基础，掌握马克思主义哲学是掌握马克思主义科学体系的重要前提，他特别强调要学好马克思主义哲学。在最近召开的全国宣传思想工作会议上，习近平总书记虽然没有直接使用“哲学”这个概念，但他讲到了经济中心和意识形态的关系，党性和人性之间的关系，实际上这就是运用马克思主义哲学的辩证法分析宣传思想工作战线上的矛盾和问题，是正确运用思想方法的一个典范。

第二，学习哲学，了解中国哲学与人生的关系是我们在座各位的一个内在需求。可以这样说，与西方哲学的“科学主义”相比，中国哲学更侧重人文、人本和人生的问题，它可以解决西方科学不容易解决也解决不了的问题。往“大”了理解，哲学可以调节社会矛盾，协调各方关系，整合各种力量，推动社会健康发展。往“小”了说，哲学可以帮助我们化解思想问题、心理问题、生理问题和身体问题，可以使人能够淡定从容地应对人生的疑难杂症，保持一个健康向上的心态。

第三，楼宇烈教授本身就是一位把“哲学”与“人生”结合得和谐统一的楷模。他1955年进入到哲学的世界，至今已经将近60年了，这

60 年来，楼教授一边研究艰深的中国哲学，一边身体力行，把这种哲学融入自己的人生，他不仅思想敏锐、深刻，身体也非常健康。

现在让我们再一次用热烈的掌声欢迎楼教授给我们开讲！

郝振省（总结）：今天大家听得都非常投入，感谢楼先生如此精彩的演讲。接下来我还要在我的老师面前做一个小结，欢迎老师和大家批评。

今天楼先生的讲座，我归结为以下三点：

第一，楼先生讲到哲学是回答天生地养和人道根本的问题，讲到世界观最终应该落到人生观上面，特别讲到哲学与文化的关系。哲学与文化都处在上层建筑和意识形态这个层面，在这个层面中文化包含着哲学，而哲学也因为它的世界观的功能，成为文化里面最核心的部分。一个国家的文化强不强，其中一个重要的因素就是有没有一个客观的以哲学为主导的价值观的体系。对于我们今天来讲，有没有一个与时俱进的继承与发展并举的中国特色的马克思主义哲学体系，这是首要的软实力，是我们必须要交出的一份答卷。

第二，楼先生讲到了中西哲学的异同，主要讲了两者之间的差异。西方的哲学讲究科学主义、实用主义、实践主义，重外物而轻内心，重局部而轻整体，重分析而轻梳理，重工具而轻人文；中国哲学是重内向而轻外向，重整体而轻局部，重归纳而轻分析，重人文而轻实验。特别是楼先生讲到，中西哲学思维方式的差异，是科学样式的差异，不是科学与非科学之间的差异。其实我们在这个问题上也是一种洋为中用、古为今用、优势互补、辩证审慎的态度。从某种意义上讲，我们与马克思主义相结合的毛泽东思想和中国特色社会主义理论就是一种中西合璧以我为主的体系，中华民族的复兴需要借助西方的哲学，但是更需要一种楼先生讲到的基于现代科学的整体性与系统性的中国哲学的思维方式。

第三，在中西比较之后，楼先生讲到中国哲学的人文精神和如何完善人格的问题，强调了在天地万物中人的主体的能动性和创造性，强调了一种积极进取、克己复礼的人文哲学或者叫人生哲学，强调了一种不同于西方的注重责任和义务的人生哲学。他讲到我们对一些中国哲学重要命题的误读误解，如“人不为己，天诛地灭”，他解释说：为己是要成就完美的人格，完美之人，称为美人。

特别是楼先生还讲到了中国哲学的主体，儒家主张知礼义敢担当，所谓拿得起；佛学主张知因缘存敬畏，所谓放得下；老庄的道学主张顺自然事无为，实际上就是看得开。这些文化资源，使我们能够了解中国哲学的深厚渊源和文化演变发展的内在规律，对于我们尽职尽责、淡定从容地做好我们自己的本职工作应该是教益良多。先生从哲学的世界观讲起，讲到了中国哲学对人生的特别功效：哲学不仅支配着我们的精神生命，而且也支配着我们的肉体生命，不仅指导我们处变不惊更好地应对纷纭复杂的世界，更指导我们修炼自身完善自我，成为一个高尚的人。所有这些都使我们能够理解哲学特殊的功效和中国哲学的特殊魅力，进而内圣外王地处理好三个矛盾。和大局联系起来，就是理解我们中国特色的社会主义理论体系的中国风格、中国气派和中国形象，增强我们坚持和发展我们自己的理论体系的信心和决心。

楼先生的演讲是娓娓道来、淡定从容、博大精深，让我们对楼先生精彩生动的演讲再一次表示感谢!

革命历史题材作品的创作漫谈

（2013 年第 10 期　王朝柱主讲）

郝振省（开场）：今天是我们中央国家机关今年第 10 期总排序第 54 期的“强素质·作表率”读书活动主题讲坛，我们为大家特别邀请到的主讲嘉宾是我国著名剧作家王朝柱先生，大家欢迎他！

王朝柱先生今天演讲的题目是“革命历史题材作品的创作漫谈”，今天中央国家机关工委、国家新闻出版广电总局的领导同志和有关负责同志也同大家一起来聆听王朝柱先生的红色文艺漫谈。大家都知道，前段日子电视连续剧《寻路》热播，引起了很大反响，很多同志下班后都放弃了应酬吃饭，回到家中与家人聚在电视机前，一起重温 1927 年大革命失败以后老一辈中国共产党人在腥风血雨中寻找中国革命道路的史实，这也是我们选择这个主题的起因。最终决定请王先生做我们主题讲坛的主讲嘉宾，主要是由于以下两点：

第一，中央国家机关的领导干部需要文学艺术元素的滋养和熏陶，特别是需要革命文艺作品的渗透和感染。革命的文学艺术，在革命前是教科书，是指路明灯；在革命中是克服困难的利器和前进的号角；在革命胜利后是英雄史诗般的画卷，是我们党和民族永不枯竭的精神源泉，是我们党和人民能够屡屡战胜各种艰难险阻的有力武器。在煽情文学、低俗文学、浮躁文学流行的时候，我们尤其需要红色文学艺术作品，需要这些作品中所洋溢的那种革命英雄主义精神。

第二，在中国的剧作家，尤其是重大革命历史题材剧作家中，王朝柱先生可谓声名显赫。王先生的作品主要反映了自中国共产党成立到新中国诞生这段波澜壮阔的革命历史，并实现了历史真实和艺术真实的完美结合。文艺评论界评价王先生是中国革命重大历史题材第一人，从《辛亥革命》到《解放》，从《长征》到《延安颂》，再到今年热播的《寻路》，生于上世纪 40 年代的王朝柱先生现在已经年过七旬，却依然保持着高产高质的创作成绩。他所开创的革命历史剧作大气磅礴的风格，已经成为国内主旋律剧本创作的重要标杆，他赋予了电视文学剧本崇高的品格、史诗化的叙事，凝练出风云变幻的大气象和大气势。

同志们，让我们以热烈的掌声欢迎王朝柱先生为我们开讲！

郝振省（总结）：还是老规矩，我为大家做一个小结。虽然由于时间关系，王先生还有大量内容没有完全展开，但有几点值得我们思考：

第一，道路决定命运。历史表明，城市中心暴动是一条断送中国革命的绝路，农村包围城市才是一条中国革命由失败走向胜利的必由之路。历史证明，关键的问题就是如何把马列主义的普遍真理包括俄国的经验和中国革命的具体实践相结合，以毛泽东同志为代表的中国共产党人找到了一条中国革命的成功之路、胜利之路和辉煌之路，在上海的高楼大厦和湘赣的深山老林之间，他选择了后者，走出了一条发动工农大众建立红色革命根据地，由局部执政最终走向全国执政的道路。

第二，理想选择道路的问题。先生的演讲告诉我们，信仰固然是神圣的，但在选择道路时却是相当残酷的。然而只有在理想的旗帜下才能产生道路的选择问题，才会出现道路选择的分歧甚至是不可调和的分歧。正是在这个意义上，我们仍然要对那些在错误道路上牺牲的英烈们，对那些走过弯路又回到正确道路的先辈们，表示深深的敬意和永远的怀念。虽然由于认识和局势所限，他们在关键时刻判断失误，但他们对信仰的真诚和执着同样是值得尊敬的。

第三，宗旨决定人生的问题。在关键的考验时期，有的人选择了富贵不能淫、贫贱不能移，选择了一种舍生取义的方式，而有的人在敌人的严刑拷打面前贪生怕死，这里，最根本的问题是宗旨问题，就是革命的理想是什么。

王朝柱先生以他独特的文学创作生涯、农民式的智慧和剧作家的幽默诙谐，以他对历史的独特见解，以漫谈的方式告诉了我们众多的历史事实，阐发了自己的若干见解。我们近距离地一睹了王先生的风采，浓缩性地了解了中国革命极端异常的艰难进程，使我们充分意识到中国革命和建设道路的极端复杂性。从这个意义上讲，也增强了我们实现中华民族伟大复兴的决心和信心。

让我们再一次感谢王朝柱先生给我们带来的精彩演讲！

从诗词感悟毛泽东的伟岸人格

（2013年第11期　汪建新主讲）

郝振省（开场）：今天是中央国家机关“强素质·作表率”读书活动今年的第11期，总排序第55期的主题讲坛。我们为大家特别邀请到了井冈山干部学院教务部主任汪建新教授作为我们的主讲嘉宾，大家欢迎他。

汪建新教授今天主讲的题目是“从诗词感悟毛泽东的伟岸人格”。汪教授一直致力于毛泽东诗词的教学和研究，先后给不同层级的领导干部讲述毛泽东诗词。我们今天请汪教授来讲这个题目，主要出于以下两点考虑：

第一，为了纪念毛泽东同志诞辰120周年。纪念我们伟大领袖毛主席的诞辰，可以有很多不同的角度，但是从感悟诗词的角度来纪念，有着特别的意义。毛泽东同志不仅是伟大的革命家、思想家，而且是一位才华横溢的诗人。中国传统文化的深厚土壤，与毛泽东的非凡气概，不仅成就了他的千古诗作，而且彰显了他的伟岸人格，浓缩了中国革命和建设的波澜壮阔与惊心动魄。

第二，增强同志们的诗词修养，增加同志们对毛泽东诗词的认识。在文化修养中，诗词修养具有独到的功能，诗词是一种语言的美，是一种表达情感的艺术。语言的魅力在优秀诗词中可以得到充分的发挥和张扬，加上它语调节奏的韵律美，往往迅速广泛地流传，穿越时空，千年不朽。唐诗宋词以及毛泽东的诗作都具有这样的魅力，所以说，研究毛泽东诗词对于我们今天的文化建设、对于文化的发展和繁荣都有非常重要的意义。下面让我们以热烈的掌声有请汪教授开讲！

郝振省（总结）：今天汪教授主要讲了三个方面的问题，第一部分是毛泽东诗词的概述；第二部分是“以诗言志”，通过毛泽东诗词，讲述他在面对失败、逆境、战争、残酷时特有的气魄和胸怀；三是从审美的层次上，为我们阐述了毛泽东诗词的艺术特征和审美价值。从今天汪教授精彩、深刻的演讲中至少可以得到两点启示：

第一，在毛泽东的人格形成过程中，在中国革命建设的过程中，毛泽东诗词究竟扮演了一个什么样的角色？起到了什么作用？我们是不是可以这样说，毛泽东的诗词是他表达志向、战胜逆境、应对挑战、争取胜利的独特艺术工具，在诗词中，毛泽东借助山河雨雪等自然景观以及人文的历史事件，将失败、逆境、挑战、残酷和艰险转化为自己的艺术素材、诗词素材，显示出了独特魅力。

从某种角度说，毛泽东诗词是毛泽东思想的重要标志，是中国共产党人抒发情怀、记忆历史、争取民心、夺取胜利的艺术武器。刚才汪教授讲到当年重庆谈判的时候，毛泽东的一首《沁园春·雪》的不经意发表，一下子征服了一些国民党高层领导人和相当多的国统区知识分子，为而后召开的新一届政治协商会议打下了基础。从这个意义上讲，这首词相当于多少部队的作用。由此我们想到笔杆子和枪杆子的关系，笔杆子讲价值观，枪杆子要服从笔杆子指挥。这让我们看到了一种文化软实力的巨大效益，也使我们领悟到今天中央加强文化建设的真谛在什么地方，增强我们在座的同志对于文化建设的自觉性。

第二，从个人来讲，诗词修养对于毛泽东在历史中发挥的作用有怎样的帮助？毛泽东诗词偏重豪放，不废婉约。养浩然之气，而扫阴霾之晦，这成为他坚定信念、坚韧不拔、藐视中外对手、战胜异常艰险的精神武器，成为他领导中国革命从失败走向胜利，从小胜转向大胜的超常定力。

汪教授的讲座为我们学习毛泽东诗词从感性上升到理性，从浅显上升至深刻，提供了十分重要的借鉴。学习和领会毛泽东诗词，使我们在面临逆境时更有底气，在面对成功时更加保持淡定从容。让我们再一次以热烈的掌声感谢汪教授！

科技强国，我的中国梦

（2013 年第 12 期　陈佳洱主讲）

郝振省（开场）：今天是我们今年最后一次，总排序第 56 期的“强素质·作表率”主题读书活动主题讲坛。今天我们为大家特地邀请到了我国著名的物理学家、中国科学院院士、北京大学原校长陈佳洱教授作为我们的主讲嘉宾，大家欢迎他！

今天陈佳洱教授为我们演讲的题目是“科技强国，我的中国梦”。陈佳洱教授曾经担任国家自然科学基金委员会主任兼党组书记，中国科学院数理学部主任，他是中共 15 届中央候补委员，16 届主席团成员，第 10 届全国政协常委，是中国粒子加速器学会的名誉理事长。

今天邀请陈教授担任我们的主讲嘉宾，主要出于以下两点考虑：第一，请陈先生从文化和科技结合的层面来给我们做演讲。大家还记得，我们曾经邀请过科技专家，也邀请过文化学者，但是今天，我们想请陈教授从文化科技结合的角度和层面来给我们做一次深入的演讲，因为陈佳洱教授本人就是一位文理兼备的科学家和管理者。第二，希望和同志们一起近距离一睹我们中国大科学家的风采。我们联系陈教授的时候，感到他对这次讲座特别投入和认真，他的谦和、大度给我们留下了非常深刻的印象，今天演讲的 160 页 PPT 也都是陈教授亲自做的，这让我们组织活动的同志肃然起敬。

相信今天的演讲一定能让到场的听众分享到陈教授深邃的思想、独特的人生感受，让我们以热烈的掌声请陈教授开始演讲！

郝振省（总结）：谢谢陈佳洱教授振奋人心的演讲！我也是力求能跟上大科学家的思路，作一点小结，不知道能不能代表大家的心里话。

今天陈教授的讲座，我归纳为以下四个问题：

第一，不同时期的中国梦。陈教授为我们讲述了他梦想、理想的产生和逐步实现梦想、理想的亲身经历。这里面有家庭熏陶，有外敌入侵的环境逼迫，也有同学好友的相互影响，更有自己的抱负志向和锲而不舍的精神。这就促使我们思考，对于成长者来讲，一个好的文化环境、家庭环境，不仅能够带来正能量，还能够把负能量转化成正能量。对于奋斗者来说，爱国主义不仅能够使人见贤思齐、耳濡目染，而且能帮助他战胜常人不可能战胜的困难，取得成功。

第二，陈教授还讲到了社会主义先进文化发展的驱动力问题，讲到了我们“两弹”研制的艰辛、艰苦和艰巨的历程。实际上是在讲文化和科技的关系，先进文化，我们的价值观、使命感是科技发展的方向和灵魂；创新文化是科技发展的支撑和保障；优秀的中国文化也可以是我们科技发展的财富和纽带。反过来讲，科技若没有文化的导引，没有价值观的导引、保证和联系，或者就做不成，或者做成了也可能是一种否定性的力量。这就是陈教授刚才一直讲到的，为什么我们强调社会主义核心价值观的无穷的威力。它的威力我认为超过原子弹和氢弹，这是中华民族能够生生不息，能够屹立于世界民族之林的宝贵财富。

第三，基础研究与自主创新的关系。陈教授为我们阐述了基础研究对一个民族、一个国家根本性的、长久性的战略意义。而我们国家目前在基础研究方面还很薄弱，偏于实用化，理论的研究滞后，成果的评价缺乏对内在价值的深刻分析。这实际上促使我们来反思文化传统里面的消极因素，让我们来思考在我们国家的管理工作领域和岗位上应怎么样对待基础研究，这是一个永久性的命题。

第四，一流科学大师的道德情操与科学成就的关系。像居里夫人的爱国情结，爱因斯坦对“真、善、美”的追求，新中国一流科学家淡泊名利、献身科学、追求真理、报效祖国的伟大情怀，都促使他们成就了辉煌事业。其中一些事迹感人至深、发人深省。这实际上也促使我们进一步思考文化与人才的关系，文化与时代的关系。建设社会主义的文化强国和社会主义的科技强国是相通相融、相辅相成的。中华民族的伟大复兴就在于文化强国和科技强国的相互统一、并驾齐驱、相互支撑。

总之，今天陈教授以他博大精深的学识和特殊的经历给我们进行了一次科技与文化的精彩演讲。这也是对新中国科技发展史的一次回顾，是一堂科技与文化的精品课，让我们再一次对陈教授表示衷心的感谢！

2014年郝振省主持词选编

京剧艺术鉴赏（2014年第1期　周龙主讲）

用企业家精神点燃时代引擎（2014年第2期　林左鸣主讲）

中国经济双重转型之路（2014年第3期　厉以宁主讲）

关于加强时代特征研究的几点思考（2014年第4期　张黎主讲）

中国经济超常增长的战略选择与体制安排（2014年第5期　史正富主讲）

生命之源：水资源危机与应对（2014年第6期　王浩主讲）

甲午战争：缘起、过程及启示（2014年第7期　马勇主讲）

抢抓全面深化改革新机遇　促进民营经济实现新发展（2014年第8期　庄聪生主讲）

当前海洋局势及我国海洋战略的思考（2014年第9期　张海文主讲）

诗人的公众角色与诗歌在当下现实中的作用（2014年第10期　吉狄马加主讲）

全球化与中国文化（2014年第11期　刘东主讲）

毛泽东建国以来的思想轨迹（2014年第12期　逄先知主讲）

京剧艺术鉴赏

（2014 年第 1 期　周龙主讲）

郝振省（开场）：今天是中央国家机关“强素质·作表率”读书活动主题讲坛 2014 年的第 1 期，总排序第 57 期。今天我们为大家特别邀请到的主讲嘉宾是中央戏曲学院副院长、国家一级演员、京剧表演艺术家和著名导演周龙教授，大家欢迎他！

今天周龙教授演讲的题目是“京剧艺术鉴赏”，我们中央国家机关工委、新闻出版广电总局的有关领导也和大家一起来共同聆听周教授的精彩演讲。和演讲相配套的图书是由周龙教授本人撰写、由中华书局出版的《或跃在渊》。

在蛇年将去、马年在即的时候请周教授主讲这个题目，我们主要有以下两点考虑：

第一，这是我们主题讲坛的选题设置所要求的。在我们的主题设置里，文化是一个大的门类，在文化中艺术又是一个大的种类，在艺术中戏曲是一个重要的板块，而在戏曲中京剧是我们的国粹，占有十分重要的位置。

周教授一会儿要讲京剧的历史，京剧因在北京发展而得名，在国内外拥有亿万观众，是联合国确认的非物质文化遗产。作为中央国家机关的工作人员，身居北京，如果不懂点京剧是说不过去的。大家或许知道京剧中有一些大家，像梅兰芳、程砚秋、荀慧生、尚小云等一些京剧表演艺术家。但是知道和了解是两个概念，我们今天请周老师来讲的目的，就是把我们对京剧的一些不确定的知识变成确定的，把比较浅的知识变成比较深的知识，把零散的知识变成系统的知识，把感性的知识变得理性一点，这是第一个目的。

第二，我们考虑到各位同志劳作了一年，学习了一年，十分辛苦，为了让大家调节一下，就在周龙教授的支持下设计了这么一个方案，应该说是用心良苦的。特别是周院长非常忙碌，在元旦时专门主持了 2014

年的戏曲晚会并担任了总导演。周龙教授作为京剧表演艺术家、戏剧教育家和著名导演，不仅将给我们带来丰富的京剧艺术知识，还将带着他的学生给我们奉上风靡全国的京剧精品——《梅兰霓裳·长生殿》的片段，所以今天的讲坛还有高品位的艺术欣赏。现在就让我们以热烈的掌声有请周龙教授开始演讲！

郝振省（总结）：感谢周龙教授的精彩演讲和演员们的精彩表演！我就简单说几句。今天的现场教学我觉得非常成功，很多亮点让我印象深刻。刚开讲时周教授没有花很长的篇幅来讲述京剧的由来和发展，而是直接讲到世界三大戏剧，最后只剩下中国的戏曲，这就让我们来思考为什么我们中华民族的戏曲能够生生不息地发展到今天。周教授后来又讲到京剧的艺术特征和审美特色，让人感觉到京剧确实是一门大学问，它里面有程式的严格性，虚拟空间又特别的现实，脚下就是天下，天下就是脚下，一招一式都充满了它的学问和智慧。最后还讲到舞台的艺术，包括行当（生、旦、净、丑），表演（唱、念、做、打），都让我们这些人不但是从看热闹到看门道，而且可以从看门道到说门道、讲门道。所以今天长话短说，我觉得周教授讲到京剧是“有声必歌，无动不舞”，他本身就是“无声不歌，无动不舞”而且是“无歌不美，无舞不英”，大家给他掌声。

周教授这次为我们讲座的投入非常之大，他德艺双馨的精神和他的团队的精湛演出让我们在场的人都深受感染和感动，所以我们再一次感谢周教授和他的团队！也希望周教授、中国戏曲学院和我们中央国家机关这些不同层次的领导同志保持密切联系，我们要做京剧的粉丝，当周教授的粉丝。

用企业家精神点燃时代引擎

（2014 年第 2 期　林左鸣主讲）

郝振省（开场）：今天是今年第 2 期总排序第 58 期的中央国家机关“强素质·作表率”读书活动主题讲坛。

今天我们为大家特别邀请到的主讲嘉宾是中国航空工业集团公司董事长、党组书记、中国共产党十八届中央委员林左鸣同志，大家欢迎他！

林左鸣同志是来我们讲坛的第一位现任中央委员，他演讲的题目是“用企业家精神点燃时代引擎”，今天和我们大家一起来听林左鸣董事长演讲的有国家新闻出版广电总局党组书记蒋建国同志，还有中央国家机关工委和总局的领导。

在春节和元宵节刚过，两会即将召开之际请林董事长给我们大家讲这个题目，主要出于以下三点考虑：

第一，党的十八届三中全会通过的《全国深化改革若干重大问题的决定》提出，要进一步深化国有企业改革，要更好地发挥企业家的作用。我们理解，社会主义市场经济的轴心应该是企业，也可以说，社会主义市场经济成功与否的一个十分重要的标志，就是有没有一批符合现代企业制度、充满活力和竞争力的品牌企业。这就要求有一批名副其实、出类拔萃的企业家。而这些企业家无疑要具备既有智慧和能力，又有理性与激情的现代企业家精神。

第二，就我们今天的现实来看，我们不仅需要坚定不移地加快公司制和股份制改造，培育合格的市场主体，而且需要促进企业家个人和企业家群体的成长。目前社会对企业和企业家的关爱程度和重视程度还很不够，我们研究、思考这个问题有很强的针对性。

第三，完善和发展中国特色社会主义制度，推进国家治理体系和治理能力的现代化，在很大程度上就看我们政府和市场的关系能否处理得当。我们在认识企业、服务企业和管理企业方面还有很多的工作要做。让我们怀揣着这样的期待，有请林左鸣董事长现在为我们开讲。

郝振省（总结）：谢谢林左鸣董事长精彩的演讲，根据咱们的惯例，我现在做一个小结，林董事长今天主要讲了三个问题：

第一，实际上讲的是企业地位和企业家的作用，以及两者之间的关系。“企业兴则国家强”，所以国际经济竞争实际上是企业间的市场竞争。企业家是企业变革的核心人物，是企业前行的领袖。企业家行，企业才会行；企业家行，企业才会胜。每个知名的品牌和强势企业背后都有一个或者若干个卓越企业家在里面支撑和引领，这几乎是定律。

第二，企业家的生成。如果说企业家和企业是相互依存的关系，那么企业家与企业家精神则必须融为一体。林董事长讲到了西方文化对西方企业家的影响，讲到中国传统文化所蕴含培育企业家的丰富的基因，讲到企业家精神受到我们传统文化和制度缺陷方面的双重的制约，这使我们感到一种压力和责任。

第三，什么是企业家精神，如何点燃时代引擎。林董事长结合自己长期的企业管理实践、理论钻研和文化的修养，提出了当代企业家的七种精神特质，提出了非物质财富、虚拟经济、“容介态”等一些重要带有创新性和探讨性的理论概念。今天林董事长还提出了“修身、兴业、报国、富天下”的伦理信条，这充分展示了作为大企业家的历练、胸怀、胆略和气魄，也为所有中国企业家的成长和培养提供了十分珍贵的思想资源。所以我建议同志们一定要读读《用企业家精神点燃时代引擎》这本书，这里面是真情实感，真知灼见。

让我们再次对林董事长不乏激情、充满理性和诙谐有趣的精彩演讲表示感谢！

中国经济双重转型之路

（2014 年第 3 期　厉以宁主讲）

郝振省（开场）：今天是中央国家机关“强素质·作表率”读书活动主题讲坛今年的第 3 期，总排序第 59 期，我们为大家特别邀请到了我国著名经济学家、经济学界的泰斗厉以宁教授作为我们的主讲嘉宾，大家欢迎他。

厉以宁教授主讲的题目是“中国经济双重转型之路”，与今天赠送给各位的图书的书名一致，这本书也是中央国家机关工委和国家新闻出版广电总局隆重向全国读者推荐的一部经济学著作。我们邀请厉教授主讲这个题目主要出于以下两点考虑：

一是为了配合学习十八届三中全会和习总书记一系列讲话的精神。三中全会特别提出经济体制改革是全面改革的重点，核心问题是处理好政府和市场的关系，使市场在资源配置中起到决定性的作用，提出要坚持和完善基本经济制度，完善产权保护制度，积极发展混合所有制经济和推动国企的改革，支持非公经济的健康发展，这些内容都是厉教授这部著作里面深入阐述的问题。习总书记在对《全面深化改革若干重大问题的决定》作解释的时候，也强调要突出经济体制改革的牵引作用，强调市场资源配置是市场经济的一般规律。对于三中全会的精神和习总书记讲话的核心内容，我们不但要感觉它，而且要理解它，因为感觉到的东西我们未必能够深刻地去理解它，只有理解了的东西我们才能够更深刻地去感觉它。所以，从某种意义上讲，厉先生的著作和他今天的演讲会成为我们感觉、理解三中全会精神和总书记讲话的一把钥匙。

二是让我们近距离地和大经济学家接触一下，一睹我国大经济学家的风采。经济方面的内容是读书活动的主要板块，“强素质·作表率”读书活动主题讲坛也多次邀请经济学家。作为一位正在影响着和继续影响着我国经济改革伟大进程的著名经济学家，厉先生来到我们讲坛，大大提升了我们讲坛的品牌效应。这里特别要告诉大家，厉先生最近婉拒了若干讲座的邀请，但是对我们这个讲坛特别看中，对于我们的邀请一口答应。现在就让我们以热烈的掌声欢迎厉先生开讲！

郝振省（总结）：谢谢厉教授精彩的演讲。

厉教授今天讲了六个问题，我们现在一起巩固一下学习的效果。

第一，在产权改革部分，厉教授讲到了改革的突破口为什么应选择所有制而不是价格问题，而在所有制方面的突破口为什么应选择股份制。厉教授从两类非均衡的经济状态的理论出发，认为中国到今天还没有完整意义上的市场主体，这就是体制转型和产权要深化改革的一个深刻的背景。

第二，在土地确权部分，厉教授讲到了农民应该拥有的三权三证，还特别强调农民是一种职业，而不是一种身份。实际上我们觉得厉教授讲到的是农业社会向工业社会转型的关键环节，也是由计划体制向市场体制转型的基础性的制度安排。

第三，厉教授讲到了国企与民企改革，认为不仅企业要向市场化转制，而且国有资本的资源配置也要走市场的路子，不仅国企要通过改革，成为合格的市场主体，民企也要通过转型小业主的经营体制，成为可持续的市场主体。厉教授特别强调，关键是要推进混合所有制，还用了国企戴枷锁的比喻，讲得非常形象。

第四，厉教授讲到分配问题，大家听得都非常投入。厉教授强调了初次分配的重要性和市场调节的重要性，指出了指望二次分配解决问题的弊端。

第五，厉教授讲到了城乡一体化的问题，讲到了大城市落户的积分制和中小城市的分区域的思路，这里面实际上讲到城镇化要以人为本，讲到发展转型的本质特征。

第六，厉教授讲到中国经济的双重转型是对传统发展经济学的创新和超越。是不是能够这样来理解厉教授的理论，就两种转型而言，可以看作是一种重叠关系和叠加关系，而这种重叠和叠加关系是一种相互作用的矛盾运动关系，其发展转型可以看作是目标设计，而体制转型可以看作是实现的路径和它的动力系统。没有发展转型，体制转型将难以持续；没有体制转型，发展转型就会成为海市蜃楼。

厉教授的演讲开门见山，直奔主题，讲理论，深入浅出；讲案例，娓娓道来、绘声绘色，所以讲课结束大家也不肯离去，我们再一次感谢厉教授的演讲！

关于加强时代特征研究的几点思考

（2014 年第 4 期　张黎主讲）

郝振省（开场）：今天是今年第 4 期，总排序第 60 期的读书活动主题讲坛，我们有请今天的主讲嘉宾是张黎同志。

张黎同志是中国人民解放军原副总参谋长，第十六届中央候补委员，第十一届全国政协常委，上将，他演讲的题目是“关于加强时代特征研究的几点思考”，同时给各位配赠了三卷本的长篇小说《魂牵梦圆》，这是张黎将军亲自撰写的。今天我们邀请张将军来作演讲嘉宾，有这么几点考虑：

第一，我们从张黎将军的履历中可以看出，他是由政治指挥员成长起来的一位军事家，是位儒将，通过他的所思所想，所谈所讲，我们可以近距离地观察和领略到我军高级将领的理论造诣和思想高度。

第二，我们想请同志们了解一下大跨度、大尺度的理论。我们确实聆听了不少的理论——政治的、经济的、文化的、历史的，但是对于大跨度、大尺度理论的接触我们感觉到还很不够。时代特征的理论恰恰就是这样一种大跨度、大尺度理论，这个理论看起来离我们很远，其实又很近，因为大跨度、大尺度理论实际上就管着那些中道理和小道理，搞清了大跨度、大尺度理论，就可以在把握和执行中道理和小道理的过程中减少盲目性，增加自觉性。

第三，今天赠送给在座同志的三卷本长篇小说是张将军的作品，我们想强调一下读书和写书的关系，强调一下读书、写书和成就一番事业的关系。读书是张将军事业的引擎，他在戎马生涯中养成了读书思考和研究的习惯，最终成为上将，成为一位儒将，本身就富有传奇色彩。所以让我们热烈欢迎张将军讲解他的大跨度、大尺度理论！

郝振省（总结）：谢谢张黎将军厚重精彩的演讲！我代表大家来作一个小结。由于时间关系我不再赘述将军讲座的内容，主要谈一下我从将军厚重精彩的演讲里得到的三点启示：

第一点就是十一届三中全会，确定了“将全党的工作重心转向以经济建设为中心”的重要决策，现在看来不仅是挽救国民经济走向的选择，也是我党对国际社会和所处时代科学判断的产物。我们都记得，当时小平同志讲到了世界大战，一是得出了“打不起来”的结论，同时也提出了“和平与发展是时代主题”的科学判断，听张将军这么一讲，现在真正感受到这是一个大智慧。

第二点是十三届四中全会，我党提出了“发展社会主义市场经济”的伟大目标，一直到最近十八届三中全会提出的“使市场在资源配置中起决定性作用”，这些结论性、全局性的理论判断，凝聚着我党对当代资本主义时代特征的基本认识，对我们自身所处社会主义初级阶段的深刻把握和准确定位，所以张将军讲的时代理论是非常深刻的。

第三点，我认为就是“理论的坚定是政治坚定的基础”。时代判断的失误是根本性的失误，由于理论的问题，苏联共产党的教训深刻，发人深省。苏共失败究其原因，关键就是没有在理论上坚持创新、在实践上与时俱进。这个教训告诉我们，不仅要倍加珍惜中国特色社会主义理论，也要倍加注意在改革、开放、建设中不断发展实践，把我们的理论推向前进，达到理论和实践的动态统一。

张将军本次的主题演讲从时间上看跨度很大，长达四五千年，从空间上讲，既有发达国家，也有发展中国家，既讲到沉痛的教训，也讲到成功的经验，还有发展的担忧，可以说是大尺度、大跨度的理论。张将军纵横捭阖、淡定从容、侃侃而谈，使我们受益匪浅，也引发我们作更深刻的思考，让我们再一次用热烈的掌声对将军表示感谢。

中国经济超常增长的战略选择与体制安排

（2014 年第 5 期　史正富主讲）

郝振省（开场）： 今天是中央和国家机关今年的第 5 期，总排序第 61 期的“强素质·作表率”读书活动主题讲坛。

今天我们给大家推荐的图书是“超常增长：1979—2049 年的中国经济”，今天的主讲嘉宾就是这本书的作者，复旦大学新政治经济学研究中心主任史正富教授，大家欢迎他。

我们推荐这本书、邀请史正富教授来主讲，是出于以下一些考虑。在过去 30 多年的历史发展进程中，我国乃至世界上发生的最重要的事件之一，就是中国成为世界第二大经济体，这是举世瞩目的伟大成就。在实现中华民族伟大复兴的中国梦的征程中，经济仍然处于最重要、最核心的位置。有了经济实力不等于就有了一切，但是没有经济实力，一切都无从谈起。这也是为什么中央和国家机关工委以及国家新闻出版广电总局领导在设置讲坛课程时要把经济和政治类主题放在优先的位置。

史正富先生是复旦大学新政治经济学研究中心主任与教授，兼任上海交通大学现代金融中心理事长、南京大学兼职教授、清华大学政治经济学研究中心学术委员会委员等职。著有中英文的多部学术著作和学术论文，曾经获得孙冶方经济学奖和中国优秀图书奖等多个奖项。前不久史正富先生和林毅夫先生等几位经济专家还受中央委托到香港给香港主要领导、公务员讲经济学的问题。同时史正富先生也是一位集经济理论和经济实践于一身的学者和企业家，是学者型的企业家，是企业家型的学者。下面让我们以热烈的掌声有请史教授开讲。

郝振省（总结）： 感谢史教授精彩的演讲！我还是按照惯例，做一个归纳总结。史教授首先讲了30多年来中国经济超常增长的经验和规律。然后根据这种经验性和规律性的认识，对中国经济面临的挑战和困难进行了深度分析，并就下一阶段如何保持超常发展提出战略设想。他提出了社会主义市场经济是一种高于资本主义市场经济的新型的经济制度形态，我请同志们注意这句话，这就是说我们现在搞的这种市场经济不是过渡性的，它是一种比资本主义市场经济更高级的一种市场经济形态。这是史教授他自己的理论创新。我想我们至少有三点收获和启发。

第一，对新中国成立100周年——也就是2049年的国家经济前景给出了一个比较清晰的轮廓。他在充分占有可靠数据和翔实资料的基础上，追溯了我们取得巨大成就的原因，分析了我们面临的挑战和困难，比较了与发达国家的优劣长短，严谨地提出了一个超常的发展战略。史教授不仅提出了战略目标而且指出了战略路径，不仅有战略方向而且有战略项目，令人惊叹和信服。

第二，今天的演讲还有一种理论上的魅力，史教授结合超常增长战略的研究，实际上提出了对中国特色社会主义市场经济理论的独到见解。比如他讲到的“三维的市场体制”，深化了我们对市场经济理论的认识，这个理论迈过了政府与市场的二元对立，强调了更具活力的三元互动，超越了长期起作用的西方常规市场经济理论。

第三，史教授讲到了地方政府的竞争性特征，特别有价值。他指出，地方政府在经济发展中，在动力、压力、权力之中提高了自己发展经济和领导经济的能力。按我们通常的理解，市场是看不见的手，政府是看得见的手。按照史先生的说法，实际上，如果政府有竞争性的话，它本身就是两只手。一只是看得见的手，一只是看不见的手。但在一个时期里面，我们认为政府只应该有一个看得见的手，不应该有看不见的手。这些问题，值得我们思考。

史教授既拥有深厚的学术素养，又有很好的企业经历，善于创新，也有很好的理论功力。他今天的演讲非常精彩和厚重，我们再次表示衷心感谢！

生命之源：水资源危机与应对

（2014年第6期　王浩主讲）

郝振省（开场）： 今天是中央和国家机关今年的第6期，总排序第62期的“强素质·作表率”读书活动主题讲坛，大家欢迎我们的主讲嘉宾中国工程院院士、流域水循环模拟与调控国家重点实验室主任王浩教授，大家欢迎他！

王浩教授是中国水科院水资源所名誉所长兼任全球水伙伴中国副主席，参与了全国南水北调工程和我们水资源长期和中期的综合规划的重要国家项目。他今天演讲的题目是“生命之源：水资源危机与应对”，这既是一个十分重要的科技问题，也是一个重要的经济问题，甚至可以说，是一个牵一发而动全身的社会问题。所以今天中直机关工委和中央国家机关工委、国家新闻出版广电总局的领导同志来到会场，和大家一起聆听王教授的演讲。

水、空气和食物是人类生命生存的三大基本要素。人类的生命是从水中产生，从水中走来，科学家在探测其他星球有无生命的现象的时候，首先看有没有水存在的痕迹。水是地球万物的生命之源，是人类生活的最基本的条件，更是我们建设小康社会最基础的战略资源。

然而，今天这种战略资源又面临着严峻的挑战，包括洪涝灾害、水资源的缺失、水环境的污染和水生态的退化。因此，我们今天请来王浩教授，来告诉我们，水资源匮乏有多么严峻，水污染严重到什么程度，水生态退化到了什么样的程度，党和国家的治水的理念和中长期的政策都有哪些方面。

王浩教授被誉为是为中国水资源把脉的人，相信他的渊博的学识和丰富的经验，对于我们了解水情，把握国情，会起到很有针对性的重要作用，大家欢迎他开讲！

郝振省（总结）： 感谢王教授精彩的演讲，我按照惯例，代表大家对王教授今天的演讲做一个小结。

第一，今天我们获得了关于水的特质的一些重要知识。王教授说水是最好的溶剂，可以清理各种污染，反过来它也最容易受到污染，我觉得这体现了水自身的一个特殊的矛盾。教授强调水是生命之源，我觉得不只是一个形容词，而是有科学的数据，动物界特别是高级动物婴儿时期水的含量是90%，成年是70%，老年是50%，这些都是我们过去有所知但不像先生讲述的这么科学准确。另外先生讲到水和气温、光照是世界上三大非生物的环境因子，水的循环塑造地表的环境，水的分布决定生态的基本类型，从湿地、到森林、到草原、到荒漠，这实际是水循环，水分布与人类活动博弈的一个历史变迁，这就体现了水和环境这种因果关系的一种含水变化。

第二，我们在较短的时间里大致了解了我国的水情。从水资源的现状看，我国水域分布严重不均衡，南多北少、东多西少，这导致有些地区要么洪涝灾害，要么就是长期干旱。国际上192个有水统计的国家里面，中国从高到低人均水资源量排在第127位，而北京的情况尤为严峻，这让身在北京的我们感受到了压力和无奈。从水资源的污染看，虽然有两升两降，但是不断地加剧，呈现负荷型的特征和叠加型状况，地下水的污染由点状、带状向面状扩散，由浅层向深层蔓延。特别是讲到管理的一些标准和实际上的运行，实际上极不对称，从水生产的退化看呈现着局部改善整体退化的态势，特别是开采、超采的问题，对地表植被和地上系统、地下水系统的严重破坏，水危机比起粮食危机和石油危机，更使我们感到有压力。

第三，王教授强调了水源问题的严重性。王教授在介绍国情和水情以后，还向我们介绍了他所创建的二元水循环的理论和基础体系，介绍了国家水资源战略的框架和方向，其中社会的四个体系，四个重点领域，严格水资源管理的四项制度、三条红线，特别讲到的中线、西线和东线的调水问题，也讲到了战略储备、中长期的储备对策。我认为这是以王浩教授为代表的我国水利科学家在党和政府的支持下长期努力、坚持不懈、进行科学攻关的结晶，这对我们治水理政、治国理政、保证经济和社会的正常运行，对于我们从宏观科学制定实施水资源战略，从微观上动员全体人民参与和实践水资源战略，有着十分重要的借鉴与指导作用，我提议我们再一次对王浩先生厚重、严谨的演讲表示感谢！

甲午战争：缘起、过程及启示

（2014 年第 7 期　马勇主讲）

郝振省（开场）：今天是中央和国家机关“强素质·作表率”读书活动主题讲坛今年的第 7 期，总排序第 63 期。今天讲坛的主题是“甲午战争：缘起、过程及启示”。我们邀请的主讲嘉宾是中国社科院近代史研究所研究员，中国社科院研究生院教授、博士生导师马勇先生，大家欢迎他！配合主题讲坛赠送给各位的图书是《晚清二十年》，这是马教授的一本重要著述。我们安排今天的讲座主要出于三点考虑：

第一，勿忘国耻、勿忘军耻。今年是甲午战争爆发 120 周年，甲午战争是日本侵略朝鲜、侵略中国的不义战争，是中日战争史上两国军队装备差距最小、而中方军队失败最惨烈的一次战争。日军在战争中对我军民残酷杀戮，战后贪得无厌地索地、索款，给中国人民留下了刻骨铭心的历史创伤。准备这期主题讲坛的时候，我觉得很压抑，这场战争真是我们历史上挥之不去的奇耻大辱。第二，前事不忘，后事之师。通过对甲午战争惨痛教训的认识，我们要丢掉幻想，做好“不战则已，战则必胜”的准备，才有可能争取到和平的结局。第三，痛定思痛，发奋改革。甲午战前，德国首相俾斯麦在接待中日两国的代表团以后，有这样一个评价，他说日本必胜，中国必败。为什么？他说日本人到欧洲讨论各种学术、研究政治原理，而中国人到欧洲来只问某厂的舰炮造得如何、价格如何，买回去就算了。这就促使我们要深度思考和总结，日本明治维新以来怎样实现了由封建国家向资本主义的转型，我们从中能获得什么样的启示和借鉴。马勇教授是我国研究近代史的专家，也是研究甲午战争史的专家，有若干重要著述。就甲午战争他曾作过多次演讲，反响均很强烈，最近又受中宣部的委托，撰写有关鸦片战争的文章。让我们以热烈的掌声欢迎马勇教授开讲！

郝振省（总结）：感谢马勇教授让我们了解了甲午战争的全过程。按照惯例我作一个小结。

我们刚才讲到，甲午之殇是制度之殇，是我们的战略之殇，是我们的战术之殇，也是我们的文化之殇。人家在战前已经考察了中国的国民，不是提着笼子遛鸟，就是麻木不仁、愚昧无知，所以打你是很放心的，国民还不知道是发生了怎么回事，就一败涂地。说到今天，我们中华民族早已站起来了，也已经富起来了，但我们是否真正强大起来了？我们是不是强起来了，是否具备足够的忧患意识及将其转化为实际行动的考虑，这些都值得同志们深思和讨论。让我们勿忘国耻！勿忘军耻！兴我中华！感谢马勇教授，今天让我们深刻地反思历史！

抢抓全面深化改革新机遇
促进民营经济实现新发展

（2014 年第 8 期　庄聪生主讲）

郝振省（开场）：今天是中央和国家机关今年的第 8 期，总排序第 64 期的“强素质·作表率”读书活动主题讲坛，我们为大家特别邀请到了全国工商联党组成员、专职副主席，中国民营经济研究会会长庄聪生同志作为我们的主讲嘉宾。大家欢迎他！

今天庄副主席给我们主讲民营经济问题，和今天演讲相配套送给在座各位同志的图书是《民营经济蓝皮书》。我们把民营经济作为今天的讲坛主题，主要出于以下两方面考虑：

一方面，党和国家关于民营经济的认识和实践不断发展完善，从公有制经济的必要补充到社会主义市场经济的重要组成部分，再到基本经济制度的重要一翼，这表明民营经济已经成为中国特色社会主义理论、道路、制度的重要内容，同时也意味着民营经济能否健康发展直接关系到中国梦的真正实现和中华民族的伟大复兴。

另一方面，我们关于民营经济的认识和实践还存在着不足和缺陷，还有一些问题需要我们继续探讨。例如，当初确立个体经济、私营经济是必要补充的时候，理论依据是生产力水平相对落后的地方和人群，今天，在我们的生产力普遍提高，基本实现了现代化的条件下，为什么在以公有制经济为主体的同时仍然要坚定不移地发展民营经济？对习近平主席关于民营经济的论述“民营经济为国有企业改革乃至整个宏观领域的改革提供了动力源泉，也为国有经济的改革与发展创造了优越的外部条件”应该怎么理解？这些都需要我们中央和国家机关的各级领导同志有理论上的把握和实践上的举措，在这个意义上，我们邀请庄聪生副主席作为演讲嘉宾十分及时，非常必要。

庄聪生副主席长期主持编写《民营经济蓝皮书》《商会发展蓝皮书》

《中国私营经济年鉴》等重要著述，同时还作为首席专家完成了国家社会科学基金重点项目《新时期民营经济发展趋势及政策研究》，有很扎实的基础和理论研究水平，让我们以热烈的掌声请庄聪生同志开讲！

郝振省（总结）：谢谢庄副主席精彩的演讲，我按照惯例对今天的讲座作一下梳理，谈一下我的收获和启发：

首先，庄副主席扫描式地回顾了民营经济的发展进程，通过若干数据和案例来说明民营经济的地位和作用。这使我们不能不想到，党的工作重心转到以经济建设为中心以来，如果没有民营经济的介入和加盟，我们能够成为今天的世界第二大经济体吗？如果没有第二大经济体的支撑，我们在国际社会能有今天这样的话语权吗？所以说，我们党关于民营经济的认识是科学的，政策是到位的，成就是巨大的。

第二，庄副主席向我们介绍了民营经济发展所面临的一些困难，比如观念弱、融资难、税负重等问题。这表明党的十八届三中全会关于国有经济和民营经济全面深化改革的精神具有很强的针对性和紧迫的必要性。“两个都是”“两个不可侵犯”“三个鼓励”“三个平等”等一系列的判断和要求，显示了新一届党中央关于民营经济的理论和实践有了新的提升，是从总体战略上、根本战略上设计和规划民营经济的可持续发展。

第三，作为中央和国家机关的干部和公务员，当我们认识到民营经济对于党和国家事业具有战略价值和全局意义的时候，更应该履行好自己的职责，服务于民营经济的发展。我们要珍惜优秀民营企业和优秀民营企业家这种稀缺资源，坚持国民共进的改革方略；我们的政策扶持应该突破“玻璃门”“旋转门”“弹簧门”的层面，达到及时雨、加速器、雪中送炭、锦上添花的水平；我们的行政管理应该把企业作为上帝，把服务作为目的，让“看不见的手”充分发挥作用，让“显规则登堂，潜规则下岗”。

最后我想说，庄副主席的演讲既有丰富的案例，又有深入的分析，既庄重又诙谐，重现了他在全国政协二次大会上发言的风采，淋漓尽致地展现了我们讲坛“理论性”“思想性”“学术性”“趣味性”“故事性”“感染性”十八字标准，让我们再一次感谢庄副主席的精彩演讲！

当前海洋局势及我国海洋战略的思考

（2014 年第 9 期　张海文主讲）

郝振省（开场）：今天是中央和国家机关今年第 9 期，总排序第 65 期的“强素质·作表率”读书活动主题讲坛，我们为大家特别邀请的主讲嘉宾是我国海洋战略方面的研究专家张海文女士，大家欢迎她！张海文老师现任国家海洋局国际合作司司长，中国国际法学会副会长。她曾多次参与我国海权争端的磋商谈判，有多种重要著述和研究成果。张海文老师今天演讲的题目是“当前海洋局势及我国海洋战略的思考”，相应赠送给各位的小册子是她与同事共同撰写的《联合国海洋法公约图解》，这本小册子很实用，有很多关于海洋权益的知识。

我们之所以安排今天这个演讲主题，主要是从对内、对外两个方面考虑的：

对内方面，海洋国土面积的定位不断地提升和加强。过去我们更多的是强调我国有 960 万平方公里的陆地面积，今天 300 万平方公里的海洋国土面积与我们的陆地国土面积相提并论，但就海洋经济而言，特别是与日本和西欧的海洋经济相比，他们的海洋经济占国民经济的 30%，而我国最新数据显示只是 10%。此外，我国海洋经济正在由传统结构向新型结构转型。由过去传统的海洋经济，如捕捞业、盐业、旅游和交通等，向现代深海油气、深海医药、深海生物和深海能源发展。习总书记讲我们要“依海富国、以海强国”，党的十八大报告也特别提出要提高海洋资源的开发能力，发展海洋经济。

对外方面，周边国家与我国的海洋争端日益尖锐，我国的海洋权益面临严峻挑战。从地缘上看，我国是一个陆海兼备的大国，但还不是一个海洋强国，从历史上看，近代中华民族所遭受的侵略绝大多数都是通过海洋打进来，鸦片战争、甲午海战带给我们的屈辱是国人挥之不去的伤疤和阴影。今天，我们的周边国家仍然有人在挖空心思觊觎我们的海权，侵害我们的核心利益。王毅外长表示在随总书记出访时，习总书记指出三条底线绝不能被突破，一是中国特色社会主义道路不能变，二是中国优秀的传统文化不能丢，三是祖宗留下的疆土一寸也不能少。所以，我们要坚持按照党的十八大提出的要求发展海洋经济，建设海洋强国，这也充分显示出安排本次主题讲坛的必要性、重要性和紧迫性。让我们以热烈的掌声有请张海文老师开讲！

郝振省（总结）：今天的演讲超时了半个小时，但是大家依然都听得十分认真，这说明张海文老师的演讲非常成功。按照惯例我简单地梳理一下，从张老师的演讲里，今天我们至少可以得到四点启示：

第一，"挑战与机遇并存"的观点给我们带来的启示。张海文老师对海洋局势的挑战和机遇有独到的见解，这是同一个主题不同的空间，同一个主题不同的方面。比如同是海洋但是周边海洋和世界海洋有不同之处，周边海洋挑战的因素更多一些，世界海洋合作的机遇更多一些。周边国家与我国海权之争的矛盾日益尖锐，这个现实是客观存在的，但在面临这个严峻挑战的同时，我们还有发展性的合作机遇，而且有些挑战也可以转化为机遇。所以在"挑战和机遇"这一问题上，张海文老师的观点体现了一种实事求是的辩证思维和务实思维。

第二，收获了关于我国海洋权益的重要知识。张海文老师讲到了有关我国海洋权益的重要知识，讲到了"向海则兴，背海则衰"的国家发展规律，讲到了维权和维稳的本质关系，她提出制造事端就必须付出相应的代价，这是基本原则和立场。

第三，张海文老师为我们普及了很多有关海洋的重要法律知识。她从国际海洋法角度给我们分析了东海方面的钓鱼岛问题和南海方面的海权争端，追溯了其历史和现状，体现了一种深入的历史思维和法制思维，令我们思考对内坚持依法治国，对外坚持依法维权这个原则的重要性。

第四，对海权的维护和抗争，不应只是简单地奔着海洋资源去的，要考虑作为一个负责任的世界大国如何去体现自己在国际社会的话语权和影响力，这里面大有学问可做。比方说如何面对海洋环境的恶化、气候的变化，海盗的肆虐等，这直接考验到我们的智慧。特别是我们要看到海洋争端的复杂性、持久性，由此来体现我们的定力和底气。争端是点，合作是面，争的目的还是要发展自身利益，通过合作来提升国力，这体现了一种大国思维和海洋思维。

张海文老师演讲中体现出来的辩证思维、务实思维、理性思维和制衡思维，包括她的大国思维和历史思维，构成了今天演讲的特点和亮点。张海文司长以她渊博的学识，扎实的国际法功底，长期的科研积累和丰富的海洋行动历练，给我们大家上了生动的一课。对我们了解我国的海洋战略，增强履行海洋强国的职责非常有价值。让我们再一次以热烈的掌声感谢张海文老师的精彩演讲！

诗人的公众角色与诗歌在当下现实中的作用

（2014 年第 10 期　吉狄马加主讲）

郝振省（开场）：今天是中央和国家机关“强素质·作表率”读书活动主题讲坛今年的第 10 期，总排序第 66 期，我们为大家特别邀请的主讲嘉宾是我国著名诗人、作家、书法家吉狄马加同志，大家欢迎他！吉狄马加同志曾担任中国作家协会书记处书记，现任中共青海省委常委、宣传部部长，他今天演讲的题目是“诗人的公众角色与诗歌在当下现实中的作用”，相应赠送给各位的图书是《火焰与词语——吉狄马加诗集》。

我们之所以安排今天这个演讲主题，主要有以下三个方面考虑：

第一，我们想探讨一下官员和诗人的内在联系，探讨一下写诗与做官有什么关系？具体说，一位诗人是如何走向诗歌的创作之路，这种创作之路与创作的成就对于他走向领导岗位有什么帮助？对于做好领导工作有什么支持和营养？担任领导工作、高级公务员工作，对于诗歌创作，对于诗人的成长提供了什么条件？

第二，我们想帮助同志们了解一下新体诗与旧体诗的联系和区别，感受一下新诗的魅力和张力。一般说来，我们对旧体诗知道得相对多一点，对新诗的概念还比较模糊。希望通过吉狄马加同志的演讲，我们可以增加这方面的知识。

第三，习近平总书记刚刚主持召开了文艺工作座谈会，我们中央和国家机关的主题读书讲坛也在此做出呼应，我们也需要在文艺方面的讲座里面，接受一下文艺细胞营养的补充。当然，特别要说一点，吉狄马加部长刚刚获得了南非 2014 年姆基瓦人道主义大奖，我们以国家级讲坛的方式给他庆贺，他将给我们这个讲坛带来新的灵感和新的体验。让我们以热烈的掌声有请吉狄马加同志开讲！

郝振省（总结）：由于时间的关系，我们今天的讲座就进行到这里。按照惯例我简单作一个小结，从吉狄马加同志的演讲中，今天我们至少可以得到四点学习体会。

第一，诗歌一直存在于人类漫长的精神生活中，是更能表达人类心灵渴望的一种信息，我认为他实际上讲的是诗的产生、诗的存在和诗的延续。从总体上讲，正是人类自身所具有的独特心灵所产生的激情，以及这种激情的释放与结晶，才有了诗的孕育和诗的产生的必然性。从个体来看，只有那种悲天悯人、思古忧今、看重历史、善待困境的人们，才有可能产生创造的冲动，才有可能成为诗人。

第二，诗人在社会生活中具有双重角色和多重角色，那种单纯的、纯粹以诗歌的创作来获得生存的情况很少。这就是说，对我们今天在座的同志们来讲，官员和诗人身份完全可以是并行不悖的，作为诗人诗歌创作能给你增添一种灵性和魅力，作为官员成为诗人可以获得一种创造的资源和空间。

第三，诗人的精神传承问题。我认为吉狄马加先生这里主要讲的是继承和创新的问题，不管是艺术的创造还是历史的创造，都必须在已有的前提下进行。反之，如果你不创造，继承的价值和必要性又何在呢？所以我们应该向郭沫若先生学习，向艾青先生学习，也向我们的吉狄马加同志学习。

第四，吉狄马加先生讲到了诗人的内心独白和对现实生活的参与。一个社会对诗歌有怎样的评价，和一个社会的健康发展是有直接关系的，甚至是一个社会文化是否繁荣的重要标志。从个体来讲，在座的中央国家机关的同志们，可以通过今天的演讲，收获一些启示，把我们的业务工作和演讲内容结合起来。

吉狄马加同志的诗美丽动人，演讲也充满丰沛的感染力。通过这精彩生动的一课，大家沉浸在一种对诗歌艺术非常难得的、超值的享受之中。让我们再一次以热烈的掌声感谢吉狄马加同志的精彩演讲！

全球化与中国文化

（2014 年第 11 期　刘东主讲）

郝振省（开场）：今天是总排序第 67 期、今年第 11 期的中央和国家机关“强素质·作表率”读书活动主题讲坛。今天我们为大家特别邀请到了清华大学国学研究院的副院长刘东教授作为我们的主讲嘉宾，大家欢迎他！

今天刘东教授演讲的题目是“全球化与中国文化”。我们安排这个主题主要出于这么一种考虑，就是我们应该对全球化的问题有一个初步的把握。什么是全球化？它的内涵和外延是什么？它的前提和基础是什么？它得以实现的条件和路径是什么？我觉得我们需要了解这个问题。我们在享受着全球化的实惠，也在感受着全球化带来的压力，但是我们对伴随着经济全球化而来的，不同民族文化之间的交流、交融和交锋，尤其是对中国文化和全球化之间的相互作用、相互推动，应该说还是知之不多、知之不够。

我们如何理性地、科学地把握全球化，从容地应对全球化，达到一种择优而从的境界和水准，这是我们大家特别想了解的，也是今天刘教授准备告诉我们的，让我们以期待的心情和热烈的掌声欢迎他开讲！

郝振省（总结）：“无宗教而有道德”这几个字非常深刻。接下来我们给刘教授今天的主题讲坛作一个小结。

刘教授讲了四个问题，第一个问题他讲到“尚在过程中的全球化”。虽然全球化的进程呈现出确定性和不确定性，因为客观的不均衡和主观的认识冲突，但是我们无可选择地被裹挟进了现代化的进程中，从这个意义上讲，全球化不以某个人的意志为转移。但是刘教授讲到，最终全球化的过程是以人为主体来实现的，所以全球化在具有必然性的同时，也具有某种或然性，这个或然性就给我们人类主导全球化留下了充分的空间。

第二个问题他讲到“全球文化”和“文化全球”，不仅全球化是必然的，而且全球经济一体化是必然的，全球文化趋同也有它的必然性。从逻辑上看，经济交往的主体还是由不同文化的人来实现的，先有经济交往，后才有文化的全球化趋势。但实际上，在现实的发展过程中，有时候文化的一体化可能是和经济的一体化同时发生的。刘教授在他的书里面讲到，一个民族、一个国家，对于全球化进程中文化的选择带有一定的或然性，也就是说，我可以屈服、屈从于文化帝国主义，但也可以高扬自己的文化特色主义。可以是开放的封闭，也可以在碰撞和交锋中获得新生。

第三个问题他讲到“当中国传统遭遇全球化”，举了几个例子。他这些例子没有完全展开，但是我们大致能听出来，他是以严肃的学者的身份，再次提醒和告诫我们，要带着警觉加入全球化的进程。

第四个问题他讲到“寻找中国文化现代形态”。我们既要以开放的心态，尽可能地吸纳全球范围内积极的文化与文明成果，又要坚守民族文化的根本，呵护民族文化的灵魂，不能坏了自己的规矩。刘教授讲到，民族文化是一个民族区别于其他民族的独特的标识，同时又讲到，中华民族本身是一个兼收并蓄、海纳百川的伟大的民族，它要把别人的好东西，变成我们自己的好东西。所以我认为今天刘东教授的演讲，体现和诠释了习总书记的要求，对于我们在座的同志，提供了十分重要的启示。刘教授的演讲可以说是旁征博引，充满着批判思维和辩证思维，使我们享受了一次文化的盛宴，让我们再一次对刘教授的演讲表示衷心的感谢。

毛泽东建国以来的思想轨迹

（2014 年第 12 期　逄先知主讲）

郝振省（开场）：今天是中央和国家机关今年第 12 期，总排序第 68 期“强素质·作表率”读书活动主题讲坛。我们为大家特别邀请到了中央文献研究室原主任逄先知同志作为我们的主讲嘉宾，大家欢迎他！

今天逄先知同志演讲的题目是“毛泽东建国以来的思想轨迹”，配合他演讲的是我们今天向大家推荐的一本书——《毛泽东年谱》。

毛泽东伟大的历史功绩至少可以体现在四个方面：第一，他和他的战友创立了一个先进的政党——伟大的中国共产党，并且形成了一整套的建党学说。第二，他和他的战友创建了一支人民的军队——伟大的中国人民解放军，而且形成了一整套的建军思想。第三，他和他的战友领导中国共产党和中国人民，经过难以想象的艰苦卓越的斗争，创建了一个新中国——中华人民共和国。把一个黑暗的、四分五裂的、饱受欺凌的旧中国变成一个光明的、空前团结统一的、独立自主的、屹立在世界东方的新中国。第四，他和他的战友们还创立了作为科学体系的伟大的毛泽东思想，这成为我们党和国家乃至于我们整个民族永续发展的精神财富和思想瑰宝。正因为如此，每年在他诞辰的纪念日，举国上下都用不同的方式来纪念这位伟人。这是我们今天专门请逄主任来主讲“毛泽东建国以来的思想轨迹”的第一个理由。

第二个理由就是这套十分厚重的《毛泽东年谱》，它是按年月日顺序编写毛泽东的伟大事迹，更能客观地、真实地再现开国领袖的文韬武略、运筹帷幄和他的政治艺术。

第三个理由就是逄先知同志本人特殊的经历。逄先知同志 1950 年 11 月开始在毛泽东主席身边工作，一直到 1976 年 5 月，后来又到中央文献研究室专门研究毛泽东思想，并担任过中央文献研究室主任，成为研究毛泽东思想的专家，请他来做这期讲座的主讲嘉宾再合适不过了，也是十分难得的，让我们热烈地欢迎他！

郝振省（总结）：我还是按照规矩，作一个简单的小结。今天逄先知主任主要是从《毛泽东年谱》里面抽出了四个问题，给我们作了一个有深度的报告。

第一，从毛主席探索适合中国国情的社会主义道路的理论和实践上看，我们看到了毛泽东同志思维的惯性，和对这种惯性克服纠正的轨迹。一方面，他希望经济快速发展，要赶超英美，但另一个方面，他很快就意识到，建设社会主义是一个很长的历史时期，违规是要受惩罚的，建设的规律和革命的规律是不同的。

第二，从他对阶级斗争和经济建设关系的处理，我们看到了毛泽东同志主张阶级斗争和经济建设两手抓，但侧重于阶级斗争、思想革命和政治挂帅的思想变化。还有，刚才逄老讲到，阶级斗争扩大化这种情况，里面有国际国内形势的影响因素。所以，值得我们各位深思和辨析。

第三，从毛泽东关于国际战略的大手笔中，我们可以看到他关于社会方法论的思想轨迹。刚才逄老讲，毛泽东一投身革命，就提出谁是我们的敌人，谁是我们的朋友的问题。后来他提出，除了沙漠，凡是有人的地方都有“左中右”。毛泽东把这种社会阶级分析的方法从革命时期延伸到建设时期，从国内斗争引入到国际交往，创立了三个世界的理论，获得了极大的成功。由此是否可以说，方法论可以超越时空？关键是我们要从实际出发，要有国内目标和国际视野。

第四，从毛泽东关于注重党建、反贪污腐化、反官僚主义、要与群众血肉相连系的言论和行动，我们可以看到他防止和平演变的这个思想意识。一直到今天，这种思想意识，仍有强烈的现实意义。而他之所以具有这种意识，与他刻苦读书、以史为鉴有直接的关系。

总之，正如逄先知主任所强调的，毛泽东的思想轨迹，他的成败得失，都是我们党和国家极其珍贵的财富，值得我们永远学习、继承和借鉴。

逄先知主任是老领导、大专家，已经八十五岁高龄，今天如此精神矍铄、神采奕奕，侃侃而谈、娓娓道来，令人钦佩，令人感动。让我们再次用热烈的掌声感谢逄先知主任的精彩讲座。

同志们，元旦在即，新年在即，借此机会，我们感谢有关部门负责同志长期的努力和坚持，感谢在座各位长期的参与和鼓励。同时，给同志们送上新年最美好的祝愿。谢谢各位！

2015年郝振省主持词选编

一个文明型国家的崛起

（2015 年第 1 期　张维为主讲）

郝振省（开场）：今天是中央和国家机关“强素质·作表率”读书活动主题讲坛的 2015 年第 1 期、总排序第 69 期，我们为大家特别邀请到了著名的中国发展问题研究专家张维为教授作为我们的主讲嘉宾，大家欢迎他。

张维为教授在上个世纪 80 年代中期，曾经担任邓小平同志和其他中央领导同志的英文翻译，后曾担任日内瓦外交与国际关系学院教授等职务，现任复旦大学特聘教授，中国发展模式研究中心主任，上海社科院中国学研究所所长。他今天主讲的题目是“一个文明型国家的崛起”，配合今天的主题赠送给各位的图书——《中国超越》，是他的“中国三部曲”中的第三部著作。这本书也入选了读书活动今年上半年的推荐书目。

我们确定这个题目的时候，曾经做过一些调查和了解。不少同志反映，对于“四个自信”，大家理解、接受，但说不出多少道理来。有的同志从理论上还能说出几条，但是缺少数据、案例的支持和支撑；有的是理论和实践都能讲出内容，但是缺乏逻辑性和完整性，显得零散甚至碎片化，力度不够。今天我们请张维为教授有针对性地主讲这个专题，希望能解决这个问题，提升我们的境界。

让我们热烈欢迎张维为教授开讲。

郝振省（总结）：下面按照惯例，我对今天的讲座做一个小结。张教授一开始就讲到了日裔美籍学者福山的观点，讲了对马英九的判断，讲到了香港占中行动最终的失败。张教授对自己的预测特别自信，这实际上为他后面的主要的论述做了铺垫，这是第一板块。

第二个板块我认为张教授实际上讲到了中国崛起的根据和事实，他根据自己的长期观察和收集到的一系列数据得出了重要的结论：中国的成绩不仅超过了其他发展中国家成绩的总和，而且超过了其他转型国家的成绩的总和。这个是总量上的。在分量上他提出中国国内形成了两个板块的互动（发达板块和新兴经济体板块）、购买力平价、住房自有率的比重、人均预期寿命的提升，从这几个重要的指标显示出我们的综合国力与美国相比，不相上下，在许多方面甚至超过美国。

张维为教授的观点和可靠的数据，使我们认识到中国模式的优越性和它的超越性，我们应该有这个自信。而且他在比较认识的方法论上，给了我们重大的启示。有三条启示，第一条是准确性原则，比较不是大而化之的，应该是有时间、有地点、有内涵、有数据的，这样的比较才能经得起推敲。第二条是可比性原则，比较要有条件，不是随便一个国家就能够与中国相比较。他说到中国有 13 亿多人口，相当于欧洲中等以上的国家 100 个，所以拿中国和八九百万人口的国家比较，很难说是科学的比较。第三条是统分性原则，就是刚才讲到的，既有经济总量的比较，又有经济社会分量的比较。这样的比较把宏观和微观都兼顾到了，就比较科学一些，说服力强一些，效果好一些。

第三个板块我认为实际上讲的是中国崛起的原因在哪里。他主要讲了“四超”和四个方面。特别是讲到四个方面：国家型政党制度、协商民主制度、干部选拔制度、混合型经济制度。在每种制度里边又是历史基因和红色基因的统一，西方元素与中国元素的统一。

我觉得这些制度充分体现了中国共产党的伟大的胸襟和科学的智慧。政党制度把现代政党体系与中华民族独特的政治文化传统相结合。民主制度把选举民主和协商民主相结合，包括实质民主和程序民主的结合，包括国家规划和企业规划的结合。干部制度把选拔和选举相结合，把培养和历练相结合，这都是西方制度做不到的。经济制度把国有经济和民营经济相结合。这些结合都可以归结到把马列主义的普遍真理与中国革命建设改革的具体实践相结合所产生的中国特色社会主义理论体系。

总之，张维为教授以他特有的经历和知识，特有的道德和良知，特有的气质和睿智，特有的数据和论据，给我们烹调出一桌关于中国模式、中国超越的精神文化盛宴，使我们大大增强了对中国特色社会主义建设的道路自信、理论自信和制度自信。同时也使我们了解到很重要的比较方法论，以及结合方法论的重要知识，对于我们增强素质，做好工作很有帮助。张教授的演讲既充满激情又富于理性，从他的演讲中你能感受到一位学者的爱国之心，爱党之心，感受到他的学术担当和学术创新，让我们给他掌声。

关爱生命　拥抱健康——从提高科学素养、健康素养，防病治病，提升生命质量谈起

（2015 年第 2 期　马长生主讲）

郝振省（开场）： 今天是中央和国家机关“强素质·作表率”读书活动主题讲坛 2015 年第 2 期，总排序第 70 期。我们特别为大家请到了首都医科大学安贞医院心脏内科中心主任、首都医科大学心脏病学系主任、北京市心血管疾病防治办公室主任、国家心血管临床医学研究中心主任马长生教授作为我们的主讲嘉宾，大家欢迎他！配合他的演讲，赠送给各位的图书是马长生教授主编的《健康大百科：高血压防治篇》，这本书写得相当好，是非常优秀的作品。

同志们，我在做准备的时候，专门翻阅了毛泽东主席青年时代发表在《新青年》上的论文《体育之研究》。他当时认为，“体者，载知识之车而寓道德之舍也”。换句话说，没有了健康的身体，知识无处运行，道德无家可归，这是多么精辟的见解。大家特别熟悉的他的那句话，“文明其精神，野蛮其体魄”，讲得非常精到，到今天我都觉得应该是我们的座右铭。对于我们在座的中央和国家机关的司处级公务员来讲，多数同志都处在“5＋2”“白＋黑”的工作状态，有相当一部分同志的身体处在“尚能工作、十分脆弱”的亚健康状态。所以我今天想请马教授讲讲，在任务重、时间紧、压力大的情况下，我们这些同志，怎么才能够保持一个比较好的心态和身态。让我们以热烈的掌声欢迎马长生教授开讲。

郝振省（总结）： 下面按照惯例，我对今天的主题讲坛做一个小结。马长生教授确实帮我们澄清了许多似是而非的观念，比如鱼油和维生素。马教授通过中外比较的方式，使我们看到了东西方在医疗方面一些差别的背后，是预防手段和措施的巨大差别，让我们觉得触目惊心。我们在

生活中存在诸多不良的生活习惯，继续向上追溯，就会发现像马教授讲的那样，更本质的原因在于我们的国民，包括我们的中高级公务员在内，当然也包括我自己，都严重缺乏科学素养，缺乏关于健康问题的科学素养，我们毋庸讳言。

最近解放军规定了合理的体能和体重，作为一项晋升考核的重要指标，这既反映了这个问题的严重性，也表现了我国要解决这个问题的决心和理念。由此我们想到，在座的各位，担负一定领导职务的公务员同志们，有责任重视健康问题。我们不但要强化自己的思想、文化、管理等方面的理念和素养，还要强化自身的健康素养，强化关于健康的科学素养。我们不仅应该致力于经济建设、政治建设、文化建设、社会建设、生态建设，更应该把身心健康建设放在相当重要的位置，因为有了健康不等于就有了一切，但是没有健康则意味着失去了一切。

所以，今天实际上是关于提高生命质量的医学科普辅导讲座。我相信，会对我们提高有关自身健康的科学素养有很大的促进作用，让我们大家以热烈的掌声再次感谢马长生教授的精彩演讲！

同志们、各位朋友，快过春节了，在此我代表主办方、代表各位领导和办公室的同志们，给大家提前拜年，祝各位及家人羊年吉祥、身心健康、阖家欢乐，谢谢各位！

美国东移与中国西进
——中美博弈下的中国战略选择

（2015 年第 3 期　乔良主讲）

郝振省（开场）： 今天是中央和国家机关“强素质·作表率”读书活动主题讲坛 2015 年第 3 期，总排序第 71 期，我们为大家特别邀请到国防大学教授、空军少将乔良同志作为我们的主讲嘉宾，大家欢迎他。

乔良教授是我国著名的军旅作家、军事理论家、军事评论家，也是中央电视台《百家讲坛》的主讲人，《新解三十六计》就是由他来主讲的。同志们，今天主题讲坛配套的书是乔良教授和他的战友王湘穗同志合写的《超限战》的十五周年纪念版。今天国家新闻出版广电总局党组成员、副局长孙寿山同志和中直工委、中央国家机关工委、总局机关党委的有关负责同志，和大家一起聆听乔良教授的演讲。

我们安排这次主题讲坛主要有两个考虑，第一就是让同志们对中美博弈有一个全景式的了解。就世界范围而言，就全球战略而言，中美之间的博弈具有根本性、全局性、长期性的特点。这是我们的第一个考虑。

第二个考虑是为了让同志们阅读和了解这本《超限战》。这本书最初问世于 1999 年，学界认为它预言了两年以后的“9·11”事件。美国西点军校将这本书列为学员的必读书，美国海军学院把它作为正式教材。书中的一些思想观念已经被列入美军的最新作战条令。尤其是书中关于现代战争已经超出军事领域和军事手段界限的观念，对我们在座的同志将有特别的价值。现在让我们以热烈的掌声欢迎乔良教授开讲。

郝振省（总结）： 下面我简单小结一下。首先乔良教授通过对美元指数周期的分析使我们看到了美国金融收割机在全世界剪羊毛的基本流程，揭示了美国对全球的金融盘剥、美元指数与各地区危机之间的规律。

其次是说中国没有动谁的奶酪，也不想动人家的，但是如果中国想把自己的奶酪做得大一点，实际在客观上动了人家奶酪。所以别人各种手法无所不用其极，无论是钓鱼岛争端，还是唆使香港“占中”，背后还是美元的力量，仍然是美国对美元帝国的追求。

然后乔良教授谈到美军为美元而战的秘密，其实就是为了维护美国貌似强大但本质上虚弱的一种虚拟的经济，维护美国的美元帝国地位。我觉得在伊拉克战争的问题上，美元的本质表现得淋漓尽致。

最后乔良教授特别讲到了“一带一路”的问题。中国不会称霸，但是美国为了维护自己的霸主地位，不断制造事端，绊我们的脚、扯我们的后腿，这时我们要有清醒的认识和十足的把控。为了维护国际和平与中国国家利益，就要做好各种必要的准备。

乔良教授的演讲用金融的语言和概念来解释中国和美国博弈的本质原因，揭示了各种冲突和危机的深层的根据，同时也让我们对中国的太极智慧，对我们的战略选择充满信心。让我们再一次用热烈的掌声对乔良教授的精彩演讲表示感谢！

哲学思维与领导力

（2015年第4期　韩震主讲）

郝振省（开场）： 今天是中央和国家机关“强素质·作表率”读书活动主题讲坛2015年第4期，总排序第72期。72期，这是一个非常重要的数字，就是说，我们的读书活动已经走过了整整6年的历程。这六年是中央和国家机关工委、中直机关工委、原国家新闻出版总署即现在的国家新闻出版广电总局的领导同志及有关部门的负责同志和大家一起走过来的，是大家支持着讲坛的存在和发展，讲坛也服务于大家的提高和成长。由此我们更加坚信“非学无以立党兴党，非学无以治国安邦”。就像习近平总书记最近讲到的，我们是靠着学习走到今天，我们必然还要靠学习走向未来。所以今天以这么几句很简短的话，来纪念我们的读书活动走过的六年。

同志们，今天我们为大家特别邀请到的主讲嘉宾是我国著名哲学家，现任北京外国语大学党委书记韩震教授，大家欢迎他。

韩教授曾经担任北京师范大学哲学与社会学院的院长、副校长，北京外国语大学校长。为了配合这次演讲，今天赠送给各位的是韩震教授的一本书：《哲学思维与领导力》。我们的意图就是“强化哲学素质，提高领导能力”。

同志们，无论从我们党的历史和现实来看，哲学素质都是最重要的素质或者说是最重要的素质之一。十八大以来，习近平总书记提出哲学方法论是看家本领，强调要不断接受马克思主义哲学智慧的滋养。特别是今年以来提出四个全面战略布局，更需要我们借助哲学思维来增强和提高我们的领导力。

韩震教授是一位很有底蕴、很有造诣的实力派哲学教授。他在核心价值观方面有独特见解，正是这些见解促成了我们今天的接触，促成了我们今天的主题讲坛，让我们大家以热烈的掌声欢迎韩教授开讲。

郝振省（总结）：同志们，我们今天设定哲学这个主题，请韩教授来讲哲学，也是一次特别的尝试，我们一起来做一个小结。

在第一部分韩教授表示他不认同传统的哲学的定义，提出哲学的本质不是知识，而是系统的、反思性的、批判性的活动。这里其实有两个要点：第一，哲学是动态的而不是静态的；第二，这个动态不是追随性的和附和性的，它是反思性的和批判性的。那么这就有点像老子《道德经》里面讲的，“反者道之动”；也像刚才韩教授讲到的法国哲学家，从怀疑走向真理。从怀疑走向真理，将更能够把握真理，更能够理解真理。我想起毛主席曾经讲过，共产党员对于任何事情都要问一个为什么，都要经过自己头脑周密的思考，绝对不应盲从。我觉得今天韩教授讲的第一部分，就是强调人一定要尽可能形成独立思考的、反思性的、批判性的品格。大家想一想，理论联系实际的基点不就在这里吗？

在第二部分，韩教授从八个方面讲到了哲学注重属性与功用之间的关系。我觉得能不能简单地用几句话加以归纳：正是哲学的逻辑性带来了言词的条理性；哲学的反思性带来了思想的深刻性；哲学的宏大性带来了考虑问题的全局性；哲学的辩证性带来了头脑的全面性；哲学的理想性带来了奋斗的积极性；哲学的概括性造成了精神的丰富性；哲学的理论性造成了品格的坚韧性。针对韩教授的话我们再作一种表述，这是什么意思呢？我认为这实际上是在讲，哲学的不同属性与不同属性的功能之间有一种函数关系。这一部分讲得比较长，我理解是为下一部分铺设道路，建造桥梁，奠定基础。虽然没有讲领导力，但却是在为领导力做铺垫。

在第三部分，韩教授讲到领导力时首先讲思想力，实际上是讲它的反思性和深刻性，也就是第二部分讲到的内容的提升。你的见解应该力争高人一筹，先人一步，点击穴位，说服左右。

韩教授讲到领导力要求具有战略眼光及能力，我理解就是哲学思维全面性和全局性的特征。你的思想力必须由点变成面，必须超越局部，只有对全局的、中长期的问题有一种规划能力，才有实现的能力。

韩教授讲到领导力是道德高地，是规范的力量。我理解这部分讲的是理想和信念的问题。为什么在看似根本不可能实现中国革命目标的时候，能留下来几百人决定要夺取全国政权，这不是开玩笑吗？但他们就是有这么一种信念和理想。习近平同志最近讲的就是人民有信仰，民族有希望，国家有力量。

韩教授讲到领导力就是提升力。我在琢磨，他实际上讲的是对第二个概括性和丰富性的一种提升，就是哲学思维对我们正反两方面的经验和教训有一种提炼能力。不要只是停留在经验和教训这个层面，要把感性转化成理性，把浅层次的理性转化成深层次的理性，这样就有一种提升的力量。

韩教授还讲到领导力就是统筹协调的能力，我认为哲学思维可以使领导干部善于异中求同，从非此即彼、非长即亡这种思维中走出来。我们做工作，是在一个伟大的旗帜下为了一个辉煌的目标去奋斗，是化干戈为玉帛，化对立为合力。韩教授最后讲到领导力就是影响力和感召力。我认为他讲的是人格的魅力，是一种榜样的力量。

在第四部分，韩教授回答了为什么转型时期更需要哲学，以及如何学习哲学等问题。他引用了李瑞环同志的那句名言，“哲学是明白学、智慧学”。你碰到的问题越困难，越复杂，哲学的效用就越神奇；你的地位越高，场面越大，哲学的作用就越大。所以，越是责任重大、情况复杂、因素多变、道路曲折，越是要坚持用哲学的世界观和方法论来应对它、驾驭它、化解它，于是哲学就有了用武之地，困难和问题就找到了解决的锐利武器。我认为这就是哲学思维和领导力的内在联系，也是韩教授告诉我们的哲学的真谛，让我们再次感谢韩教授！

中东大乱局与中国应对

（2015 年第 5 期　李绍先主讲）

郝振省（开场）：今天是 2015 年第 5 期，总排序第 73 期中央和国家机关“强素质·作表率”读书活动主题讲坛。今天为大家特别邀请的主讲嘉宾是中国国际关系研究院原副院长、研究员、博士生导师李绍先先生，大家欢迎他！

很多人已经通过电视镜头熟悉了李绍先先生。李绍先先生现任宁夏大学中国阿拉伯研究院院长，中央电视台国际问题顾问、特约评论员，中国中东协会副会长，他是我国中东问题的著名研究专家，由他来主讲“中东大乱局与中国应对”可以说是再合适不过的选择。配合今天的讲座，今天赠送给各位的书是《李绍先眼中的阿拉伯人》。关于本书有一个小插曲，李绍先教授这本书是十几年前写的，读书活动办公室的同志在和他接触的过程中，建议他对这本书进行修订和补充，在时间紧、要求高、任务重的情况下，李绍先院长愉快地接受了我们的建议，和出版社的同志一起加班加点、保质保量，终于赶在本期主题讲坛之前，让这本书出版问市，放到各位的面前。

今天国家新闻出版广电总局的领导和相关部委的负责同志和往常一样，继续与大家一道来聆听嘉宾的演讲。我们举办这次主题讲坛，主要是想为同志们增加关于中东问题的知识，为同志们应对“一带一路”的建设提供些帮助。中东问题由来已久，可以说它牵扯着世界的敏感神经。好多同志不仅对其乱局背后的原因说不清楚，而且看媒体上中东问题的新闻也不容易理出头绪来。中央提出“一带一路”倡议，要求我们司处级的负责同志，有必要把握乱局中的矛盾关系，增加应对的主动性、科学性，这就使李院长的主题演讲显得特别有针对性，让我们用热烈的掌声欢迎李院长演讲！

郝振省（总结）：我简单做一个小结，帮着大家梳理一下，第一个板块李院长给我们作了一个铺垫。一个是中东概况，一个是中国的三大利益：能源问题，市场问题和安全问题。着重是第二、第三、第四个板块。关于复杂的中东局势，李院长给我们抽出三条线。第一条主线，是“伊斯兰国”的异军突起、乱中做大。第二条主线他讲的是两伊战争及其结构。第三条主线，就是“阿拉伯之春”产生了普遍消极的后果。这既是西方所谓的民主输入的结果，又是西方不择手段干预的产物。

李院长告诉我们，构成中东乱局的这几条主线，既有中东国家自身的原因，更有来自以美国为首的西方的外部干预。

第五个板块，李院长给我们讲了“一带一路”下中国对中东乱局的应对，讲到中国的利益需求。我认为实际上在讲我们要借助古代丝绸之路的历史符号，高举和平发展的旗帜，打造政治互信、经济融合、文化包容的利益共同体、命运共同体、责任共同体，我们对这样的共同体充满信心。

李院长的讲座，既有厚重的历史又有严峻的现实，既有严肃的结论又有身临其境的感觉，既有对多方冲突的剖析又有对未来形势的预测，更有关于中国应对的智慧的见解。可以说他今天奉献给我们各位一席关于中东问题的丰盛的知识盛宴。让我们再一次对李院长的精彩的演讲表示衷心的感谢！

新媒体时代的传播与社会

（2015年第6期　尹鸿主讲）

郝振省（开场）：今天是2015年第6期，总排序第74期中央和国家机关“强素质·作表率”读书活动主题讲坛。今天为大家特别邀请的主讲嘉宾是尹鸿教授，大家欢迎他！尹鸿教授是中国文艺评论家协会副主席、中国电影家协会理论评论委员会会长、中国传媒经济与管理研究会副会长，中央电视台、中国出版集团等多家传媒机构顾问，也是诸多新闻与传播学学术刊物的编委。今天的主题是“新媒体时代的传播与社会”。

同志们，我们设计这次主题讲坛主要有两方面的考虑：一方面，互联网全面渗入到我们的社会与生活、经济与社会、理论与实践中。我们的生活离不开互联网、工作离不开互联网、语言离不开互联网、出行离不开互联网，不仅是离不开，互联网实际上已经构成了我们生活、工作、语言、出行的一部分，说它是我们身体中最重要的一个新器官也并不过分。从宏观层面来讲，我们正在进行5A级的建设，不论其融合的程度深浅，困难的多少，都离不开新媒体，离不开互联网。当然，互联网也因此风生水起、如火如荼、不可一世。另一方面，我们对于互联网，对于新媒体的了解和掌控，实事求是地讲，还处于知之甚少，知之较浅，甚至是比较凌乱的状态，是一种严重不平衡的状态。除了少数专家精英引领互联网应用发展之外，绝大多数人，包括我们在座的不少同志在内，对于互联网的认识还没有进入到自由王国的境界。虽然我们都被裹进了互联网的潮流里，自觉不自觉地使用着互联网工具，甚至在高频率地进行手机换代，但是我们对互联网的由来与发展、现象与本质、规律与应对仍处在一种比较盲目的状态，一种感性有余，理性不足的状态。运用互联网知识时，缺乏一种系统化的整理和理论化的挖掘，所以我们要正视这种反差，一方面需求很强烈，一方面知识上有很大的缺口，这种落差彰显了我们的不足。让我们用热烈的掌声欢迎尹鸿教授演讲！

郝振省（总结）：朋友们，按照主题讲坛的惯例，我现在总结、梳理一下今天尹鸿教授的讲座。时代的性质往往会影响到这个时代的方方面面，会影响这个时代所有的空间和时间，所以他在第一个板块就把我们从工业时代带到了信息时代，而这个信息时代是以互联网为代表的信息时代，在这个时代，媒介就是力量。

第二个板块，尹教授讲到互联网与新媒体，在时代背景、时代判断的基础上对它基本的特点进行归纳和分析。讲到“点对点”对“点对面”的超越，网状传播对线性传播的超越，泛传播对有限传播的超越。还讲了一系列的效应和概念，比如“再部落化”等问题。这些对基本特点的分析使我们比较容易把握移动互联网这个事物发展的概貌。这里面有一个重要的方法启示，就是我们对一个事物无从下手的时候，可以分析它的特点。

第三个板块，讲的是互联网的发展与普及。我认为这个板块为第一个板块关于时代的判断提供了论据支持，也是在基本特点描述的基础上对新媒体、互联网进行整体描述，这种整体描述显示了互联网作为新兴生产力的不可抗拒性和社会生活对它的全面的依赖性。

第四个板块，他讲到“互联网＋”和“＋互联网”的问题。他在对基本特点作整体描述的基础上讲互联网不只是工具和载体，它是一种基因，更是一种生态环境，这是对互联网新媒体的一种更本质的判断。而“＋互联网”就意味着智能工业发展的前景，这种智能工业实际上是我们对它的本质和它的基因的预测的必然发展。

第五个板块，讲到了互联网思维对我们目前条块化媒体的信息主导地位的变化有一种担忧。

第六个板块，讲的是互联网信息传播规律，很有逻辑思维。互联网信息传播规律就是它的高度透明和技术扩散、它的统治势力与权利分散、它的相生相克和相辅相成，使我们对互联网的介入和使用更加理性，更加从容。

第七个板块使我们了解在认识规律以后应该怎样更好地掌握信息主动权，怎样更好地掌握管理技巧，让互联网和新媒体为我们服务。

同志们，尹鸿教授利用这短短的两小时给我们把互联网的脉络梳理了一下，为我们理出了认识互联网、研究互联网、驾驭互联网的路线图，对我们借助互联网做好工作，化解危机，引领舆论，推动发展等方面都有十分重要的启发。而且尹教授还提出了一些值得我们继续讨论、继续研究的问题，例如一些政策及其合理性，我们在座的同志有责任、有义务来思考这些问题。可以说尹教授的演讲是胸有成竹、娓娓道来的，他的逻辑是严密的，分析是深入的，表达是优雅的，让我们再一次对尹教授的演讲表示感谢！

南京大屠杀的真相与思考

（2015 年第 7 期　何建明主讲）

郝振省（开场）：今天是 2015 年第 7 期，总排序第 75 期中央和国家机关“强素质·作表率”读书活动主题讲坛。今天为大家特别邀请的主讲嘉宾是我国著名的报告文学作家、中国作协副主席、作协党组成员何建明同志，大家欢迎他！

何建明副主席主讲的题目是“南京大屠杀的真相与思考”，同时赠送给各位的这本厚厚的图书，是何建明副主席的十分厚重，也十分沉重的作品《南京大屠杀全纪实》。今天国家新闻出版广电总局党组成员、副局长孙寿山同志，党组成员、副局长吴尚之同志和相关部门的负责同志，与大家一块来聆听何建明副主席的演讲，和我们一起来回顾和了解中华民族这一段惨痛的历史，有着特殊的意义。我们在“七七”事变纪念日刚过，在纪念抗日战争胜利和二战胜利大阅兵即将到来之际，请大作家主讲这样的主题，推荐这样一本书，确实有我们的考虑。

考虑之一：南京大屠杀是一页惨痛的、绝不可以忘记的历史，但是很多人了解的关于南京大屠杀的信息还是片断的、零乱的、分散的，我们关于南京大屠杀的原因的追溯也往往是表面的、浅层次的、单向的。那么在今年这个特殊的时间点，我们确实有必要对日本军国主义分子一手策划和实施的这场反人类的血腥屠杀，有全方位的了解和深层次的分析，否则起不到前车之鉴、后事之师的效果。

考虑之二：对于南京大屠杀这场民族悲剧，不应该仅仅停留在不忘记日本军国主义分子惨无人道、血腥暴行的民族仇恨的层面；不应该仅仅停留在声讨和控诉日本军国主义的滔天罪行的层面。我们应该对我们的民族进行深刻的反思：对于这场民族惨剧、战争浩劫，从我们自身来看，有没有值得汲取的教训呢？应该有。昨天晚上我将这本《南京大屠杀全纪实》读完，今天见到建明同志，我说我非常压抑。

那么，那场惨剧的情况、我们应该进行的思考等等，这些都是何建明副主席今天要告诉大家的，让我们以热烈的掌声，欢迎他来为我们演讲。

郝振省（总结）：下面我按照主题讲坛的惯例，总结一下今天何建明副主席的讲座。在讲座中，何建明副主席通过南京大屠杀前的情况，南京大屠杀中间的情况，以及南京大屠杀之后的“十问国人”，给我们展现了他《南京大屠杀全纪实》一书里面的主要框架以及一些重要的案例和数据。我觉得今天不需要按照板块梳理它，而是可以形成三种认识。

第一，对日本军国主义再认识的问题。日本军国主义由来已久、罪孽深重。日本从一开始就是个不安分的民族。因为日本国土狭小、资源匮乏，所以必须要通过侵略来进行扩张。想要侵略就必须奉行强盗逻辑，每次总要找一些莫须有的罪名来强加于别人；而且日本人力不足、兵源欠缺，也让日本侵略者对自己的使命性、残忍性有一种特殊的看法。因为他们面对的是一个拥有几千年文明史及数亿民众的偌大的民族，所以说自卑心理加上阴毒的性格导致他们在中国大开杀戒。所以刚才何建明副主席讲，我们对日本军国主义本质的研究不够深入。

第二，对国民党蒋介石及对蒋介石集团的再认识。何建明副主席评价，抗战初期蒋介石集团还算比较努力，一些国军将领英勇抗战，不怕流血。但是蒋介石一直主张“攘外必先安内”的政策，在对南京是守还是弃的战略方向上，他举棋不定，心存幻想，等到日军兵临城下，才惊慌失措，胡乱决策。更可恨的是，他没有对南京的几十万民众负责，率先逃离。我们是要记住他们在抗战中的积极方面，但是那些惨痛的教训更不能忘记。

第三，对于我们民族在大屠杀中的表现，以及大屠杀后的表现的问题，也值得我们来拷问自己。在这次事件中，领袖集团的投机心理、自相矛盾的决策，让军队毫无章法、逃亡性撤退，都让人倍感压抑。十多万军人被俘后，除了苟且偷生，很少看到中间有那种不畏强暴、铮铮铁骨的形象。由此可见，我们关于核心价值观的教育是多么的必要和紧迫，建立核心价值观的任务是多么的艰巨和沉重！由此也看到，面对日本军国主义阴魂不散的事实，面对日本军国主义的本质，我们由被动变为主动，从根本上、从长远角度来进行策划设计是多么必要和紧迫！

总之，今天何建明副主席告诉了我们关于南京大屠杀的太多的东西，也告诉了我们关于南京大屠杀以外的很多东西。让我们再次感谢他，感谢他给我们上了这么难忘的一课！

南水北调：资源配置的实践

（2015 年第 8 期　鄂竞平主讲）

郝振省（开场）： 今天是中央和国家机关“强素质·作表率”读书活动主题讲坛 2015 年第 8 期，总排序第 76 期。今天我们为大家特别邀请的主讲嘉宾是中共中央候补委员，国务院南水北调工程建设委员会办公室党组书记、主任鄂竞平同志。大家欢迎他！

鄂竞平主任从 19 岁起，就和我国的水利事业结下了不解之缘，他长期工作在我国的水利战线上，先后担任海河水利委员会主任、黄河水利委员会主任，水利部副部长、党组副书记，国家防汛抗旱总指挥部副总指挥，现在任国务院南水北调工程建设委员会办公室党组书记、主任。由他来讲南水北调问题再合适不过。

南水北调方面的知识对于我们中央和国家机关的干部来说是非常必要的。这项由毛泽东主席提出的宏伟设想，论证了 50 年，建设了 12 年，是世界上最大规模的调水工程，涉及我们党和国家的若干部门，所以需要我们中央和国家机关的同志了解这一工程的意义、背景、地位和作用，它的历史和现实，包括它的未来规划。鄂竞平主任向来低调，其他的讲坛邀请他做讲座，他都婉言谢绝。但今天的中央和国家机关“强素质·作表率”读书活动，他欣然接受了邀请。让我们用掌声有请鄂竞平主任开讲。

郝振省（总结）： 下面我们对今天鄂主任的主题演讲，做一下简单梳理。第一个问题，鄂主任讲到了南水北调工程的定位，讲到了三条调水线，一个是东线，一个是中线，一个是西线，还讲到四横三纵，南北调配，东西互济的总格局。这一部分他讲了一些有关南水北调工程的技术性概念，以及南水北调的内涵和外延。鄂主任还讲到了南水北调供水的空间、供水的人口、供水的领域，强调了它的战略性。随后他还讲到生命对水的依赖，生产对水的依赖、生态对水的依赖。南水北调工程的技术性、战略性和基础性表明，这一工程对我国的国计民生，有着根本性、全局性、长期性，甚至是永久性的影响。这是南水北调工程的本质性特征。

第二个问题，鄂主任讲到为什么一定要修建南水北调工程。从历史地域来看，我国的水资源分布极不平衡，南多北少，这是我们无法回避的严峻国情。这些年来，随着我国经济的快速发展，水资源的过度开发利用，水环境的破坏和失衡，又大大加剧了这一状况。这是一个十分尖锐的矛盾，社会经济不快速发展，我们的国计民生将受到严重的遏制，优越性体现不出来；要快速发展的话，水资源是一个瓶颈性的问题，严重地困扰着我们。而南水北调工程又是牵一发而动全身，所以我们要理解，为什么从毛泽东提出南水北调的宏伟构想，到南水北调工程规划的真正实施，要经过半个世纪。

第三个问题，鄂主任讲到了南水北调工程的修建过程。既包括它的技术因素、技术成就，也包括它的精神因素、精神成就。像丹江口水库大坝超常的加宽加固、超常容量的扩大，它的技术难题是我们难以想象的。在东线，我们建成了世界上大型泵站数量最集中的现代化泵站群。特别是鄂主任讲到了质量保障体系以及几十万移民的安置，还有3500多家污染企业的关停，沿线居民的响应和支持等。

所有这些都说明了，在中国共产党领导之下，什么样的人间奇迹都可以创造出来，南水北调工程就是一个人间奇迹。应该说今天鄂主任的演讲中透着一股内在的力量，有一种国家的气场。虽然鄂主任的语言朴素，但声情并茂；语调不高，但铿锵有力。他给我们介绍了许多关于南水北调的知识、困难、结论和思想，使我们情不自禁地对南水北调工程伟大的建设者们由衷地生发出崇高的敬意。

让我们再次感谢鄂主任带给我们这一堂厚重、深刻、精彩、富有感染力的主题演讲，谢谢他。

全民抗战是百年沉沦中的民族觉醒

（2015 年第 9 期　金一南主讲）

郝振省（开场）：今天是 2015 年第 9 期，总排序第 77 期中央和国家机关“强素质·作表率”读书活动主题讲坛。今天我们为大家特别邀请的主讲嘉宾是国防大学战略研究所所长，少将，博士生导师金一南教授，大家欢迎他！

金教授是第三次登上中央和国家机关“强素质·作表率”读书活动主题讲坛。到今天为止，有此经历者唯金教授一人。今天，国家新闻出版广电总局的领导同志，还有相关部委的负责同志和大家一起聆听金一南将军的演讲，我们对领导和同志们的到来表示感谢。

7 月的主题讲坛，我们邀请了作家协会何建明副主席讲“南京大屠杀的真相与思考”。那么，请金教授来讲抗战这个主题还有没有必要？回答是肯定的。我们认为，抗日战争这个事件，这段历史，对我们国家和民族来讲太重要了，是生死存亡之攸关。

对于中国共产党来讲，当时也非常不容易。我们党当时刚刚经历了国民党反动派的围追堵截，无数同志、战友牺牲。在这个时候，我们党要忍着悲痛和蒋介石建立民族统一战线。而且建立统一战线之后，还要在蒋介石的限共、防共的阴谋行动当中来团结他，共同抗战。

对于我们中央和国家机关的公务员来讲，不能对抗日战争只有一般性了解和一般性知识，应该具有大尺度、宽视野、深理性、长距离的认识和把握。比如，今天要讲到抗日战争的起点从什么时候算起？日本亡国之心的源头在哪里？为什么说共产党是敌后战场，国民党是正面战场？中流砥柱的评论能不能站住脚？东方主战场的判断有坚实的根据吗？对这些问题的所有思考和回答就构成了今天我们请金一南教授做演讲嘉宾的充分必要性。现在，让我们再次以热烈的掌声欢迎金教授开讲！

郝振省（总结）：下面我按照主题讲坛的惯例，做一个小结。今天听了金一南教授的讲座，使我们对许多问题有了新的看法和感觉。特别对日本人的处心积虑的侵略行为感到震惊，因为我们以前觉得他们就是一群贪得无厌的侵略者，但是听了金教授对土肥原贤二、冈村宁次等人的研究，他们的这种算计让人警醒。同时，对中华民族中存在那么多的汉奸和叛徒，我们也感到一种深深的不安和惭愧。当然，我们有对全面抗战胜利的自豪和自信。

从金教授的演讲里面，我想归纳两个问题。

第一，中流砥柱问题。根据金教授给我们讲的这些情况，我们进一步认识到，中国共产党及其领导的八路军、新四军、抗日联军的确是抗击日本帝国主义侵略的中流砥柱。中流砥柱不是一个数值的概念，而是绝不屈服的决心。共产党人是绝不会投降的。我们中华民族有一往无前的精神，有同我们的敌人斗争到底的气概。中国共产党人就体现了这种精神气概。

第二，民族觉醒问题。百年沉沦是因为没有觉醒，为了民族的觉醒，多少志士仁人赴汤蹈火、前仆后继，经过不懈的努力，付出了血的代价。但是，一直到五四运动以后，中国共产党的成立才使这种觉醒发生了质的变化与升华。中国共产党以他的宗旨、他的理论和实践唤起了中华民族的觉醒，唤起了整个民族和民众的觉醒。中国共产党组织起浩浩荡荡的革命军，运用人民战争的法宝，造成了陷敌于灭顶之灾的汪洋大海，所以抗日战争的胜利是必然的，是无可阻挡的。

今天，我们能否把这种民族觉醒有效地转化成理论自信、制度自信、道路自信、文化自信，是值得我们在座的各位思考和践行的。我们如何汲取金教授讲到的集团性的人格沉沦的教训？我们该如何珍惜已有的民族觉醒？要求我们做出自己的回答。

金教授的研究功力、历史厚度、理论深度和讲演风采都征服了大家，让我们再次以热烈的掌声感谢金教授。

认识中国经济新常态

（2015 年第 10 期　李扬主讲）

郝振省（开场）：今天是 2015 年第 10 期，总排序第 78 期中央和国家机关“强素质·作表率”读书活动主题讲坛。今天我们为大家特别邀请的主讲嘉宾是中国社会科学院学部委员，国际欧亚科学院院士，国家金融与发展实验室理事长李扬教授，大家欢迎他！

今天李扬教授主讲的题目是“认识中国经济新常态”，配合这个主讲题目，赠送给各位的是李扬教授与他的同事合著的新作《论新常态》。今天，国家新闻出版广电总局的领导和相关部委的负责同志与大家一起，一如既往地聆听主题演讲，我们对领导和同志们的到来表示感谢。

我们选择请李扬教授主讲这个题目，主要是考虑到“强素质·作表率”读书活动主题讲坛中经济方面的内容安排得少了一点，还有马上就要召开的中央全会，要研究“十三五”规划，描绘新的经济社会发展的宏伟蓝图。另外，与其他领域比较，我们对经济学理论知识的了解相对还是比较少。

我们今天请李扬教授主讲，是要帮助同志们搞清楚三个问题：一是什么是新常态。我们都在说新常态，但是对这个问题的理解还有差距。二是在新常态的背景下，国内的经济形势究竟是什么状态。三是在全面改革开放的战略总布局的前提下，我们不仅应该对国内经济形势心中有数，而且应该对国际的经济形势和动态有一个基本的把握和了解，以便于我们审时度势，运筹帷幄，更好地运用两种资源，扩展两个市场。相信李扬教授的学识和科研成果，能够给大家提供高质量的滋养。让我们用热烈的掌声欢迎李教授开讲。

郝振省（总结）：李扬教授今天所讲的主要的内容和启示，为我们阅读《论新常态》提供了一个很好的指导。我和大家一样非常投入，尤其是后面讲到高层的一些见解，非常有价值。今天我也简单做一个小结，为大家能够理解李院长的思路提供帮助。

今天我们可以用“五性”来理解李院长今天的演讲：差异性、客观性、复杂性、特殊性和可行性。“差异性”就是西方的新常态理念与中国的新常态的内涵和外延有着本质的差异。国际上，西方社会讲新常态意味着弱复苏、慢增长、低就业、高风险等特征，甚至意味着无奈和恐惧，而我们讲新常态意味着速度变化、结构优化、动力转化，意味着中国经济新常态的决心。“客观性”主要是根据国际上比较公认的经济发展长周期的理论。中国现在处在第五个周期的下行阶段，这种新常态带有某种客观性，不以人的意志所转移。“复杂性”是指这种客观性的表现比较复杂，发展方式与结构的严重扭曲，超常规的调控顾此失彼，经济危机和债务危机的频繁发生，主要的经济体处在长期停滞的状态，所以主要的经济组织对经济预测不断下调。“特殊性”是与国际上的新常态相比较，中国经济新常态的主要特征是结构性的减速，这种结构性的减速包含着向形态更高级、分工更细致、结构更合理的阶段演化的积极内容，这种积极内容的实践，既要求我们承认经济长周期的客观性，同时也要充分地发挥国家和企业的主观能动性。最后一点讲的“可行性”，就是引领新常态特殊性的落地问题，未来经济发展的走向问题。李教授讲得非常好，要求我们投资主体、投资方式、投资领域相应转型；要求创新机制的市场推动，摒弃政府比市场、比企业更高明的理念；要求我们构筑自贸区和“一带一路”的对外开放的新格局；要求我们向生态的改善，寻求生产力的发展空间；要求我们就包容性的增长制定针对性对策。总之，经济新常态既给我们提出了严峻的挑战、难得的机遇，又给我们提出了艰巨的任务和美好的前景，关键是我们能不能审时度势，有所作为，大有作为。

今天李教授在短短两个多小时的时间里，给我们讲述了关于中国经济新常态和中国经济新常态的渊源、本质、现象、困难、希望，讲到了工业革命和农业时代的根本差别，讲到了三种利益变动与实体经济相关的关系。可以说，为我们认识新常态、适应新常态、引领新常态、落实经济大逻辑提供了非常重要的思想。最后让我们用热烈的掌声再次感谢李教授的精彩演讲！

故宫的世界　世界的故宫

（2015 年第 11 期　单霁翔主讲）

郝振省（开场）： 今天是 2015 年第 11 期，总排序第 79 期中央和国家机关“强素质·作表率”读书活动主题讲坛。我们给大家特别邀请到的主讲嘉宾单霁翔同志是国家文物局原局长，现任故宫博物院院长。单院长是第十届、第十一届、第十二届全国政协委员，现在还担任中国文物协会的会长，由他来主讲故宫的故事，应该说非常权威。

选这个专题，并请单院长来主讲，还为各位配发了《故宫史话》一书，我们有两点考虑：第一，贯彻党的十八届五中全会精神。十八届五中全会专门讲到要建设优秀传统文化传承体系，要保护好文物遗产，要启动中华典籍的整理工程，这些都和我们的故宫有直接的关联。第二，不少同志反映我们对故宫既了解又不太了解，对“故宫”这两个字很熟悉，但是对故宫深刻的历史渊源和其背后巨大的知识系统了解并不是很多。我们可能都去过故宫，但对故宫有比较全面的知识、比较系统的了解的人还比较少。同志们，作为中央和国家机关的干部，我们应当了解故宫 600 年的历史变迁和在其中发生的重要历史事件；了解故宫对中国历史、对中华民族的意义，了解故宫在当今世界文化中的地位。这些对我们十分重要。

今天国家新闻出版广电总局的领导同志，以及有关方面的负责同志，也来与大家一起聆听单院长的主题演讲。让我们用热烈的掌声欢迎单院长演讲。

郝振省（总结）： 听了单院长两个多小时的演讲，我将今天的讲座梳理一下。

我认为一共需要注意三个问题：一是理解作为皇权象征的故宫。二是理解作为典藏珍宝的故宫。三是理解作为文化宝库的故宫。我们听了单院长的演讲，觉得这其中很不容易、很不简单。第一，单院长讲到故宫经历了明清两代，共有24位皇帝在此居住和办公，虽然在这方面没有展开，但是故宫，首先是皇权的象征，可以说是封建统治阶级意志的物化；太和殿、保和殿的庄严和森严，显示着封建帝王至高无上的威严。我认为庄严、森严和威严的交互、叠加作用，使得晋见皇帝的臣子无不战战兢兢、俯首听命。那么大的故宫，主线是三大殿，文华殿和武英殿作为两侧，然后是后宫，再就是一个非常有气势的紫禁城的城垣，显示着中央王朝的实力。

第二，单院长讲到作为典藏珍宝的故宫。在封建社会“普天之下，莫非王土，率土之滨，莫非王臣”，封建帝王对社会和民间珍宝大肆搜刮和掠夺，官员对百姓巧取豪夺，然后孝敬朝廷。但在客观上，他们把中华民族的精神文化和物质文化精华最大限度地集中起来。单院长讲得很有底气，故宫的文物珍宝浩如烟海，不胜枚举，让我们听了特别振奋，这些都是中华民族智慧的结晶。

第三，单院长讲到作为文化宝库的故宫。故宫学院、故宫研究院、故宫出版社，包括数字故宫，合力营造文化的故宫。我们完全可以从这里面获取很多重要的文化滋养、文化自信，充实我们的理论自信、道路自信、制度自信，把我们的国家建设得更好，把文化建设的内力发挥得更加充分。

今天单院长的讲座举重若轻，娓娓道来，诙谐幽默，情趣横生，无论是申报项目，故宫古建筑的改造，还是数字方式的开拓，都充满着智慧和故事。我提议，让我们再次以热烈的掌声向单院长表示衷心的感谢。

毛泽东的战略领导智慧和决策风格

（2015 年第 12 期　陈晋主讲）

郝振省（开场）：今天是 2015 年第 12 期，总排序第 80 期中央和国家机关“强素质·作表率”读书活动主题讲坛。我们为大家邀请到了中央文献研究室副主任、研究员陈晋同志作为今天的主讲嘉宾，大家欢迎他。

陈晋同志现在还担任中国中共文献研究会副会长、全国毛泽东文艺思想研究会会长、中国毛泽东诗词研究会会长等职务。他从 20 世纪 80 年代以来一直从事毛泽东等党的领袖人物、党的文献和党的历史研究，出版了多部专著。陈晋同志和我们讲坛有一个特别的渊源，我们“强素质·作表率”读书活动主题讲坛第一讲就是陈晋同志开局的。今天是第 80 讲，所以说今天这一讲无论是对陈晋同志本人，还是对我们主题讲坛的同志们，都有一番特别的纪念意义。今天他主讲的题目是“毛泽东的战略领导智慧和决策风格”，同时赠送给各位的是他的一本著作《读毛泽东札记》。

请陈晋主任讲这个题目，并送大家这本书，主要有两点考虑：一点就是为了纪念毛泽东同志诞辰。我们今后会在每年的 12 月，请大家来讲毛泽东同志。毛泽东同志和他的战友们缔造了中国共产党，缔造了人民军队，缔造了人民共和国，他和他的战友们所建树的丰功伟绩将永远镌刻在历史的丰碑上。作为马克思主义中国化的精华，毛泽东思想是中国共产党人弥足珍贵、用之不竭的巨大财富。作为后来人我们有责任通过这样的方式来纪念毛泽东同志和继承毛泽东思想。

另外一点是，我们今天不是一般地纪念和继承毛泽东思想，而是选取了一个十分重要的角度，讲述毛泽东同志的战略领导智慧和他的战略决策风格。他的战略智慧是无与伦比的，他的战略决策的风格可以说是独具一格的。在一定意义上说，毛泽东的文韬武略，文治武功曾几度使党和军队、党和国家转危为安，转败为胜。他的战略思想和战略智慧在世界范围内都有重要影响。

让我们以热烈的掌声欢迎陈晋同志开讲。

郝振省（总结）：下面由我来简单梳理、总结陈晋主任演讲的主要思想。我觉得我们可以从三个方面来领会他演讲的主题。

第一点，毛泽东同志的战略决策与他的不朽功勋之间有什么关系，战略思想、战略思维在毛泽东思想整个体系中处于什么地位。陈晋主任告诉我们，有关毛泽东无产阶级战略家的评价，把毛泽东对中华民族的历史作用，对世界历史进程的推动作用与我们党和军队其他领导人区分开来。当然，毛泽东的战略决策也离不开其他领导人的辅佐和相助。推而论之，战略思想在毛泽东整个思想中也应该占有极为重要的位置。这时候可以借用邓小平同志的一句话，“没有毛泽东同志的战略实践和他的战略思想，我们至今可能还在黑暗中摸索”。

第二点，我们究竟如何来把握毛泽东思想的内涵和外延。陈晋主任一开始就讲到了“两个方面”和“三个思维”。在横向上要处理好各个方面的问题，纵向上要处理各个阶段的关系。三个方面的思维包括全局性思维、发展性思维和对抗性思维，这是内涵方面。外延方面陈晋主任讲了七八个方面，我简单地梳理一下：能够动员起整个战略力量的战略目标，抓住主要矛盾的战略转变，做出循序渐进和阶段明显的战略部署，小抓手推动大战略的战略技巧，包含历史自觉、思想自觉和行动自觉的战略自觉，强化了他的领袖魅力的战略权威等等。

第三点，就是探索毛泽东战略智慧和决策风格形成的内在原因。第一条，“一把手”与全局观的问题，处在高层或者最高层的一把手的位置，客观上向领导者提出了具有全局观和战略思维的要求，甚至是非常严峻和严格的要求。毛泽东同志显然具有这种底气和中国革命的特殊力量。第二条，毛泽东是军人政治家和政治家军人。战略和战略家不限于陈主任讲的战役和战局等军事范畴，还有巨大的政治因素，就是毛泽东讲到的战争是政治的继续，政治是不流血的战争。第三条，毛泽东是战略家又是文化人。陈主任讲了这么多，实际上是在讲战略家需要浓厚的文化元素的滋养，诗人的激情和想象有助于他的战略构想，散文家的文笔有助于他的战略发动，历史性的智慧有助于他的战略借鉴，哲学家的修炼有助于他在泰山压顶面前的战略坚定和战略调整，这是毛泽东同志的决策风格。战略思想的形成历经磨难，毛泽东善于将磨难和逆境转化成财富，将错误和挫折转化为聪明起来的营养。陈晋主任以他研究毛泽东和毛泽东思想的最新成果，比较系统、集中地讲述了毛泽东同志伟大的战略实践和深邃的战略思想、战略思维。可以说，他的研究底蕴深厚、理论透彻，他的演讲娓娓道来，富有感染力和影响力。让我们再一次对陈晋主任表示真诚的、深深的感谢！

2016年郝振省主持词选编

基础与动力：协商民主何以在中国成长（2016年第1期　林尚立主讲）

虚拟现实+（2016年第2期　赵沁平主讲）

科学与人文（2016年第3期　吴国盛主讲）

白天走干讲　晚上读写想（2016年第4期　叶小文主讲）

生命与文学（2016年第5期　刘庆邦主讲）

当前国际形势与党的对外工作（2016年第6期　栾建章主讲）

审美品质与创造性思维（2016年第7期　曹意强主讲）

长征——中国革命的柳暗花明（2016年第8期　徐焰主讲）

中国与G20和全球治理（2016年第9期　何亚非主讲）

新形势下民族宗教工作的坚持与创新（2016年第10期　朱维群主讲）

哲学与时代问题的解决：以北宋道学为核心（2016年第11期　杨立华主讲）

我国的农村改革与发展（2016年第12期　陈锡文主讲）

基础与动力：协商民主何以在中国成长

（2016 年第 1 期　林尚立主讲）

郝振省（开场）：今天是 2016 年第 1 期，总排序第 81 期中央和国家机关“强素质·作表率”读书活动主题讲坛。我们为大家邀请到了著名的政治学者林尚立教授，由他来主讲“基础与动力：协商民主何以在中国成长”这个题目。林尚立同志现为中国政治学会副会长、复旦大学副校长、复旦大学特聘教授，教育部长江学者。他主要从事政治学理论，比较政治与当代中国政治的研究，配合他今天的主题演讲，我们向各位赠送了他和同事合著的一本政治学著作——《中国协商民主的逻辑》，这本书也是读书活动去年的推荐图书之一。今天国家新闻出版广电总局、中央直属机关工委和中央国家机关工委领导将和大家一起聆听林教授的演讲。

2016 年年初，中共中央印发了《关于加强社会主义协商民主建设的意见》，这个意见明确提出继续重点加强政党协商、政府协商和政协协商，积极开展人大协商、人民团体的协商、基层协商，逐步探索社会组织的协商。中央和国家机关司处级领导干部处在重点加强政治协商和民主协商的位置上，而且在国家其他方面的各个渠道中，协商民主也负有重要责任，所以了解和研究协商民主问题很有必要，这个必要性就需要中央和国家机关司处级领导干部有认识上的自觉性和行动上的主动性，就更需要我们在理论上透彻理解。这就是今天向大家推荐这本书和特别邀请林尚立教授为大家就这个主题作演讲的初衷。

让我们用热烈的掌声欢迎林教授开讲。

郝振省（总结）：按照惯例我对林教授的主题演讲做一简要总结。林教授讲了三大部分：

第一部分，协商民主的概念，回答协商民主是什么的问题。他讲到个人的自由发展离不开特定的共同体或者社会；讲到任何形式的民主要真正成为人的自由和发展的保障，还要充分地考虑如何维系和协调；讲到个人难以脱离社会的发展，而从个体的自由发展来说，作为民主的本质就是人民做主，就是自我管理；讲到协商是民主的原生态，中国协商民主与西方的情况不同，中国有自身的民主发展逻辑，中国是从整体的聚合利益出发，形成党、国、军、民的架构，体现了主义的文明。把握住这几个点就可以把他讲的东西串联起来。

第二部分，协商民主契合现代中国。我认为这实际上是在讲中国协商民主的历史渊源和历史必然，中国确立协商民主制度的根据，比如党和国家，讲横向的根据，中央和地方的关系，讲纵向的根据。所谓的双重运动，其中讲到古老的帝国，就是从家天下开始兴起的，西方的民主是从基层到自治，到国家，是这样的路子。而从我国来讲，有特殊的情况。他的书里面讲到梁启超先生当时的无奈，其实是只考虑了民主用的问题，没有考虑民主体的问题。孙中山先生考虑了民主体的问题，但是没有找到实现的力量，或者说没有找准。只有到中国共产党诞生后才有了协商民主的主导力量。刚才讲到了，没有一个运作协商民主的主导力量是不行的。所以到这个时候才使备受压迫剥削的工农大众有了进行协商民主的初步自治，才使长期处于一盘散沙的中国民众有了进行协商民主的可能，才使不同阶级、不同阶层的人们在抗击外族入侵的大的旗帜下结成了广泛的统一战线，并有了进行协商民主的迫切要求。

第三部分，中国协商民主发展的动力。实际上是讲协商民主尽管有深厚的历史渊源和历史必然，但是这种历史必然性，还要靠党和国家领导人民充分发挥自己的主观能动性，才有可能得以实现。你的渊源很好，必然性也存在，但是没有主观能动性的充分发挥也是不行的。理想境界的实现还需要付出和长期的努力。林教授讲到，一方面人民民主的政权，要求协商民主和选举民主并列成为民主的重要形式，成为科学决策的环节、提高决策能力的重要途径；另一方面，合理完善的协商民主体系又反过来成为人民民主政权的强有力支撑。他又讲到，一方面民主集中制必须借助协商民主的方式才能实现；另一方面，协商民主只有在民主集中制下才能发挥作用。他还特别讲到了市场经济把单位人变成了社会人，把一元化存在变成多元化存在，把单一的组织变成了多层级的组织，这实际上为协商民主发挥作用提供了广阔的舞台。

总之，林教授以他深厚的政治学学养和扎实的研究成果，加上严密的逻辑推理和强劲的表达能力，把协商民主这个很不好讲的问题，讲得深入浅出，引人入胜，这对于我们体会协商民主的制度优势，掌握协商民主的理论真谛，提高协商民主的领导力是非常有价值和帮助的。让我们再次用掌声对林教授的演讲表示衷心的感谢。

虚拟现实+

（2016年第2期　赵沁平主讲）

郝振省（开场）：同志们，朋友们，给大家拜一个晚年，再拜一个早节，明天就是元宵节了。今天是2016年第2期，总排序第82期中央和国家机关“强素质·作表率”读书活动主题讲坛，我们为大家邀请到的主讲嘉宾是中国工程院院士、中国科协副主席、北京航空航天大学教授、中国仿真学会理事长、虚拟现实技术与系统国家重点实验室主任赵沁平教授，大家欢迎他！赵沁平教授曾担任教育部副部长，长期从事计算机软件、虚拟现实技术等方向的科研工作，主持完成了国家自然科学基金，国家863计划、973计划，国家科技预研等二十余项国家科技重点计划项目。在我国，他最早开发建立了分布式的虚拟环境，他带领团队研制了实时三维图形平台，分布交互仿真应用程序运行平台等虚拟现实的基础软件，特别是他组织开发了战术指挥模拟训练系统、虚拟融合的飞机驾驶舱设计评估系统、机械装置拆装维护训练系统、北京奥运会开幕式节目创意仿真与流程监控系统、新中国成立60周年国庆阅兵方案三维推演和决策系统。他是国家虚拟现实技术的顶级领军人才。今天国家新闻出版广电总局党组成员、副局长孙寿山同志和吴尚之同志来到现场，和我们一起聆听赵教授的主题演讲。

今天赵教授演讲的题目是“虚拟现实+”，讲这个题目，一方面是考虑到虚拟现实技术在生活中出现得越来越多，包括今年地坛庙会上都挂了一个牌子，写着“虚拟现实”。但是我们对它并不清楚，如虚拟现实技术的内涵和外延，产生和发展的来龙去脉，虚拟现实技术如何影响我们的生产生活，及其未来的发展趋势，等等，都是我们需要了解的。在座的同志可能对虚拟现实技术及其应用还不十分了解，实际上在军事、医学、航空航天、智慧城市等诸多领域，虚拟现实技术大有用武之地。另一方面，从国家层面来讲，虚拟现实技术正在全面进入国家发展战略，成为各行各业科学发展新的信息技术支撑平台，“虚拟现实+”成为发展趋势。还要再说一句，从世界范围来看，虚拟现实技术已经成为国际竞争激烈的高科技领域，成为硬实力的重要内容，成为软实力的重要依托。赵教授曾说，虚拟现实与各行业的关系类似于数学和物理，将成为人难以区分的真实和虚拟两个世界，或者是虚实混合的新世界。现在让我们请赵教授给我们讲解虚拟现实的神奇和奥妙。欢迎赵教授！

郝振省（总结）：下面我代表在座的各位对赵沁平教授的主题演讲作简单梳理。

今天的演讲有三个要点。第一点，赵教授回答了什么是虚拟现实技术的问题。他一开始给了我们一个准确的定义，虚拟现实技术就是采用以计算机技术为核心的现代高科技手段，在特定的范围内生成逼真的视觉、听觉、触觉一体化的虚拟环境，用户借助必要的方式与虚拟环境的对象进行交互作用、相互影响，产生一种亲临真实环境的感受和体验。然后他讲到虚拟现实沉浸感、交互性、构想性的特征，讲到其进一步发展是加强性。我们是否可以将之理解为一种计算机与人之间“道高一尺，魔高一丈”的相互推进的关系，人发明了计算机（电脑），电脑是人脑的延伸和拓展，但是人并不满足于对人脑的延伸，也不满足于对视觉、听觉、触觉的延伸，而是要借助计算机，构建更丰富的触觉、视觉、听觉，甚至是味觉，因此虚拟现实就形成了。这反映了人类总是有所发现和发明，总要创造、前进的历史必然性，而这种必然性不限于一种产业，所以有了虚拟现实＋的方法论的价值和意义。这里面有哲学意义。人类认知世界，其感官会有局限，但是人类通过科技手段，可以实现无限性。从这个意义上讲，我们甚至可以说，关于真理的相对性是绝对的，关于真理的绝对性是相对的。

第二点，赵教授告诉我们虚拟现实技术有巨大的生产力效益，因为它使得我们对事物的认识和掌控更加精确化、更加纯粹化，最大限度地排除了那种自然性的风险。比如在未来做心脏手术，可以先不直接到人体上、动物上练习，而是通过虚拟手段练习，这就可以把手术风险降到最低。咱们过去说“真的假不了，假的真不了”，但是赵教授讲的虚拟现实技术却让人感觉“假的就是真的”。特别是虚拟现实技术在很多方面的应用，如军事、航天、医疗、非文化遗产保护方面。赵教授之前曾经介绍过，一架大飞机的研制有七千多个技术攻关小组，怎么防止他们撞车或减少撞车，怎么减少设计的误差量，都需要协调。完美的技术可以减少90%的误差量，可以缩短50%的生产周期，可以减少50%的生产成本。所以从这个角度讲，虚拟现实技术对于生产成本的节约，对于提高大型活动的精准度有很大的作用。

第三点，未来的发展趋势。赵教授讲到了虚拟现实的技术趋势、产业趋势，包括其重点领域。在技术趋势方面，我感觉赵教授讲的建模的问题、表现的问题、交互的问题，由于时间关系，并没有展开，但是技术趋势是肯定的。同时他讲到产业趋势，我记住一点，叫颠覆性技术、爆炸性产业。讲到重点领域，一个是国家科技发展战略，一个是大众的生活需求，这使在座的各位深切感觉到压力、自信、动力。压力就是我们在某些技术方面并不落后，但是从产业和企业的角度上看，则有很大的差距，虚拟现实技术研发公司更早、更多的是在发达国家。自信是在我国中长期科技发展纲要中也把虚拟现实技术放在重要的位置，我们对其的研发也有了一定的基础和规模。动力在于我们应该更加清醒地认识到，实现中华民族的科技复兴，虚拟现实技术是一个十分重大而又十分紧迫的领域。

赵教授作为我国虚拟现实技术研究领域的领军人物和带头人，他的演讲内容丰富，文理兼备，富有魅力，使我们享受了一次技术的盛宴、思想的盛宴。让我们再一次对赵教授丰富、精彩的演讲表示衷心的感谢。

科学与人文

（2016 年第 3 期　吴国盛主讲）

郝振省（开场）： 今天是 2016 年第 3 期，总排序第 83 期中央和国家机关“强素质·作表率”读书活动主题讲坛。我们为大家特别邀请到的主讲嘉宾是北京大学科学史与科学哲学研究中心主任、科学传播中心主任、中国辩证法研究会科学传播与科学教育专业委员会主任吴国盛教授。大家欢迎他！

吴国盛教授的主要研究领域在科学技术史、科学技术哲学、科学传播学等方面，他的主要著作有《技术哲学讲演录》《时间的观念》《希腊空间概念》《追溯自然》等，他撰写的《科学的历程》一书重印了几十次，是科普图书中的畅销书。最近他正在独自研究和撰写国家出版基金重要项目《世界科技通史》。

今天国家新闻出版广电总局的领导同志，与大家一起来聆听吴国盛教授的主题演讲，让我们表示欢迎。

这次是我们第二次请吴教授来，他第一次来讲的是 20 世纪科学发展的理论价值和现实价值，这次来讲“科学与人文”。我们邀请吴教授，希望他讲三个方面的内容。

第一，科学与人文是如何起源的，两者的差异性和共同性在什么地方，两者的关系应该呈现什么样的状态。

第二，在科学与人文的关系问题上，东西方的差别在哪里？差别的源头在哪里？差别造成的后果是什么？

第三，如果我们认真、准确地找到东西方在科学与人文方面存在差别的原因，东西方就可以相互借鉴，共享文明的成果。对于西方而言，中华民族博大精深的“和文化”，儒道释三教合一的文化观念，经济发展的特色路线特殊路径，恐怕有很大的借鉴意义。西方发达国家的科技创新、求异的思维氛围，包括在科研体制方面鼓励创新、保护创新的一些做法，对我们也不无借鉴意义。

以上三点是我们今天特别邀请吴国盛教授主讲这个题目的主要理由，让我们大家以热烈的掌声欢迎吴教授开讲。

郝振省（总结）：按照惯例我将今天吴教授讲的内容梳理一下。

我觉得今天吴教授的演讲给了我们三个方面的启示。第一，人的先天的缺失性决定了后天人性养成的必要性和必然性。这实际在说人的生物学的特征奠定了人本身的基础，人对生命意义的追寻，孕育了人类的人文大厦。再进一步说，吴教授讲的符合辩证唯物主义，就是物质第一性、意识第二性的基本原理，而这种本体论是认识论建立的前提。

第二，吴教授讲到了不同的人文和不同的文化，讲到了中华民族的农耕文化的基本特征：安居，少有迁移，熟人文化，血缘文化，包括人的理想、人性与礼的修炼、约束等等。讲到了西方海洋文化的基本特征是频繁迁移，包括自由的理想和契约的遵从，在自由基础上对理性的追求、对逻辑的追求等等。我觉得吴教授的讲述再次印证了人的社会存在决定人的社会意识这一原理的真理性。人最初的生存环境，以及在这种生存环境下形成的生存方式、生产方式和交往方式决定了人的社会意识，决定了不同的文化类别、不同的精神追求。

第三，吴教授讲到了东西方不同的人文、不同的文化模式的时候，既表明了人的社会存在决定人的社会意识，同时还表明，只要改变人的社会存在就可以改变社会意识。从这一点来看，我们改革开放的事业就是这样一种伟大的实践和应用。

总之，我认为吴国盛教授研究深厚，视角独特，在短短两小时的时间里追本溯源、引经据典，从生物学讲到人性学、人文学，从东方的人文结构讲到西方的人文结构，使我们既看到了东西方的人文存在极大差别，同时也看到了科学与人文的关联和相通性，为我们更好地弘扬民族优秀传统，弥补短板，打造鲜明的科学文化提供了非常重要的理论工具和认识框架。让我们用掌声感谢吴教授的精彩演讲！

白天走干讲　晚上读写想

（2016 年第 4 期　叶小文主讲）

郝振省（开场）：今天是 2016 年第 4 期，总排序第 84 期中央和国家机关“强素质·作表率”读书活动主题讲坛，到今天为止，主题讲坛满 7 年了，所以今天也是一个值得纪念的日子。为此，我们为大家特别邀请到了国家宗教事务局原局长，中央社会主义学院原党组书记、第一副院长叶小文同志作为今天的主讲嘉宾，大家欢迎！

在设计今天讲坛主题的时候，我们觉得要满足两个条件。第一，今天演讲的内容必须是关于读书的，因为 4 月是国家的全民阅读月，每年在 4 月里，各省、自治区、直辖市的全民阅读活动相继启动，有重要的数据要发布，还有些重要的表彰、总结活动也会在 4 月举办。特别是国家新闻出版广电总局全民阅读活动办公室的同志们，最近几天非常辛苦，要参加各地的全民阅读活动。4 月 23 日是世界读书日，党和国家的领导同志也要抽出空来，参加一些重要的读书活动，发表一些重要的见解。第二，演讲者要能对读书、工作有心得体会，来现身说法。我们选来选去，就聚焦到叶小文同志的身上，因为叶小文同志在国家宗教事务局任局长期间所做的关于宗教问题的演讲特别受欢迎；他任中央社会主义学院党组书记、第一副院长的时候，发表的《白天走干讲　晚上读写想》一文也受到了普遍赞同，所以我们请他作为今天的演讲嘉宾。让我们与国家新闻出版广电总局的领导同志们一起聆听叶小文同志的精彩演讲。

郝振省（总结）：下面，按照惯例，我对今天的演讲做个简单的小结。

叶小文同志在演讲中讲到了他与美国大使、与日本外相、与卡特前总统以及与南怀瑾老师的交往，讲到了自己的“读写想”出自几部文化著作，讲到了对文化焦虑的思考和追溯，也讲到自己研究礼乐、佛乐和爱乐中非常动人的情节。所以我以为，叶小文同志把走干讲、读写想与党和国家一些重要工作紧密地联系在一起，展现出作为领导干部的独特风格和魅力。

这对我们在座的同志有重要启示。叶小文同志是党和国家重要部门的领导，他的“走干讲”和“读写想”有着独特的意蕴。推而广之，只要我们对党和国家的事业，对我们的管理工作和领导工作有着强烈的责任意识，有担当精神、博大胸怀和一种锲而不舍的追求，我们就能够有所作为，大有作为。所以我觉得我们要把走干讲和读写想很好地结合起来，这两者之间有一种辩证的内在逻辑关系。

最后我想说，其实走干讲和读写想后面还可以加三个字，叫拉弹唱，这里面也有内在的关系，即表明了艺术不只是艺术家的事情，我们党和国家的领导干部，还有在不同层级上的公务员，也一样需要艺术和形象思维的熏陶。在叶小文同志之前，我们请叶小钢先生讲过音乐欣赏，请卞祖善先生讲过交响乐的欣赏，这样看来，我们读书活动倡导艺术修养的路子是对的。叶小文同志今天把“走干讲”“读写想”和“拉弹唱”当做一种工作方式、生活方式、领导方式，给我们树立了非常好的范例。我提议，让我们对他充满激情和理性，充满诙谐幽默，充满理论思想的演讲，以及精彩的演奏表示衷心的感谢！

生命与文学

（2016 年第 5 期　刘庆邦主讲）

郝振省（开场）：今天是 2016 年第 5 期，总排序第 85 期中央和国家机关“强素质·作表率”读书活动主题讲坛，我们为大家特别邀请到国家一级作家、中国煤矿作家协会主席、北京市作家协会副主席刘庆邦同志作为今天的主讲嘉宾，大家欢迎他！

刘庆邦同志著有《断层》《红煤》等九部长篇小说。他的作品先后获得了鲁迅文学奖、老舍文学奖、北京市政府奖和第八届茅盾文学奖。根据他的小说《神木》改编的电影《盲井》获得第 53 届柏林国际电影节“银熊奖”，他是一位德艺双馨的作家，今天赠送给各位的书是他最新出版的一部长篇小说——《黑白男女》。

同志们，我们安排今天的演讲主题，有两点考虑：第一，正像“舞台小社会，社会大舞台”一样，好的文学作品，特别是中长篇小说，往往是对零星的、破碎的、甚至泡沫化的生活进行深度加工、典型加工的产物。由于小说对社会生活的时空加以集中、浓缩，对情节加以提炼，人们阅读时往往觉得是在情理之中、意料之外。特别是它首先给人一种“山穷水尽疑无路”的悬念，接着又峰回路转，呈现出“柳暗花明又一村”的结局。阅读一部优秀的文学作品，往往是一种精神的享受，往往能使我们更好地了解、把握社会生活的本质和真谛。

第二，从同志们实际的领导工作、机关工作和群众工作来看，无论是“走干讲”还是“读写想”，语言表达是否有感染力，都应该是一个十分重要的追求目标。然而，语言不是随随便便就有感染力的，要让语言精彩非下大功夫不可。怎么下功夫呢？毛泽东同志提出了三条：向人民群众学习语言；从外国语言中吸取我们所需要的成分；要善于学习古人语言中有生命的东西。这三条其实可以总结为一个方法，就是通过阅读和欣赏古今中外的好的文学作品来实现。

我们要特别说明一下，刘庆邦同志就是评论界公认的亦俗亦雅的语言大师，现在让我们用热烈的掌声欢迎刘庆邦同志开讲。

郝振省（总结）：今天刘庆邦同志讲了两个大的问题，我想我们的梳理也从这两个方面展开。

首先，关于《黑白男女》，我们可以从作家笔下的煤矿和乡村看到我们社会基层的生产和生活的波涛，可以看到波涛中栩栩如生、个性十足的各种人物。小说讲述了沉重的矿难事故后，社会、企业、家庭分别面临着人际关系重建、企业重建、家庭重建的挑战，展现出基层企业干部的责任担当和为民服务意识，展现出普通百姓在灾难面前互相温暖、自尊自强的动人故事。当然，书中也描述了若干与我们倡导的价值观不相吻合的现象和负面的问题。但是这恰恰增添了，或者说客观地反映了生活的曲折性、真实性和复杂性。基层干部群众在灾难面前所表现出的团结与顽强生存的精神，反映了我们社会的本质和主流。说得大一点，这也是我们实现中华民族伟大复兴的基础和依托。刘庆邦同志特别讲到，一个作家要把自己的喜怒哀乐与底层、基层干群的喜怒哀乐融合到一块，才能写出有生命力的作品，也才能产生超出作品本身的价值和意义。

刘庆邦同志一开始讲到生命的力量、质量和分量的问题，从作家厚重的演讲中，我们认识到作家与作品之间内在的根本的联系。刘庆邦同志之所以能够写出那么有筋骨、有温度的文学作品，获得那么多的国家奖项，是因为他关注灵魂问题。他自己说，如果我们的写作不能影响别人的灵魂，那么至少可以通过写作改善自己的灵魂。所以，他更看重作家人格的力量、作家思想的力量、作家阅历的力量。每一种力量里边都有着丰富的内涵，所以他的作品中有一种生命的气场，他是以自己独特的方式用生命在写作。因而他的作品，在不动声色中具有强烈的穿透力和感染力，我们可以通过欣赏他的作品来感受生命的力量，来感悟生命的哲学。

所以，建议同志们回去以后认真读一读《黑白男女》和庆邦同志其他有生命力量的作品，然后就像有的评论家所说的那样，从他的作品里面感受到笨拙的诚恳和憨厚的深邃。

同志们，让我们再一次感谢庆邦同志精彩厚重的演讲！

当前国际形势与党的对外工作

（2016 年第 6 期　栾建章主讲）

郝振省（开场）：今天是 2016 年第 6 期，总排序第 86 期的中央和国家机关“强素质·作表率”读书活动主题讲坛。我们为大家特别邀请到的主讲嘉宾是中共中央对外联络部研究室副主任栾建章同志，大家欢迎他。

栾建章同志曾先后在外交部、中央外事领导小组工作，现在任职于中联部研究室。他一直做的是政策研究，长期从事国际关系和中国对外战略、党的对外交往等方面的工作。多年来，除撰写大量供决策参考的内部文稿之外，他还组织编写了若干重要的出版物，发表了若干篇重要的论文。

同志们，今天讲坛主题的重要内容是我们党的对外交往工作，我们希望用这种方式来迎接党的第 95 个生日。当然，讲到我们党的对外工作，就不能不讲到国际形势，不能不讲到国家的外交问题，这就有了今天我们的这个题目。

习近平总书记讲，党的对外工作“要努力成为促进我国对外关系发展的重要途径，成为展示党的良好国际形象的重要窗口，成为党员领导干部观察和研究世界的重要平台，成为我们借鉴国外经验、为中央决策服务的重要渠道”。这就要求我们有必要了解我们党对外工作的历史和现实、地位和作用、特色和优势等各个方面的情况。这也是我们设计今天读书讲坛主题的初衷。需要特别说明的是，中联部的领导同志十分支持我们今天这次主题讲坛，把今天栾建章同志的演讲作为他们部里面“两学一做”活动的重要内容。栾建章同志也是从十分繁忙的工作第一线抽身来到我们的讲坛的。让我们以热烈的掌声有请栾建章同志开讲。

郝振省（总结）：同志们，下面我总结一下栾建章同志在讲座中给我们的三点提示。

第一点，首先讲的是方法论的问题。从方法论角度，栾建章同志从英国的“脱欧”公投开始讲起，讲观察事物的阴阳之道，进而讲到了中国的文化，讲到中国文化具有厚德载物的特性及包容性，所以才有天下主义和世界情怀，才有人类命运共同体的理念。而要追求和实现这种目标，就必须靠我们的集中领导和我们的举国优势，这恰恰是我们的特色和力量所在。如果从对外交往方面来讲，这应该就是我们党对外工作的基础和一定意义上的方法论。

第二点，在定位问题上，在国际形势方面，栾建章同志分析了不同大国的心态和实力，这是一般人讲不了的。从中国目前的发展进程和拥有的实力来看，我们的大国外交，我们党对外工作发挥作用的空间和舞台，我们怎么样学会履行国际责任的本领？这里面的关键就是栾建章同志讲到的要争取到自己的话语权，学习怎么说话，学习怎么和世界打交道，学习怎么成为真正意义上的负责任的大国。

第三点，栾建章同志讲到三位一体的问题，把国际关系与人的关系结合起来的观念，包括政治引领，我觉得讲得非常好。我们看到，根据今年5月3日的统计数字，我们和世界上160多个国家和地区，600多个政党、国际组织保持着不同程度的联系和交往，这些对实现我们的大国外交，实现我们党的外交和国家外交的这种相互支撑、相辅相成意义非常大。

总之我们觉得栾建章同志对于国际形势和大国外交的历史和现实、理论与实践可以说烂熟于心、底蕴深厚，讲起来可以说旁征博引，娓娓道来，很有感染力，也很有亲和力，让我们再一次向他表示衷心感谢！

审美品质与创造性思维

（2016 年第 7 期　曹意强主讲）

郝振省（开场）： 今天是 2016 年第 7 期，总排序第 87 期的中央和国家机关“强素质·作表率”读书活动主题讲坛，我们为大家特别邀请到中国美术学院艺术人文学院院长，《新美术》杂志主编，博士生导师曹意强教授作为今天的主讲嘉宾，大家欢迎他。

今天国家新闻出版广电总局的领导同志和有关负责同志，也来到会场聆听曹意强教授的演讲。

今天曹教授演讲的主题是“审美品质与创造性思维”。曹意强教授是位艺术史学家，也是一位具有影响力的画家，他是国内和国际上一些重要的学术机构成员，他还是牛津大学的哲学博士。也许是隔行如隔山的缘故，在此之前我并不是很了解这位大家，请他来做演讲嘉宾还有一个小小的故事，大概上个月中旬，一位牛津大学的研究生在宁波请他演讲，在演讲还未结束时，我就有了邀请曹教授作为主题讲坛嘉宾候选人的想法。他当时讲了一个观点，长期以来我们把审美品质局限在艺术家的圈子里，这非常不够，因为审美品质具有普遍性的意义。曹教授讲到我国唐宋时期的强盛与繁荣，意大利文艺复兴与欧洲革命的关系，讲到审美与复兴及强盛的关系。特别是曹教授根据审美品质的要求，对现代生产生活的同质化、粗俗化、粗鄙化、粗糙化做了很深入的批评和分析。

听他讲话的时候，我就想到关于审美的问题。我们过去理解得太窄了，其实审美品质对一个人心理世界的成熟，对一个人的成长和发展，对一个单位的和谐，对一个民族的整体素质，对一个国家的魅力、繁荣与富强都太重要了。所以从这个角度，今天请曹意强教授专门给我们讲这个主题。他前天才从英国讲学回来，不顾疲劳，今天就来到我们的讲堂，让我们以热烈的掌声请他开讲。

郝振省（总结）：下面按照惯例，我来总结归纳一下今天曹教授讲座的内容，可能归纳得不一定准确。

第一点，讲审美品质的普遍性和永恒性。曹教授讲到了中国历史上唐、宋王朝的繁荣与文学艺术兴盛的关系，也讲到了文艺复兴与欧洲资产阶级革命、工业革命的关系。实际上从社会发展的源头来看，审美的品质具有世界观的意义，从社会发展进步的总体上看，审美品质具有方法论的功能。这就不禁让我们对中外历史上的一些事件重新评价，而且使我们比较深刻地意识到，审美的品质、艺术的追求，不只局限在艺术家狭小的范围中，而是具有普遍性和永恒性。

第二点，讲审美品质的基础性。也就是讲，我们怎样打造自己的审美品质，怎么探求、掌握智慧的路径。我觉得曹教授就是在说，要从自然审美到自觉审美，要学会从美的角度观察事物、欣赏事物、评价事物，逐步形成自己的审美品质，然后用这样的审美品质设计我们的生活方式、工作方式，乃至所承担的责任和义务，尤其是滋养我们自己的创造性思维。

第三点，讲学科的融合性和艺术的主体性。曹教授讲到艺术与科学的相通相融，科学家和艺术家的相辅相成，艺术修炼和科学创造的相依相存。这就让我们思考不同学科的内在的关联，思考我们现有的教育方式过于分割所造成的问题，也让我们进一步思考教育改革的方向和培养人才的目标。曹教授认为，从艺术的主体性和学科的融合性的角度，审美品质对于我们民族的复兴具有主体性的作用。

今天，曹教授学贯中西的底蕴和他富有激情、哲理、魅力的演讲，给了我们非常深入的艺术享受和思想启示，让我们大家以热烈的掌声再次感谢他。

长　征
——中国革命的柳暗花明

（2016 年第 8 期　徐焰主讲）

郝振省（开场）：今天是 2016 年第 8 期、总排序第 88 期中央和国家机关“强素质·作表率”读书活动主题讲坛，今天我们为大家特别邀请到的主讲嘉宾是国防大学战略教研部教授、军事史专家、国防大学军事历史学科带头人、博士生导师徐焰少将。他还是中国军事科学学会历史分会的副秘书长，是清华大学、中山大学等高校的兼职教授，曾在美国、日本多所大学当过访问学者，并出版著作 20 余部，今天赠送给大家的《解放军为什么能赢》，就是他的著作之一。大家欢迎他！

同志们，今天徐焰教授演讲的题目是“长征——中国革命的柳暗花明”。设计今天的讲坛主题主要有两方面的考虑：第一，为了纪念伟大的长征胜利 80 周年，党中央做了相关的部署和要求，我们认真响应。我们的党有今天，军队有今天，国家有今天，中华民族有今天，都和长征紧密地联系在一起。长征的胜利已经载入了民族的史册，长征的精神锻造了中国共产党人和中华民族战胜一切敌人，克服一切艰难险阻的英雄气概。长征的历史和长征的精神已经成为红色文化中最重要的板块，也成为我们中华民族优秀文化的重要基因，我们要永远纪念它。第二，这种纪念还意味着对长征知识的补充和积累，意味着对长征精神的更深入的把握和更科学的弘扬。据我们读书活动办公室的同志了解，虽然我们一直在纪念长征，每十年还有一次大型纪念活动，但是不少同志关于长征的知识是很不完整的，甚至是很不准确的。学习长征知识，准确地了解有关长征的历史史实，对我们弘扬长征精神，继承长征精神非常有必要。

同志们，下面就让我们一起来聆听徐焰教授有关长征的主题演讲！

郝振省（总结）：谢谢徐教授的演讲。徐焰教授讲了五个板块，他讲到了中国长征开始之前的社会现实，讲到了中国革命的成败得失，中间讲了好多重要的历史细节，因为他长期研究这些问题，他也亲自考察过，所以他的演讲应该说既有一定的理论高度，也有感性的鲜活度，我们现在从这五个方面简单归纳一下今天的演讲。

第一，从红军长征的原因来看，实际上是一次被迫的战略转移，第五次反“围剿”的失败，迫使中央红军率先开始了这次战略转移。这是第一点，原因的问题。

第二，从长征的实际进程看，呈现给我们的是敌人的围追堵截，是自然环境的极端恶劣，是红军官兵难以想象的超出生命极限的坚韧。这里面讲的坚韧实际上是一种意志的力量、信念的力量和理想的力量。红军主要是由两种人组成的：一种是崇尚革命理想的知识分子，一种是处于饥寒交迫状况的工农，前者意识到要解放社会，必须要解放劳苦大众；后者以解放自己为目标，但是后来他们意识到只有解放全中国才能够解放自己。所以我们说，这种信念和理想的融合使他们处在一个精神的制高点上，而这种精神的制高点又使我们的红军站在一个人类历史的制高点上。我觉得现在讲长征精神，要着力理解当时的精神境界和理想境界。

第三，从红军胜利的原因来看，除了红军官兵超乎想象的坚韧性之外，还有党和红军领袖集团的自我纠错、运筹帷幄的诚实性。博古的坦荡，当然更有毛泽东的文韬武略，周恩来、朱德、彭德怀等人的智慧和坚强意志，最终促成了长征的胜利。

第四，从形成的长征精神和沉淀下来的长征智慧来看，具有超越性和永恒性。长征是军事史上最伟大的业绩之一，是人类有文字记载以来最令人振奋的大无畏的事情。

最后我想引用习近平总书记前不久在宁夏六盘山视察时说的一句话——“长征还在路上”，就是说长征永远是我们民族的精神瑰宝和财富，永远是激励和鼓舞我们实现民族振兴的伟大精神支撑。

感谢徐焰教授的精彩演讲，使我们重温了长征精神，记住了长征智慧，也激发了我们的责任担当意识，让我们再一次感谢他！

中国与G20和全球治理

（2016年第9期　何亚非主讲）

郝振省（开场）：今天是2016年第9期，总排序第89期中央和国家机关“强素质·作表率”读书活动主题讲坛。今天国家新闻出版广电总局的领导和有关部门负责同志来到我们的现场，出席我们的活动，我们表示深深的感谢。

我们今天特别邀请到了外交部原副部长，国务院侨办原副主任，中国首任20国集团峰会事务协调人何亚非同志作为我们的主讲嘉宾，大家欢迎他。何亚非同志曾担任我国驻美大使馆公使衔参赞，外交部美洲大洋洲司司长，现任北京大学燕京学堂的特聘教授，华侨大学国际关系学院院长、博士生导师。他是一位学者型的官员，经历了20国集团由部长级会议发展到领导人峰会的全过程。特别是今天送给各位的这本《选择：中国与全球治理》，是何亚非同志的最新著作，文笔流畅、案例典型、思想深刻、分析透彻，很好读也很有见地。

同志们，就在这个9月，20国集团领导人杭州峰会成功举办。请何亚非同志来讲这个题目，有两个理由，一个是直接的理由，一个是间接的理由。从直接的理由来讲，本次峰会围绕“构建创新、活力、联动和包容的世界经济”的主题，发布了《二十国集团领导人杭州峰会公报》，核准了《二十国集团创新增长蓝图》《二十国集团全球贸易增长战略》和《二十国集团全球投资指导原则》等30多项协议，取得了一系列成果，彰显了中国已经进入世界事务核心决策圈的历史性转折，彰显了20国集团对中国道路、中国模式、中国主导的认同与追随，彰显了全球治理因为中国的责任和担当所发生的巨大变化。那么我们就有必要了解中国参与全球治理的历史经纬，了解和理清20国集团如何从8国集团演变到15国集团、20国集团的过程，了解和厘清在联合国的基础上，全球治理从起步到运行，从形式到内容，从实践到理论、又从理论到实践的过程，这是一个直接性的理由。间接的理由，也是更根本的理由，就是由于经济全球化，使得中国经济、金融等方面的事务，不可能不具有世界因素和全球背景，还由于经济的基础性作用和全局性影响，使得中国所有的非经济事务，如政治、文化、外交、军事等，也都不可能不具有世界色彩和全球因素。这就对我们的能力和素质提出了新的要求和挑战。今天我们请何亚非同志来讲这个主题，就是为了帮助大家来认识这种新要求和新挑战，让我们用热烈的掌声欢迎何亚非同志开讲。

郝振省（总结）：下面我将今天的讲座做一个小结，主要归纳为三条：第一条是全球治理的客观性；第二条是20国集团成长的阶段性；第三条是中国作为20国集团领导者的必然性。

第一，何亚非同志在他的书里讲到，“自20世纪90年代至今，全球格局与国际关系正经历人类历史上最深刻的变革，世界多极化、经济全球化、文化多样化、社会信息化、工业化和城市化加速发展。……与此同时，地缘政治和文明冲突、金融和经济危机、粮食和水资源安全、环境恶化、气候变化、全球移民等全球性挑战和问题更加突出、更加尖锐”。世界变成地球村，牵一发而动全身，每一个国家问题的解决都依赖国际社会和其他国家的加盟，而其他国家解决问题也是如此，就是这样一种情况，全球治理可以说体现了一种不以人的意志为转移的趋势，这是它的客观性。

第二，关于20国集团形成的曲折性和阶段性，按照何亚非同志刚才所讲的，包括他在书里面讲的，现代全球治理发展经历了三个阶段：第一个阶段是1945年至1975年，从联合国的建立和布雷顿森林体系诞生，延续到7国集团一统天下的信心。第二个阶段是20世纪70年代末，自中国投入到改革开放的伟大进程至金融危机之前，7国集团开始松动。8国也好，13国也好，都没有改变西方国家为主，发展中国家从属的局面。第三个阶段是2008年以后，自全球金融危机爆发至今，实际上是以中国为首的10个新兴国家和发展中国家与以美国为首的10个发达国家形成了一个共治的局面。

第三，关于中国进入20国集团治理机制核心领导层的必然性问题，何亚非同志刚才讲到了2008年金融危机以来，中国作为发展中的大国勇于担当和作为的形象，在推动20国集团转型中表现出的动员能力和协调能力，特别是在这次杭州峰会上无可争议的出色表现，实际上就是在讲必然性问题。中国之所以能够逐步进入全球治理领域的核心圈，就在于我们国家稳步快速的崛起，2008 年奥运会上 85 个国家的元首来到北京，包括美国用“两缩一进”的策略对付中国，也说明了中国在世界上地位的提升。从这个角度讲，实际上中国已经形成了富有魅力的中国道路、中国模式。当然我们也要看到全球治理的脆弱性、复杂性、曲折性。何亚非同志刚才讲到我们面临的经济复苏的问题，讲到地缘政治和民粹主义的问题等等，讲到把中国自己的事情做好与积极地担当国际责任的密切的关联度，正是在这个意义上，何亚非同志的演讲既增强了我们的信心，又使我们对面临的挑战和任务有了更清醒的认识。

对何亚非同志今天精彩的、深入的、富于理性的演讲再次表示感谢。

新形势下民族宗教工作的坚持与创新

（2016 年第 10 期　朱维群主讲）

郝振省（开场）：今天是 2016 年第 10 期，总排序第 90 期中央和国家机关“强素质·作表率”读书活动主题讲坛，总局的领导同志和有关方面的负责同志一如既往出席我们的讲坛，增强了我们的信心。

今天我们特别邀请到第十七届中央委员，中央统战部原常务副部长，现任全国政协民族和宗教委员会主任朱维群同志作为我们的主讲嘉宾，大家欢迎他。他演讲的题目是“新形势下民族宗教工作的坚持与创新”，同时这也是今天赠送给大家的这本书的主题。朱维群同志的这本专著可以说是案例典型、思想深刻、文风硬朗、语言流畅，体现了他的个性和特色，展现了他作为党和国家民族宗教工作战线上资深专家的风采。当然，我们设计和策划这个主题，主要还是从民族宗教工作在党和国家工作大局中的地位和作用出发。毛泽东同志讲，国家的统一，人民的团结，国内各民族的团结，这是我们的事业必定要胜利的基本保证。这个“基本保证”强调了民族和宗教工作的重要作用。从我国的情况看，有些民族的形成离不开宗教的作用，可以说民族工作与宗教工作如影随形，相辅相成。习近平同志也讲，宗教问题始终是我们党治国理政必须处理好的重大问题，宗教工作在党和国家工作全局中具有特殊重要性。从毛泽东同志讲的“基本保证”到习近平同志讲的“特殊重要性”，都表明作为中央和国家机关的司处级干部，我们应该通过向书本学习和向实践学习的路径，在民族宗教工作方面多一点自觉性，少一点被迫性；多一点科学性，少一点盲目性；多一点前瞻性，少一点滞后性。

同志们，现在就让我们以热烈的掌声欢迎朱维群同志演讲。

郝振省（总结）：同志们，对朱维群同志今天厚重深入且富有政策理论水平和知识信息含量的讲演，下面我从三个方面作一下总结：

第一，关于民族宗教情况的历史性和它的基础性。从民族方面来看，中华各民族共同缔造了我们这个统一的多民族国家，秦汉以后虽有两次大的分裂，但是分裂之后统一的规模更加辽阔，各民族间的经济文化交流更加深入，国家的版图和疆域也更加巩固。而且在民族的交往中，没有哪一个民族的成员是纯粹和单一的，交流、交往和交融是其本质特征。从宗教方面看，我国历史上国家和宗教的关系始终没有出现政教合一或者政教相争的局面。就宗教和宗教的关系而言，始终没有形成“一教独大”的局面，彼此间有融合与包容。多数国人没有体系性的宗教信仰，儒教的本质是一种文化追求，是一种价值观的遵循。即便是信教群众也比较重视现实的人生问题，比较少神秘主义和极端主义。这就构成了党和国家处理和对待民族宗教问题的大背景、大环境及比较稳定的国情基础。

第二，党和政府关于民族宗教工作的方针和政策的特别性和它的成功性。我觉得从民族方面看，我们坚持民族平等和民族团结的理念，长期采取一系列行之有效的政策和措施，促进了少数民族和民族地区经济、社会和文化的快速发展。内地与少数民族地区之间相互支持、多元一体的文化格局非常珍贵，特别是我们坚持实行民族区域自治制度更是宝贵的经验。朱维群同志把我们的经验与苏联、南斯拉夫做了比较，我们没有照搬苏联的民族自决、民族自治共和国的模式，而是采取了单一制国家基础上的民族区域自治制度。这就从制度的设计上，从宪法的层面上没有给国内外别有用心的人和势力留下制造分裂的空隙。关于宗教政策，朱维群同志讲到我们坚持宗教信仰的自由，坚持依法管理，引导信教群众与我们的社会主义社会相适应。从成功性方面来看，从我们的革命一开始包括长征中间，我们党就比较善于处理民族和宗教问题，我们的宗教政策是马克思主义中国化的结晶，来之不易，弥足珍贵。

第三，关于民族和宗教工作的重要性和复杂性。目前我们少数民族人口数量比较准确地说是 1.1 亿，占到全国总人口的 8.49%；少数民族区域自治面积占全国总面积的 64%，这几个数字我觉得非常重要。少数民族群众很多都有自己的宗教信仰，从这点看，我们做好民族和宗教工作对于我们建设社会主义强国、实现民族的伟大复兴是何等重要。民族和宗教既有历史的渊源，又有现实的因素；既有文化的渊源，又有经济的因素；既有国内的渊源，又有国际的背景。一些西方国家从他们的利益出发，总是企图利用民族宗教问题分裂我们的国家和社会，西藏的“3・14”事件和新疆的“7・5”事件就是触目惊心的案例，这就需要我们在政治制度设计方面努力增强国家的统一；在经济方面更加强调地域性的共同利益；在意识形态方面，要强化中华民族共通性、一致性的思想需求；同时要恰当地处理好宗教热点与宗教相关方面的问题。

总之，朱维群同志厚重深入又富有魅力的演讲，表现出他作为专家型领导、学者型官员的风采，反映了他深度参与对达赖集团、“东突”势力正面斗争的宝贵经验，表现了他在马克思主义民族宗教理论方面的素养，所有这些连同他的著作，为我们在座的各位做好民族宗教工作、处理好与民族宗教相关的党务和政务提供了十分重要的帮助。让我们再一次感谢朱维群同志的精彩演讲。

哲学与时代问题的解决：以北宋道学为核心

（2016 年第 11 期　杨立华主讲）

郝振省（开场）：今天是 2016 年第 11 期，总排序第 91 期中央和国家机关“强素质·作表率”读书活动主题讲坛，国家新闻出版广电总局和两个工委的领导同志出席了我们今天的主题讲坛，对此我们表示由衷的感谢。这次我们邀请到了北京大学哲学系教授、博士生导师杨立华先生作为今天的主讲嘉宾，大家欢迎他。

我们很早就想请杨立华教授做我们的主讲嘉宾。之前中央和国家机关工委、国家新闻出版广电总局已经向全国的领导干部和公务员郑重地推荐过他的著作，就是今天送给各位的《宋明理学十五讲》。虽然他是中青年教师，但他已经是北京大学十大名师之一，这个身份让人钦佩。

请杨教授主讲宋明理学，理由既复杂又简单，我们研究中华民族源远流长的优秀传统文化，就不能不研究宋明理学。宋明理学是一种既贯通宇宙自然和人生命运，又继承孔孟正统而能够治理国家、社会的新儒学，是宋明时代占主导地位的儒家哲学思想体系，我们平常说的“四书五经”，特别是“四书”——《大学》《论语》《孟子》《中庸》，就是由这一思想体系来确定的核心著作，也是科举制度下考取功名的最基本的教材，是儒学认识论和方法论的集大成者。“五经”是“粗米”，“四书”更精致，“四书”是对“五经”进一步的细致化、精致化、学理化和体系化。让我们以热烈的掌声欢迎杨教授开讲。

郝振省（总结）：下面我从几个方面来梳理一下今天杨教授的讲座。

第一方面，杨教授讲到价值危机和哲学的突破。正是从他开始讲的孔孟时代、春秋战国、魏晋玄学发展到唐宋之际，作为社会主导的士大夫阶层的精神根底已变为佛教和道教，可以说是一种虚无主义的追求。

士大夫的精神世界不是归于佛，就是归于老，真正有儒家正统观念的人越来越少，作为儒家正统观念的影响力越来越弱，价值基础动摇、缺失，包括对价值本身存在的质疑。这种缺失和动摇就造成了创造性地恢复和发展社会主流价值观这个任务的急迫性，就呼唤着知识分子来回答这个问题。

第二方面，他讲到程颢提出的“自立吾理”、讲到“北宋五子”，特别是张载的哲学思想：太虚即气、一物两体。由于时间关系他不能完全展开，但让我们感受到作为宋明理学的开山鼻祖，张载确实有一种“为天地立心、为生民立命、为往圣继绝学、为万世开太平”的浩然志向。身体力行，奉献终生，提出了一系列的重要理论概念，完善了自己的体系，然后把这个体系不断推向完美。可以说，以张载思想为代表的宋明理学，成为我们漫长封建社会超稳定结构的精神支柱，成为支持超稳定结构的社会精英人才的主要精神营养，成为我们民族屹立于世界民族之林的最主要的思想底蕴和内在实力。我觉得杨教授讲理论的问题讲得特别好，他说，我们可以没有神明，但是我们不可以没有神圣。神圣是什么？是“理”，是“道”，是道理。宗教是先相信再理解，我们的哲学是先理解再相信，这就是根本的差别。可以说理论问题、理论思维对一个人、一个团队、一个民族、一个国家都是绝对重要的，由此我们可以看出宋明理学对于传统文化的重要意义，当然宋明理学也有它的局限性。

第三方面，杨教授讲到了宋明理学的发展历程和它的价值呈现，讲到了哲学要为时代立根。实际上就在讲今天我们如何来看待和对待宋明理学，看待和对待儒家学说。应该说宋明理学是传统文化中正统文化理念的灿烂篇章，既是我们坚守文化自信、追求文化自觉的重要依据和源泉，又是我们进一步构建社会主义核心价值观、推动马克思主义中国化的重要基础和重要借鉴。杨立华教授今天的讲座，使我们受到一次传统文化和理学思想的熏陶和感动，让我们再一次感谢杨立华教授。

我国的农村改革与发展

（2016 年第 12 期　陈锡文主讲）

郝振省（开场）：今天是 2016 年第 12 期，总排序第 92 期中央和国家机关“强素质·作表率”读书活动主题讲坛，我们特别邀请全国政协常委、全国政协经济委员会副主任、中央农村工作领导小组原副组长兼办公室主任陈锡文同志作为今天的主讲嘉宾，大家欢迎他！

今天陈锡文同志主讲的题目是“我国的农村改革与发展”。这些年他在农村、农业、农民的政策问题上，花了大量的心血，我们把他的两篇理论性、实践性比较强的论文，印刷出来装订成册，赠送给各位同志，请同志们关注。

今天，国家新闻出版广电总局的领导和相关部委的负责同志很早就来到了主题讲坛的现场。同志们，其实我们安排今天这一讲，也酝酿了很长时间。今年下半年，我们向中央和国家机关的公务员推荐的书目里有一本书——《读懂中国农业》，这是因为农业是国民经济的基础，农民是我国人口的大头，农村是社会的重要组成部分。毛泽东同志在他的青年时代，就提出了“世界上什么问题最大？吃饭的问题最大”。他的革命活动首先就是从农民活动开始的，新中国成立以后他提出了“以粮为纲，全面发展”的经济工作的大方针。习近平总书记在前不久强调，任何时候我们都不能忽视农业，忘记农民，淡漠农村。

作为中央和国家机关的领导干部和公务员，在强调第三产业的比重、第二产业的实体经济的时候，确实有必要回过头来，全面了解第一产业以及农业、农村改革发展的方方面面。因为三大产业之间内在的相互依存、相互制约的关系决定了大家在业务中“你中有我、我中有你”，如果不这样提出和认识问题，我们就会受到不应有的掣肘，就会做不好工作，会出现事倍功半的情形。今天我们邀请陈锡文同志来做我们的演讲嘉宾，他专注于农业和政策改革领域已经 40 多个年头了，始终坚持理论和政策相结合，他参与了党和国家一系列政策的制定，具有深湛的研究和丰厚的积累，是“三农”方面的著名专家，让我们以热烈的掌声欢迎陈锡文同志开讲。

郝振省（总结）：下面我从几个方面梳理一下今天的讲座。

第一方面，陈锡文同志讲到我国的农村改革已经38年了，取得的成就有目共睹。38年间，粮食的总产量已经翻了番，城乡居民可支配收入几乎是上百倍的涨幅，足以使我们从总体上看到了党的农村政策取得的成果和农村生产生活翻天覆地的变化。解决几亿、十几亿人口的吃饭问题，这是我们历朝历代追求的，但唯有中国共产党建立了历史性的功勋。陈锡文同志还讲到了城乡居民收入比例差距扩大的问题，讲到了我们面临的问题仍然突出，为他后来讲到的重大任务做了铺垫。

第二方面，陈锡文同志从农村改革发展的巨大成就出发，总结了党和政府在农村改革发展领域取得的关键性、制度性的成果。讲到了处理好同农民关系的基本工作准则，“要保障农民的经济利益，尊重他们的民主权利”，强调要坚持以承包经营为基础，统分结合的基本经营制度。讲到了农村的基本经济制度和城乡一体化的基本发展战略，以及补齐“三农”短板的基本攻坚思路。我们可以把陈锡文同志讲的这些归纳为四个基本：基本准则，基本制度，基本目标，基本任务。

第三方面，陈锡文同志从农村改革发展的速度问题出发，根据我们已有的基本观念和制度成果，就当前的重大任务作出了创新性的思考，他对于“三量齐增”的结构性矛盾的分析，凸显了加快推进农业供给侧结构性改革的紧迫性，关于三条底线和三项权利的说明，强调了农村集体产权制度改革的基础性。关于“双轮驱动”的形象比喻，指出了在城乡建设道路和方向上的辩证性和全面性。

陈锡文同志关于成就和问题的说明提纲挈领、言简意赅；关于观念性和制度性成果的论述观念鲜明，逻辑严谨，意义深厚；关于面临重大任务的分析可以说既高屋建瓴又贴合实际，前后贯通又连成一体。特别是他回顾梳理了我们党关于农村的一系列政策的制定、调研和完善的过程，这些对我们中央和国家机关的领导干部有非常强的借鉴作用，体现了他作为我们党农村工作战线的一位专家型领导干部的风采，使我们在座同志更清晰地了解到“三农”大局势，更深入地理解了做好农村改革和发展工作的艰巨性和重要性。让我们再次感谢陈锡文同志。

2017 年郝振省主持词选编

二十四节气告诉了我们什么

（2017 年第 1 期　牛有成主讲）

郝振省（开场）：今天是 2017 年第 1 期，总排序第 93 期中央和国家机关“强素质·作表率”读书活动主题讲坛，我们特别邀请到全国政协委员，北京市人大常委会副主任、党组副书记，北京市总工会主席牛有成同志作为今天的主讲嘉宾，大家欢迎。

国家新闻出版广电总局的领导和相关部门的负责同志，仍然和大家一起，在现场聆听牛有成同志的主题演讲。今天牛有成同志演讲的题目是“二十四节气告诉了我们什么”。策划设计这次讲坛的主题时我们费了一些心思，读书活动办公室的同志在科技、历史、政治、文学和艺术中进行选择，最后觉得春种秋收，夏长冬藏与节令气候密切相关，我们是不是也应该讲一讲时令和节气的问题。这时我们就想到牛有成同志，在全国政协十二届三次会议上，他有一个关于二十四节气的发言。当时在场的同志先是怀疑，觉得这个二十四节气他能讲好吗？没想到他讲后产生了强烈反响，许多同志把他的讲稿收藏，广为传诵。所以我们决定请牛有成同志来讲这个内容。

下面让我们大家以热烈的掌声，请牛有成同志给我们开讲。

郝振省（总结）：同志们，我现在对牛有成同志的演讲做一个简单的梳理。

第一点，牛有成同志讲到了农耕时代，我们的先人在靠天吃饭、工具极为有限的情况下，靠着双脚来追踪候鸟，凭着双眼来观察作物，虽然困难重重，但是我们的先人不屈不挠，一代又一代地反复观察、记录、使用、完善，当然也有研究在里边，终于总结出了具有大数据特点的二十四节气。

两千多年前二十四节气就基本归纳完成了，到两千多年以后，我们还在使用二十四节气。这既说明中华民族源远流长、绵延不绝，又说明我们先辈的智慧经得起时间的考验，这是我们民族的骄傲。国际上把二十四节气称为“中华民族第五大发明”，不是没有道理的。

第二点，二十四节气的伟大创造与发明，显示了自然规律的不可抗拒性、可以利用性。牛有成同志讲到，春种与秋收、夏长与冬藏的关系，讲到了因时而动，事半功倍的道理，讲到了喜鹊窝中所包含的科学原理。

二十四节气实际上蕴含着我们与自然亲近、向自然靠近的一种很深刻又很简朴的道理。牛有成同志还讲到了急于求成、拔苗助长的教训，讲到了第三只手的问题，这使我们想到了恩格斯的一个深刻的教诲，他说当人们为征服了自然界而欢呼雀跃的时候，自然界正准备向人们报复。所以，我们不仅要有科学技术，还要有生态文明情怀。

第三，牛有成同志讲到不能丢掉民族精神。指出二十四节气里面有文化自信启示，建议我们系统地挖掘传统文化在各个方面的价值。

二十四节气非遗的申报成功，说明中华民族独有的农耕文化被世界关注，得到尊重。农耕文化博大精深，从这个角度来看，可不可以这样讲，二十四节气，既是中华优秀传统文化的重要组成部分，又是推动优秀传统文化继续发扬光大的重要力量；既是文化自信的重要材料和营养，又需要在文化自信的指引下，进一步地发掘和拓展，以服务于民族振兴的伟业。

同志们，牛有成同志以他长期在北京市领导农村工作的经验和体验，以及理论的思考，用特有的主题、睿智的表达方式，为我们上了一堂生动的科技发展课、自然规律课和农耕文化课，让我们再次以热烈的掌声感谢他的精彩演讲。

城市·建筑·传统·现代

（2017 年第 2 期　庄惟敏主讲）

郝振省（开场）： 今天是 2017 年第 2 期，总排序第 94 期中央和国家机关“强素质·作表率”读书活动主题讲坛，今天我们邀请到清华大学建筑学院院长、清华大学建筑设计研究院院长庄惟敏教授作为我们的主讲嘉宾，大家欢迎他。

今天国家新闻出版广电总局及相关部委的领导同志仍然和同志们一道来聆听庄惟敏教授的主题演讲。

在庄教授开始演讲之前，我给同志们讲一下设计这次主题讲坛活动的两点考虑：

第一，去年中国美术学院曹意强教授讲“审美方法论”的时候，曾讲到上海外滩令中外游客流连忘返的现象，之后一些同志就提出来，能不能讲一讲建筑美学，从专业角度讲一讲建筑艺术和建筑规划等问题。读书活动办公室也认同这个建议。正是古今中外的建筑物，构成了我们今天的人文景观。而且这其中渗入的科学设计元素与艺术设计元素越多，今天被人们观赏的价值就越丰厚。从某种意义上来讲，观察建筑物、研究建筑物几乎是我们追溯历史的一把钥匙。

第二，今天我们的国家、城市在飞速发展，比如北京，从二环到三环、四环、五环、六环，未来有没有七环呢？而乡村也在不断地向城市看齐，或者说向城镇靠拢。城镇化的浪潮正在迅猛地裹挟着我们向前奔跑。在这种情况下，建筑学的知识、建筑美学的元素，包括建筑的规划，是我们不得不面对和需要掌握的一门重要知识。

基于这些考虑，我们就有了更好的理由、更强的愿望来欢迎庄惟敏教授给我们开讲。

郝振省（总结）： 下面按照惯例，我们梳理一下今天的讲座。

第一，从纵向上看，庄教授讲到了古典主义、现代主义、后现代主义，我觉得这实际上是从纵向上讲建筑历史的发展和演变。因为在建筑物上，能反映不同时代、不同国度的建筑艺术家们的理念和创作。所以在建筑艺术上，我觉得从纵向上能看到人类本身对艺术的追求、对自然的尊重和改造。比如庄教授讲到圣家族大教堂、巴黎圣母院，还有我们的故宫，都是一种文化、一种理念的产物。

第二，从横向上，庄教授给我们讲到了城市发展的一些大事件和历史大事件的关系，就是建筑带动城市复兴的关系。我认为从横向上讲，建筑物与城市是相互推动、相互借助、相互发展的关系。不光是城市需要建筑，而且建筑也带动城市。我们在网上可以看到一个例子，讲到西班牙北部的毕尔巴鄂，当时这个城市已经衰败，进行结构调整的话，还有工厂要倒闭，这时这个城市获得一笔资金，要建一座博物馆，最后真正盖成了一座宛若郁金香花盛开的博物馆，结果第一年就有 30 万人来参观，85％的参观者是来自毕尔巴鄂市以外的地区。这座博物馆给这个城市带来了由衰败走向繁荣的契机，我觉得建筑它体现了一种能动作用，建筑物对城市起了反作用。

第三点，庄教授讲到了矛盾性和复杂性，讲到了我们有些建筑实际上是败笔，也讲到了我们一些成功的案例。从内涵上讲，我们的建筑美学、建筑规划是有规律的。比方说，对历史建筑的尊重问题、对生态环境的尊重问题、对城市功能运行规律的尊重问题，还有意识形态的文化价值观的问题，等等。按照庄教授的看法，建筑设计、城市规划，要有科学的论证，还要有一个法律的决策的保障，这些对我们都是非常有启发的。

同志们，我觉得庄教授作为一位建筑学界的名家，一名建筑设计大家，从城市与建筑、传统与现代、继承与创新这几个维度，给我们勾画了人类建筑演变的历史，分析了建筑与城市的矛盾运动，列举了一些重要的案例，既有正面的也有反面的，让我们在很短的时间内获得了重要的关于建筑学、建筑美学、建筑史学的知识，增加了我们在这方面的素养，让我们再次感谢庄教授。

“一带一路”的逻辑：世界是通的

（2017 年第 3 期　王义桅主讲）

郝振省（开场）：今天是 2017 年第 3 期，总排序第 95 期中央和国家机关“强素质·作表率”读书活动主题讲坛。这次我们为大家特别邀请到中国人民大学国际关系学院教授、博士生导师，国际问题研究所所长王义桅教授作为今天的主讲嘉宾。大家欢迎他！

今天国家新闻出版广电总局及相关部委的领导同志仍然和同志们一道聆听王义桅教授的主题演讲，一起来共同阅读他的这本《世界是通的：“一带一路”的逻辑》。

设计安排这一次主题，主要有两方面的考虑：一方面，2013 年 9 月和 10 月，习近平主席在出访中亚和东南亚国家期间，提出了共建“丝绸之路经济带”和“21 世纪海上丝绸之路”的重要倡议。“一带一路”很快成为我国的顶层设计，成为国际社会广泛关注、积极参与的焦点和亮点。紧接着，中央成立了领导机构，提出了“一带一路”的愿景和行动计划，提出了亚投行的重要建议，并很快成功实施。其后与若干国家就“一带一路”建设签订了一系列的合作备忘录及相关建设项目，现在都正在实施。可以说，包括在座的同志在内，我们已经为“一带一路”做了大量的、卓有成效的工作。同时，还有大量的工作需要我们去做。因此，我们坐下来读一本关于“一带一路”的书，深入地思考和研究“一带一路”的逻辑，应该说是很有必要的。

另外一个方面，我们根据这种必要性和需求，选择王义桅教授来担纲主讲这个题目，完全是因为他的学养和影响力。他的关于“一带一路”的第二本专著，就是今天送给在座各位的《世界是通的：“一带一路”的逻辑》，也是今年国家新闻出版广电总局、中央国家机关工委和中央直属机关工委联合向大家、向全国郑重推荐的一本书。他的第一本专著叫《一带一路：机遇与挑战》，已经被翻译成十多个国家的文字出版发行。有领导评价说，王义桅是一位“一带一路”先生。为什么呢？他不仅把

"一带一路"当作事业，而且当作一种信仰。还有领导评价他的专著是"通古今之变，成一家之说"。

当一位学者把自己的研究对象作为事业、作为信仰的时候，可以想象他为之投入的心血与智慧，可以想象其阐述的思想与理论是多么精细和深邃。让我们大家以热烈的掌声欢迎王义桅教授开讲。

郝振省（总结）：同志们，下面我对王义桅教授的演讲做一个简单的梳理。

第一，王教授讲到什么是"一带一路"，讲到了"一带一路"的内涵、外延、互联互通和产业群的问题。我们可不可以这样理解，习近平主席提出的"一带一路"倡议的本质，从一定意义上说，是把向西方的开放与向东方的开放结合起来，把向远国的开放和对近国的开放结合起来，把对外开放和对内开放结合起来。这种开放的宗旨和目的不是欧洲中心论，不是殖民主义、霸权主义，更不是帝国主义，而是形成人类的利益共同体、责任共同体、命运共同体。是通过增加有效的供给，来催生新的需求，实现世界经济的再平衡。

第二，王教授讲到为什么要建"一带一路"，介绍了提出"一带一路"倡议的大背景。"一带一路"是我们党和国家领导核心对国内外形势进行深入分析、科学研判的结果。从"一带一路"的沿线国家和地区看，65 个国家、44 亿人口占到全球的 63%，但是经济规模只占全球的 29%，货物贸易和服务出口占到 29%。这些国家的人口规模、国家规模与经济规模、贸易规模，显然存在较大的反差。这种反差意味着极大的市场空间和强烈的发展需求。从中国目前情况来看，我们不只是一个简单的世界第二大经济体，我们的产能优势、技术优势、资金优势、经验优势、制度优势、文化优势，都需要找到新的施展拳脚的空间和舞台。换句话说，我们长期凝聚的生产力优势、生产关系优势、意识形态优势，也需要找到释放的空间和舞台。而且中国在悠久的历史中，因为海上丝绸之路与陆上丝绸之路的缘故，与"一带一路"沿线国家和人民有着深于西方的文化认同和习俗认同，这也是"一带一路"可以提出来，也可能成功的最深厚的原因。

第三，王教授讲到"一带一路"建设的实施问题、"五通"的问题、"十三五"规划的问题，讲到"一带一路"建设中我们的领导体制和国际上的合作机制，以及联合国的认同，使我们看到了以企业为主体、以项目为抓手、以资金为导向、以文化为基础的具体的实施方法。也使在座的各位看到我们所工作的部门与“一带一路”倡议的紧密关联度，既提高我们做好“一带一路”工作的方向性，又增强我们的危机意识和风险意识。让我们记住托克维尔的提醒：大国命定要创造伟大和永恒，同时要承担责任与痛苦。我们在座的同志们要有这样的大国意识。同时，今天王教授的讲座让我们越来越感觉到，“一带一路”不只是一个系统论、方法论问题，它也是一种伟大的世界观。

让我们再一次感谢王义桅教授历史和现实融合、感性与理性并重的精彩演讲，谢谢他！

正确认识改革开放前后两个历史时期的关系

（2017 年第 4 期　朱佳木主讲）

郝振省（开场）：今天是 2017 年第 4 期，总排序第 96 期中央和国家机关“强素质·作表率”读书活动主题讲坛。今天也是世界读书日的前一天，到今天为止，我们的“强素质·作表率”读书活动主题讲坛已经陪伴大家整整八周年了。这次我们为大家特别邀请到的主讲嘉宾是中国社科院原副院长、当代中国研究所原所长、现中华人民共和国国史学会会长朱佳木同志。大家欢迎他！

八年来，我们一直秉持以推荐阅读书目为基础，以主办主题讲坛活动为引领，以征集活动反馈意见为集中的宗旨与机制，成功举办了 96 期主题读书讲坛活动。在这里，我简单对八年来取得的成就进行概括。在选题深化上，我们紧紧围绕党和国家的工作大局和习近平总书记治国理政新思想、新理念、新战略，努力契合中央和国家机关司处级干部的工作需要；在活动目标上，我们致力于提高执政能力、提升文化素养，营造“多读书、读好书、善读书”的文化氛围；在书目的推荐和海选上，我们要求深刻的思想性和浓厚的可塑性；在嘉宾的遴选和确定上，我们要求主讲嘉宾学养深厚、擅长演讲，要求讲座内容具备思想性、理论性、权威性、故事性、学术性和感染力。

中央和国家机关“强素质·作表率”读书活动主题讲坛在每月后半月的一个周六上午举办，读书氛围越来越浓厚，品牌效应越来越凸显，综合素质越来越增强。许多听众没有座位也坚持听完讲座，让我们深深领略到了大家的热情和期待，也了解到了学习立党的博大意义。我们正在编写一本《中国共产党学习史》。领导同志讲的“共产党是学习立党”和我们的活动非常契合，这也成为我们做好主题讲坛工作的动力。

在这里，我要感谢马凯等中央领导同志的重要批示和亲自参与，感谢中央直属机关工委、中央和国家机关工委、国家新闻出版广电总局三家单位的高度重视和长期支持；感谢孙寿山同志、吴尚之同志等诸位领导同志和相关部门负责同志的陪伴和长期参与；感谢各位在座的同志给予我们的充分肯定和极大信任，你们让我们有信心把活动办得更加精彩，更加富有魅力。

下面正式开始本次主题讲坛活动。考虑到在座的各位是中央和国家机关的司处级领导干部，对涉及党和国家改革发展的重大理论问题和历史问题，应该有清醒的了解和把握，从而切实增强治国理政的自觉性和独立性。从社会实际情况看，存在以下两种情形：一是把改革开放前后这两个历史时期对立起来；一是对两个时期关系的认识较模糊。这就有必要通过主题讲坛活动，帮助大家增强认识、把握理论。朱佳木副院长曾在中央主要领导身边工作，又长期从事党史和国史研究，他勤奋、睿智、有勇气，对这个问题有深入的研究，他掌握和发掘的资料是翔实可靠的，得出的结论是科学和准确的，他坚持“论从史出、史论结合”的原则，并撰写了相关著作，展示了他的理论分析功力和深厚实践基础，值得大家阅读。现在让我们热烈欢迎朱院长开讲。

郝振省（总结）：朱院长有一本书《当代中国史理论问题十二讲》，里面好多重要问题都讲到了，讲得特别透彻，我建议咱们要切实把读书和听嘉宾演讲结合起来。我也向朱院长报告，听了你的演讲，我就想起毛泽东同志讲过的一段话，他说，如果你能用马克思主义的观点说明一两个实际问题，就会受到评断，就算有过几分成绩，被你说明的东西越多、越普遍、越深刻，你的成绩就越大。今天朱院长讲的问题，是重大的现实问题，也是重要的历史问题，更是重要的理论问题。

下面按照惯例，我对今天的讲座做一个总结。

第一，朱院长讲到两个历史时期的重要差别和区别，使我们看到了否定毛泽东同志的晚年错误，准确科学地把握毛泽东思想科学体系的必要性和必然性；使我们看到了果断地把党的工作重心由“以阶级斗争为纲”转向“以经济建设为中心”的必要性和必然性；看到了坚持“一个中心，两个基本点”的必要性和必然性；也看到了实行改革开放基本国策和采用社会主义市场经济体制的必要性、必然性。没有这种区别，没有这种必要性和必然性，很难设想我们能有目前的小康生活标准；很难设想我们能有今天的综合国力；很难设想我们能有在国际社会中的地位、作用和话语权。

第二，朱院长讲到两个历史时期本质的一致性，使我们看到党指导思想的一贯性、继承性和连续性；看到经济体制方面公有制的基础性，与国有经济支柱作用的一贯性和继承性；看到了政治体制方面，党总揽全局又协调各方的一贯性与继承性。他关于主流和支流的分析，关于具体错误和失误的分析，使我们得出这样的结论：改革实际上是一种社会主义制度的自我完善和调整的过程。改革不是要否定社会主义制度和共产党领导。恰恰相反，它是为了更好地巩固和发展我们的社会主义制度，巩固和完善我们党的领导体制，这就准确地回答了我们改革开放的基本性质问题。

第三，朱院长讲到，改革开放前的历史时期为改革开放后的历史时期奠定了基础，使我们初步认识到之所以两个历史时期具有一贯性、继承性，是因为前一个历史时期对后一个历史时期具有一种奠基作用。如果没有建立起基本政治制度和以公有制为主的基本经济制度，如果我们的民族还在蒙受屈辱，国家还是四分五裂、战乱频仍、民不聊生，能够谈及改革和开放吗？如果没有我们初步建立起来的独立的、完整的工业体系和国民经济体系，我们改革的物质条件到哪里去找呢？如果没有真理标准的讨论、解放思想，四项基本原则何以坚持和进行？社会的和谐稳定何以寻觅？改革发展的向心力何以凝聚？由此我们可以得出结论，两个历史时期构成了完整的中国特色社会主义，我们对以往僵化体制进行否定的时候，应该是刚才朱院长强调的辩证的否定，我们不能把孩子和洗澡水一块倒掉。我们对市场经济肯定的时候，其实也是一种辩证的肯定，也不能照单全收。我脑子里想起这么一句话，“计划经济有贡献，市场经济有局限”，我们要辩证看待。改革的真谛就在于我们要坚持马克思主义的世界观和辩证方法论，坚持中国化的当代马克思主义，坚持适应生产力发展的生产关系和经济基础，坚持适应生产关系和经济基础的思想上层建筑和政治建筑，改变那些不适应的东西。我想，以上便是朱院长的著作和他今天的演讲带给我们的主要启示。

让我们再次感谢朱院长精辟的理论分析和精彩的历史演讲。

马克思与我们

（2017 年第 5 期　孙正聿主讲）

郝振省（开场）： 今天是 2017 年第 5 期，总排序第 97 期中央和国家机关“强素质·作表率”读书活动主题讲坛。我们为大家邀请到了全国政协委员、吉林大学哲学社会科学资深教授、教育部哲学教学学科指导委员会主任孙正聿教授作为今天的主讲嘉宾，大家欢迎他。

孙教授的学术思想和一系列重要的学术论著，是我国哲学社会科学战线上一道厚重又亮丽的风景线，2015 年 1 月，他应邀为第十八届中央政治局集体学习授课，授课的内容是“辩证唯物主义的基本方法论和原理”。孙教授 2015 年 9 月获得吉林大学终身成就奖，他是我们国家现在屈指可数的几位顶级哲学家之一。

同志们，安排这一期讲座，我们有这样的考虑：5 月 5 日是马克思的诞辰，今年是马克思诞辰 199 周年，用中国人的话讲是 200 年。他耗费一生精力撰写的伟大经典著作《资本论》到今年也已经出版 150 年了，所以我们通过这种方式来表达对马克思深深的敬意和永远的追随。我们今天为马克思这位伟大的思想家聚集在这里，我们不能说不了解他，但又不能说完全了解他。马克思理论追溯过程的无比艰辛，他对人类知识像海绵一样的充分吸纳，他为了无产阶级的解放所创造的科学思想体系，应该说都需要我们进一步深度了解。让我们以热烈的掌声欢迎孙正聿教授开讲。

郝振省（总结）： 下面按照惯例，我对今天的讲座做一个总结。

第一，孙教授的开场白讲到一个非常重要的命题，就是理论的定义、作用和特征。他特别讲到一切从实际出发的一个基本前提是观察渗透理论，我觉得这个观点值得我们深思。当然要一切从实际出发，但是这个“实际”中有你对实际的确认和判断，有理论的因素在里面，而这就说明了理论的价值所在。他还引用马克思的话，指出不只是思想要趋向于现实，而且现实也要趋向于思想。这个道理，实际上讲的是精神对于物质的反作用、理论对于实践的反作用。这也就是为什么我们强调学习理论、研习思想、认真读书的必要性，强调学习马克思主义、学习当代中国马克思主义的价值和意义。

第二，孙教授讲到马克思与我们的人生观和价值观。他讲到人的两种存在，讲到人的合规律性与合目的性的统一，特别是最后讲到人的三种存在的方式，心理的、生理的和伦理的。我觉得我们应该从人生观、价值观的角度思考这三种存在。当我们讲到人的时候，他肯定是与社会相关联的。从这个意义上讲，我们共产党人对人生观的选择，像马克思讲的，如果我们选择了最能为人类福利而劳动的职业，那么，重担就不能把我们压倒，因为这是为大家而献身；那时我们所感到的就不是可怜的、有限的、自私的乐趣，我们的幸福将属于千百万人，我们的事业将默默地、但是永恒发挥作用地存在下去，而面对我们的骨灰，高尚的人们将洒下热泪。

第三，孙教授讲到了马克思与我们的历史观和时代观问题。孙教授讲到了历史活动前提与历史活动结果的关系，讲到了规律的客观性和可塑性的问题。规律是客观的，但它也有可塑性。讲到了历史不同阶段、不同特征的问题，告诉我们马克思的历史观和时代观，是一种辩证的历史观和时代观。历史活动的前提，先辈们留给我们的基础是不可选择的，但是在这样的前提之下和基础之上，我们采取什么样的制度、走什么样的道路，这是完全可以选择的。所以中国共产党选择了社会主义的基本政治制度和经济制度，选择了中国特色社会主义。

孙教授还讲到时代观的问题，我的理解是历史的规律不可以轻易地改变，但是历史的规律有它的可塑性。当我们改变和调整这些规律遵循的条件的时候，它也可以改变运行的角度和方向。孙教授最后讲到，我们实行社会主义制度，就是要用社会主义的基本经济制度、政治制度，借助于市场经济的积极方面，来完成我们的中国特色的社会主义建设。

孙教授是研究马克思与马克思主义的大家，他对马克思思想和马克思的论述，旁征博引，熟记于心；他的演讲每每一语中的，诙谐幽默，引人入胜，这是孙教授的魅力所在。这使我想起了孙教授给自己立下的三个"过不去"：在有理问题上和自己过不去，追求的是思想的深邃；在讲理问题上和自己过不去，追求的是逻辑的严密；在叙述问题上和自己过不去，追求的是表达的魅力。让我们再次感谢孙教授。

金融与国家安全

（2017 年第 6 期　张红力主讲）

郝振省（开场）：今天是 2017 年第 6 期，总排序第 98 期中央和国家机关“强素质·作表率”读书活动主题讲坛。我们为大家特别邀请了中国工商银行副行长、全国政协委员张红力同志作为我们今天的主讲嘉宾，大家欢迎他！

张红力同志曾经在英国施罗德国际商人银行、美国高盛公司和德意志银行等大型国际金融机构做高管，他是直接从外资银行进入到中国工商银行工作的，也是中国内地第一位引进的金融高管人才，在金融方面他有若干论述和重要著述。由他来讲金融和国家安全的相关主题，我们认为是非常合适的。

今天有关部门的负责同志也像往常一样，与大家一起聆听张行长的主题演讲。安排今天这次讲座我们有几个方面的考虑：第一，经济一直是我们主题讲坛的一个重要板块，金融又是现代经济的核心。第二，我们在调查中得知，有很多同志想了解金融方面的知识，对金融领域我们想知和未知的东西非常之多。第三，在 2016 年，我们邀请国防大学乔良教授主讲中美博弈的时候，他就讲到美国利用金融作“收割机”，在全球剪羊毛。那个时候我们就想，一定要找一位国内相关领域的名家来讲讲金融。后来我们就找到了张红力副行长。今年 4 月 25 日，中央政治局第四十次集体学习的内容就是国家金融安全，这说明我们领导干部非常有必要增强金融工作能力，学习金融业务知识，把握金融发展规律，学会用金融手段来推动我们的发展，同时还要学会用金融知识来化解和防范我们遇到的风险，于是就有了今天以“金融与国家安全”为主题的讲座。

同志们，让我们以热烈的掌声欢迎张红力同志开讲。

郝振省（总结）：同志们，下面按照惯例，我对今天的讲座做一个小结。

第一，张红力副行长讲到怎么看待金融。他讲到金融的地位，由经济的工具拓展为国之重器；金融的属性，由经济范畴拓展为政治范畴；金融的本质由术拓展为道。这也是启发和引导我们超越常规认识的过程。金融已经上升为治国安邦之重器，经世济民之要义；金融不只是存在于经济范畴，它还与政治范畴、军事范畴、社会范畴、文化范畴相互依存、相互助力。

第二，张红力副行长讲金融是一把双刃剑，它既能对付敌手，也会误伤自己；金融是一滩大水，既能载舟也能覆舟，这是在讲金融功能的两面性。如何用国之重器来对付敌手保护自己，如何借助国之重器来确保载舟而不是覆舟，其中大有规律可循。

第三，张红力副行长讲到了怎样维护国家安全，他提出以"积极的防御"作为指导思想，认为积极防御中的关键是乱中有为。他还讲到另外一个对策就是蹄疾步稳，蹄子要疾，步子要稳，关键是痛下决心干成事。

同志们，今天张红力副行长高屋建瓴、纵横捭阖，可以说是信手拈来，给我们做了非常精彩的一次主题讲座，给我们补充了十分重要的金融知识，分析了国际上风起云涌的金融形势，提出了做好金融工作的重要对策，体现了一位学者型、战略型高级金融官员的风采，对我们从宏观上用好国之利器、国之重器，从微观上借助好金融这个重要工具，从思想上确立金融思维很有价值、很有启发，让我们再次感谢张红力副行长。

中国文化的自信与力量

（2017 年第 7 期　康震主讲）

郝振省（开场）：同志们，朋友们，大家上午好，今天是 2017 年第 7 期，总排序第 99 期中央和国家机关“强素质·作表率”读书活动主题讲坛，我们为大家特地邀请到了北京市教学名师、教育部新世纪人才、全国模范教师、“长江学者奖励计划”青年学者、北京师范大学文学院康震教授作为本期主讲嘉宾，大家欢迎！

康震教授主要从事中国古代诗词、散文与文化研究，在《文学评论》《文艺研究》等核心学术刊物发表了论文 70 余篇，出版《长安文化与隋唐诗歌》等十余部学术著作，出版“康震评说唐宋文学家系列”等学术普及著作及教材 21 部。他还多次在中央电视台《百家讲坛》《中国诗词大会》《中国汉字听写大会》等栏目担任学术顾问、主讲嘉宾和点评嘉宾。

今天相关部委的领导同志和有关部门的负责同志来到现场，与大家一起来聆听康震教授的精彩演讲。

同志们，今年年初我们从中央电视台《中国诗词大会》节目上，看到康震教授从容不迫、声情并茂地点评新人、评说历史，他的博学多才、旁征博引、绘声绘色，带有很大的吸引力和感染力，给大家留下了深刻的印象。当时我就想，我们中央和国家机关的司处级领导干部对诗词的鉴赏有强烈需求，所以应该请康震教授专门讲一次古典诗词。我的想法与读书活动办公室的同志一拍即合，请示领导时也是一路绿灯。最终确定的讲座题目不限于古典诗词，康教授将从传统文化的思想境界、盛世的气象出发，引领我们欣赏中国古典诗词的博大精深和浪漫情怀，并由此来反观、展现我们国家、我们中华民族的历史渊源、思想境界和社会气象。让我们热烈欢迎康教授开讲。

郝振省（总结）：我按照惯例对今天康震教授的讲座作一个总结。

第一，康教授讲到了中国传统文化的思想境界，讲到了孔子的饮食、衣着和礼仪举止，更讲到了孔子的思想主张。这里边是不是给我们一种启示，就是康教授实际上讲的是中国传统文化的思想境界、理论境界；康教授还讲到了我国古代“轴心时代”的思想家、哲学家，给我们展示了他们的飘逸风采和他们博大精深、自成体系的学术见解和文化见解，而这些恰恰是我们的文化自信的重要构成因素。

第二，康教授讲到了司马相如的《子虚赋》，向我们展示了汉朝时宏大的声势和雄伟的气魄。他讲到了盛唐开放的情怀和繁荣的景象，包括大明宫这种磅礴的空间，包括当时国际人士的流连忘返，甚至是入朝为官。这是否给我们一种启示：中华民族根基深厚、历史悠久的核心价值观，孕育了我们民族的大汉王朝和大唐王朝的气象，而这种盛世气象又体现了我们民族的文化自信和博大胸怀。

第三，康教授讲到了张若虚的《春江花月夜》，又讲到了李白的《月下独酌》和《将进酒》，他向我们叙述和描绘了中国传统文人、传统文化的文学风采与浪漫情怀，这是我们民族文化自信的文学表现和艺术展现，如果说思想境界是文化自信的理论结晶，盛世气象是文化自信的物质成就的话，那么我们可以说文学与诗词艺术的浪漫情怀是文化自信的诗意绽放和美学展现。这就使我们看到，一个国家文化自信的形成，既要有思想的力量，也要有物质的力量；一个人文化自信的形成，既需要客观的条件，更需要主观的努力实践。

同志们，让我们再一次感谢康震教授带给我们的精彩演讲！

科技革命改变世界发展格局

（2017 年第 9 期　王渝生主讲）

郝振省（开场）：今天是 2017 年第 9 期，总排序第 101 期中央和国家机关“强素质·作表率”读书活动主题讲坛。我们为大家特别邀请到第十届全国政协委员，国家教育咨询委员会委员，中国科学院理学博士、博士生导师，中国科学技术馆研究员、原馆长王渝生教授作为今天的主讲嘉宾，大家欢迎他！今天主题讲坛的题目是“科技革命改变世界发展格局”，配合讲座我们赠送给大家《领导干部和公务员科学素质读本》一书。

今天和大家一起来聆听王教授演讲的，还有各主办单位的领导，对他们的到来我们表示由衷的感谢。

大家都知道，在衡量和评价综合国力时，科学技术是其中一个重要指标，有着本质的核心功能。在我们的业务工作中，科学技术也占有很大的比重。科学技术的重大发现和发明，从纵向看决定着社会历史发展的进程，从横向看影响着世界不同板块之间的力量对比格局。马克思说：“手推磨产生的是封建主为首的社会，蒸汽磨产生的是工业资本家为首的社会。”现在的世界上，有发达国家、发展中国家和不发达国家，这里面一个根本性的原因就在于各国间科学技术方面的落差。中华民族在自己站起来、富起来、强起来的历史性跨越中，没有科学技术在其中发挥关键作用，是绝不可想象的。

在今天的中国，治国理政、内政外交、国防建设，改革、开放、稳定，作为第一生产力的科学技术的力量是不可或缺的。岂止是不可或缺，我们对科学技术的依赖呈不断加强的趋势。在这种背景下，中央和国家机关“强素质·作表率”读书活动主题讲坛，把科技作为五大板块之一，是符合逻辑的，也是各位所迫切希望的。第九次中国公民科学素质调查显示，2015 年我国公民具备科学素质的比例为 6.20%，而“十三五”规划中提出要达到 10%的目标，这就要求我们在座的中央和国家机关的领导干部，不但要切实增强自己的科学素质，而且还要在提高国民的科技素质方面作表率！面对这样的双重任务，我们请到了王渝生教授，他是我国改革开放后第一位科学史博士，是中国科学技术馆原馆长，他的讲座一定能对提高我们的科学素质大有裨益，让我们以热烈的掌声欢迎王教授开讲！

郝振省（总结）：下面按照惯例，我对今天的讲座做一个简单的小结。

第一，王教授一开始讲到中国古代是否有科技的问题。他讲到了我国古代的农学、医学、天学和算学，讲到了四大发明，讲到了吴文俊教授当年对《九章算术》历史价值的评说，特别是讲到马克思对四大发明做出的高度评价。这些使我们感到中国古代应该说既有科学又有技术。由此他还提出在弘扬中国传统文化的时候，我们一方面要关注之乎者也，关注孔子、孟子、老子、庄子，另一方面还应关注中国传统文化里面的科技文化成分。

第二，当年中国共产党在艰苦卓绝的环境下，在延安建立了自己的科学院，而徐特立作为毛主席的老师，在延安自然科学院成立大会上就讲到，一个前进中的政党必须把握前进中的科学技术。我们的共和国刚刚宣布成立，毛泽东、周恩来与郭沫若就商量成立中国科学院，1949 年 11 月 1 日中国科学院就正式成立了。可见当时我们的开国领袖对科学技术是多么重视。后来我们成功发射了“两弹一星”，还创造出许多为世界瞩目的科研成果。习主席也讲到我们改革开放前的几十年，不但基本形成了完整的工业布局和完整的国民经济体系，而且也初步形成了我们的科研力量、我们的科研体系。这些让我们感到我们还有一块红色科技史值得去认真研究。

第三，王教授讲到世界科技中心的转移，讲到从 16 世纪到 20 世纪发达国家的重要发明和发现，也讲到了我国近年来的重大科技成就，还讲到了我们面临的挑战，如 21 世纪尚待解决的四大科学难题。这就给中国科技界，给中国的科技人，包括在座的同志提出了一个问题：一方面，我们有充分的空间去展示我们的聪明才智；另一方面，我们在科技领域与发达国家相比还有很大差距，我们还面临着巨大的压力。我们有责任不忘初心，不忘使命，为把中国建设成为一个科技强国做出不懈努力。

王教授为我们带来了一场诙谐幽默、充满睿智的讲座，让我们再一次感谢王教授的精彩演讲！

中国高速铁路的创新与发展

（2017 年第 10 期　刘辉主讲）

郝振省（开场）：今天是 2017 年第 10 期，总排序第 102 期中央和国家机关“强素质·作表率”读书活动主题讲坛。今天我们特别邀请到中国铁路工程总公司党委常委，中国中铁股份有限公司副总裁、总工程师，教授级高级工程师刘辉同志作为我们的主讲嘉宾，大家欢迎他！同时，相关部委的领导同志也一如既往地与我们大家一起来聆听今天的主题演讲。

同志们，我们党的十九大刚刚胜利闭幕，十九大选出了以习近平同志为核心的新一届中央领导集体，同时确立了习近平新时代中国特色社会主义思想。习近平同志在他的报告里面讲到不断提高党的执政能力和领导水平的时候，首先强调要增强学习本领，在全党营造善于学习、勇于实践的浓厚氛围，建设马克思主义的学习型政党，推动建设学习大国，这极大地坚定了我们进一步办好中央和国家机关“强素质·作表率”读书活动主题讲坛的信心和决心。

同志们，我们把这次讲坛的主题设定为“中国高速铁路的创新与发展”，主要是出于三点考虑：其一，这次讲坛是在党的十九大胜利闭幕的日子里面举办的，它得有喜庆的成分；其二，这种喜庆应该是沉甸甸的；其三，这个内容还要与大家的需求接轨。经过一番讨论和考量，最后我们选择了中国高铁这个重大的主题。十九大报告中讲到了历史性的成就和历史性的改革，中国高铁就能够代表这种成就和改革，高铁是实实在在的实体经济，是实体经济的领头羊，绝对是沉甸甸的内容，也有广泛普遍的影响力。说到需求，在座的各位领导、各位同志、各位朋友，大家都是中国高铁的高频率的响应者、高频率的赞赏者；但是，中国高铁究竟是怎么发展起来的？发展到今天的高铁，究竟有一个什么样的格局？未来的发展趋势是什么样的？它有没有遇到困难和挑战？这些都是大家特别想了解的，这也就使今天刘辉同志的主题演讲有了精准的针对性。

刘辉同志参与完成的“青藏铁路工程”获得了2008年的国家科技进步特别奖；他主持完成的高铁“遂渝线无砟轨道综合试验段关键技术试验研究”获得2010年度国家科技进步一等奖，在高速铁路无砟轨道的技术引进和消化吸收再创新中，作出重要贡献。他主持研制的900T箱梁系列运架设备，解决了大吨位箱梁运架难题，为我国高速铁路建设提供了装备保证。他所主持完成的“高速铁路标准梁桥技术与应用”获得国家科技进步二等奖。他在中国中铁公司主要负责科技、勘察设计、信息化建设等工作，先后主持制定了公司的“十一五”“十二五”“十三五”科技发展规划，建立和完善了公司的技术创新体系，由他来宣讲中国高铁这一主题应该是一位十分理想的人选，让我们热烈欢迎！

郝振省（总结）：下面按照惯例，我简单地对今天刘辉同志的演讲，作一个小结。

第一，我认为今天刘辉同志给我们带来了许多关于高铁的知识，他讲到什么是高速铁路、高速铁路的五大系统，讲到世界高铁的发展史，他还讲到好多技术性的术语，包括无砟轨道、以桥代路等等。我认为提高素质和增加知识是密切相关的，只有增加了知识，才有可能提高素质，如果没有知识支撑，那这个素质是无从谈起的。而今天刘辉同志的演讲就向我们普及了关于中国高铁的知识。

第二，他讲到中国建设高铁是一种必然的选择，讲到发达地区和贫困地区之间，由于距离太远，造成难以帮扶的问题。还讲到我们当年铁路发展增速才一点几个百分点，赶不上国民经济8%到9%的增长率，所以建设高铁是一种必然的选择，也说明有关中国高铁的这种调研分析和选择，为后面的科学决策打下了良好基础，起到了关键作用。

第三，我觉得也是重点，刘辉同志讲到有中国特色的中国高铁的创新路线，经过了四个阶段，形成了十二个技术系列，讲到了我们的比较优势，讲到了我们的创新点。这给我们一种什么启示呢？就是中央关于建设创新型国家的决策是完全正确的，也反映了我国高铁战线这种先引进、消化、吸收，再进行自主创新的思路是成功的。

第四，刘辉同志讲到了我国高铁发展面临的机遇和挑战，机遇里面有国际社会对我们的需求，还有我们国内“八纵八横”的建设目标。机遇是非常充分的，但挑战也是严峻的，国际上的竞争相当激烈，我们希望中国高铁把机遇的最大价值实现出来，同时把挑战最大化地转化成机遇，我们对中国高铁抱有充分的信心。

刘辉同志以他自己长期参加高铁建设的经历、体验、管理经验和发展理念，给我们讲了一个非常好的中国高铁的故事，可以说很有说服力、很有影响力，也很有硬实力，很解渴，让我们再一次对刘辉同志厚重的演讲表示衷心的感谢。

毛泽东与中国传统文明的创造性转化

（2017 年第 12 期　韩毓海主讲）

郝振省（开场）：今天是 2017 年第 12 期，总排序第 104 期中央和国家机关“强素质·作表率”读书活动主题讲坛。我们今天特别邀请到了我国著名学者，北京大学中国语言文学系教授、博士生导师韩毓海先生作为我们的主讲嘉宾，大家欢迎他。

今天相关部委的领导同志也一如既往地与我们大家一起来聆听韩毓海教授的主题演讲，对他们的到来我们表示衷心的感谢。

同志们，我们安排今天这个主题，主要有几点考虑：第一点，今年 12 月 26 日是毛泽东同志诞辰 124 周年的日子。我们的主题讲坛在每年 12 月份一般都要安排以毛泽东或者以毛泽东思想为主题的讲座，就是为了深切怀念这位开国领袖的丰功伟绩、光辉思想和人文情怀。如果说忘记过去意味着背叛的话，那么重温历史既是为了继承，更是为了发展。正是毛泽东和他的战友们把长期处于一盘散沙状态的中华民族融为整体，完成了中华民族站起来的历史使命，并且为中国富起来和强起来奠定了坚实的基础，提供了珍贵的精神财富和物质财富，我们将永远怀念毛泽东同志，永远从他的思想里面汲取智慧和力量。

第二点，怀念和继承发展是永久性的，但每次我们的角度和主题都力求新颖。本次讲座的题目是“毛泽东与中国传统文明的创造性转化”，最近习近平同志讲到中国优秀传统文化的创造性转化、创新性发展，我们认为这既是对哲学社会科学工作者的一种要求，更是对我们党包括毛泽东同志，转化和发展中国优秀文化经验的总结。

第三点，韩毓海教授的著作颇丰并屡获国家级大奖，他是北大的著名学者，在思想文化界拥有广泛的影响力。下面让我们欢迎韩教授开讲。

郝振省（总结）：同志们，下面按照惯例，我对今天的讲座做一个小结。

韩教授讲到我们中国这样地大物博的一个国家，最痛心、要命、难以克服的弊端就是一盘散沙。我们党的成功之处之一就是组织基层、武装基层，我觉得这里面实际上就是对历史上的兵农合一制度的一个继承和发展。

韩教授讲到了我们传统文明的一些弊端，如知行脱节的问题，党八股的问题，帮派的问题等。我觉得我们应该实事求是地面对传统文化，在继承性转化和创造性发展的过程中，还必须以批评的眼光否定、抛弃那些糟粕，我们不能光讲益处。

韩教授还讲到我国经济发展的脉络。从新中国成立时，到我国社会主义工业化的格局的形成和国民经济整个布局的初步的完成，一路上都是非常不容易的。

包括毛泽东思想本身，刚才韩教授在讲座中也说了，毛泽东的伟大之处就在于他实事求是，他面对中国的实际问题，解决了中国的实际问题。

今天韩教授以他深厚的学识功底、历史功底、文学功底，以及他各方面知识的功底与他特别的演讲才能，为我们有选择地讲出了毛泽东和他的战友们是如何创造性地转化了中国传统文明的，也让我们更加理解了以习近平同志为核心的党中央对毛泽东思想的继承和发展。让我们再一次的对韩教授表示感谢！

2018年郝振省主持词选编

文学的新演变与新挑战（2018年第1期　白烨主讲）

新时代中国国际战略与中美关系（2018年第2期　袁鹏主讲）

现代人的起源（2018年第3期　吴新智主讲）

当代西方马克思主义（2018年第4期　陈学明主讲）

人工智能：天使还是魔鬼？（2018年第5期　谭铁牛主讲）

用习近平经济思想统领新时代经济论争（2018年第6期　程恩富主讲）

大脑的奥秘（2018年第7期　王佐仁主讲）

国家安全形势新变化与战略选择（2018年第8期　杜文龙主讲）

中国歌剧艺术欣赏——兼谈中国美声的魅力（2018年第9期　金曼主讲）

从诺贝尔奖谈创新能力的养成（2018年第10期　金涌主讲）

文学读解习近平『两山』重要思想（2018年第11期　何建明主讲）

百炼成钢——中国共产党如何应对危局和困境（2018年第12期　曹普主讲）

文学的新演变与新挑战

（2018 年第 1 期　白烨主讲）

郝振省（开场）：今天是 2018 年第 1 期，总排序第 105 期中央和国家机关“强素质·作表率”读书活动主题讲坛。我们为大家特别邀请了中国当代文学研究会会长白烨教授作为今天的主讲嘉宾，大家欢迎他。

今天相关部委的领导同志也一如既往地与我们大家一起来聆听主题演讲，对他们的到来我们表示衷心的感谢。

同志们，今天白烨教授演讲的题目是“文学的新演变与新挑战”，其实文学是一个大领域，文学的作用是不可估量的。如果稍微回顾一下，从马克思、列宁、斯大林、毛泽东一直到习近平，他们的文学情结都特别的强烈，他们的文学底蕴也十分深厚。你看马克思的著述和演讲中，对优秀文学作品有大量娴熟的、恰如其分的运用和借用，增加了论述的说服力、感染力和传播力。

习近平总书记在讲到中华优秀传统文化的时候，他举的例子全部是文学作品，包括《诗经》、楚辞、汉赋、唐诗、宋词、元曲、明清小说。所以我们说，优秀的文艺作品，从大处讲，对于我们弘扬中国精神、凝聚中国力量，实现民族理想功不可没；从小处看，对于在座的各位提高文学素养，增加审美情趣，培养健康人格，弥足珍贵，不可或缺。

正因为如此，我们的主题讲坛，曾先后邀请了王蒙、莫言、杨义、何建明、刘庆邦和康震等作家和学者，从不同的主题、不同的角度、不同的阶段，讲文学创作、文学欣赏等等。而今天我们特别邀请到的中国当代文学研究会会长白烨先生，他研究的是当代文学，他将对当代文学进行全景式的梳理和大视野的描述，对文学面临的新挑战与新演变给出理性的思考。下面让我们欢迎白烨会长开讲。

郝振省（总结）：下面按照惯例，我将今天的讲座做一个小结。

白烨会长一开始讲到《中国文情报告》每年出版一本，是一个很好的铺垫，特别是讲到习近平总书记对于文学的高度关切和理论见解，这成为本次演讲的重要思想指引。关于三个阶段的划分，梳理了新时期以来的文学发展脉络，以政治浪潮为中心的20世纪80年代，以经济浪潮为中心的90年代，以信息科技浪潮为中心的新世纪以来的阶段。

后来讲到三个板块，严肃文学、大众文学和网络文学。这里边，我觉得体现了唯物史观的辩证性和全面性。文学作为一种思想意识形态，既受到经济基础的决定，又受到政治上层建筑的规定，所以严肃文学有它自己的使命。以商业为依托的大众文学，是适应市场经济需要的一种文学样式。21世纪之后兴起的网络文学，它所借助的数字手段、网络手段，实际上是一种先进的出版生产力，所以在信息技术飞速发展的今天，一发而不可收拾。

另外，他讲到挑战和应对，线索非常清楚。比如讲到写作的分化，既有追求主旋律的，也有只追求市场占有率的。讲到传播的分化，既有单向的传播，也有双向的传播。讲到阅读分化，浅阅读和深阅读并存。讲到批评的弱化，一个是队伍的弱化，一个是相当多的需要评价的领域存在严重空白。最后讲到过度娱乐化的问题，我觉得白会长讲得特别恳切。娱乐是必要的，但是要防止过度娱乐化、泛娱乐化的倾向。毕竟一个民族、国家，应该以自己的核心价值观立于世界之林，一个民族国家的文学也要以弘扬自己核心价值观的作品来立于世界文学之林。

白烨会长是文学评论大家，他对我国当代文学的总体发展了然于胸，透彻的分析很见功底。今天他的演讲可以说是感性和理性融为一体，极具感染力和渗透力，让我们再次感谢白烨会长。

新时代中国国际战略与中美关系

（2018 年第 2 期　袁鹏主讲）

郝振省（开场）：今天是 2018 年第 2 期，总排序第 106 期中央和国家机关“强素质·作表率”读书活动主题讲坛。今天我们特别邀请到了中国现代国际关系研究院副院长、研究员、博士生导师袁鹏教授作为我们的主讲嘉宾，大家欢迎。

今天相关部委的领导同志也一如既往地来到讲坛，和大家一起聆听袁鹏教授的主题演讲，对各位的到来我们表示衷心的感谢。

今天的题目是“新时代中国国际战略和中美关系”，我觉得可以看成是两个关联度很高的问题，也可以看成一个问题的两个方面。从国际战略布局来讲，党的十九大提出了推进构建人类命运共同体的使命和任务。人类命运共同体是一个责任共同体，我们中国共产党的责任是什么？习近平总书记在党的十九大报告里面讲到，我们中国共产党是为中国人民谋幸福的政党，同时又是为人类进步事业奋斗的政党。我们作为中央和国家机关的一名党员，只有了解国际战略格局，才有可能更好地认清我们的职责，成就我们党的使命。另外，人类命运共同体也是一个使命共同体，特别是在世界多极化、经济全球化、社会信息化和文化多样化这样错综复杂的条件下，人类面临着共同的挑战，没有哪一个国家能够独自应对。习近平主席讲“你中有我，我中有你”。在这种情况下，如果我们对国际战略格局不太了解，或者缺乏国际的视野，就很难履行好我们作为中央和国家机关高层公务员的党务工作和政务工作。

袁鹏副院长的研究领域是美国外交、中美关系、台湾问题与亚太安全、中国国际战略等，他长期担任中国现代国际关系研究院美国研究所所长，为高层提供重要的决策建议。下面让我们以热烈的掌声欢迎袁鹏副院长开讲。

郝振省（总结）：同志们，下面按照惯例，我对袁院长的演讲做一个小结。

第一，袁院长讲到新时代中国国际战略布局，讲到了我们的顶层思想理论体系组织机构和机制，总体战略布局，战略重点，它的难点和它的形势。袁院长是一位国际战略学家，他以自己的眼光诠释了习近平新时代国际战略思想和若干重要的理念。

他一开始对我国国际战略做的介绍，表明了我们党对于国际战略问题不仅有着科学、全面的认识，对其本质和规律掌握得精准，而且采取了卓有成效的组织对策，实施了“五位一体”的战略布局。由于有这样的战略思想指引、组织措施保障和战略布局推进，取得了历史性的成就，形成了地缘战略的新格局，发展空间的新拓展和提升民族自信心的新举措。应该说这是我们党和习近平同志在国际战略问题上理论创新的重要成果和实践创新的重要经验。

第二，袁院长讲到了中美关系，我觉得大家能够体会到，中美关系是中俄关系、中日关系、中朝关系等一系列重要关系中的一个核心。袁院长也给我们讲到了面对中美关系的新挑战，我们要做好预判、提前准备，还要谨慎谦虚、稳打稳扎，及时出台一系列的措施，让党的十九大报告精神落地。

总之，我觉得袁院长在这一次演讲中，以他广博的学识、深厚的学养、坚定的立场和学者的风度，为我们上了高质量的有关国际战略和中美关系的重要一课。让我们再一次对他精彩的演讲表示衷心感谢。

现代人的起源

（2018 年第 3 期　吴新智主讲）

郝振省（开场）：今天是 2018 年第 3 期，总排序第 107 期中央和国家机关“强素质·作表率”读书活动主题讲坛，我们特别为大家邀请到了已年届九十的我国著名古人类学家、中国科学院院士吴新智教授作为今天的主讲嘉宾，大家欢迎他。

吴院士现在还担任中国科学院大学荣誉讲席教授、中国科学院古脊椎动物与古人类研究所研究员、中国解剖学会名誉理事长，先后发表人类学论著 170 余件，先后获得中国科学院自然科学一等奖、郭沫若中国历史学奖二等奖、全国优秀科普作品图书类一等奖、精神文明建设“五个一工程奖”、国家图书奖、国家科技进步二等奖等等。

同志们，今天相关部委的领导同志也和我们一道来聆听吴院士的主题演讲，对各位的到来我们表示衷心的感谢。

记得之前我们曾邀请中国科技馆原馆长王渝生教授来讲坛演讲，他讲到世界科技发展大趋势的时候，提及科学界的四大难题，分别是宇宙的起源问题、物质的起源问题、生命的起源问题和人类的起源问题。我们这次讲坛的主题，就是关于现代人的起源。关于这个问题，我们的脑子里大概有一些印象：一个是达尔文进化论，认为人类是从灵长类经过漫长的进化过程一步步发展过来的。还有周口店北京猿人，很多人隐约觉得周口店北京猿人和今天的北京人有内在的联系。还有毛泽东的一首诗作叫《贺新郎·读史》，其中有“人猿相揖别，只几个石头磨过，小儿时节”等句。究竟这些印象可靠不可靠，真实不真实？达尔文的进化论有没有涉及由猿到人的进化？周口店猿人和我们今天的北京人有没有历史的渊源？毛泽东“人猿相揖别”的界限究竟划在哪里？这些都是我们应该知道而未必知道的一些科学知识和历史智慧，所以吴院士今天的演讲就显得特别有价值，让我们大家以热烈的掌声欢迎他开讲！

郝振省（总结）：下面按照惯例，我对今天的讲座做一个小结。

第一，吴院士向我们介绍了猿和人分开进化的时间界限、划分猿和人的标准的变化。猿和人分开进化的时间在距今700万年前，或者更早。猿和人相区别的标准近年也发生了较大的变化。通过化石发现早期人类使用天然工具和制造工具中间就隔了300多万年，判定标准由能否制造工具到是否以直立行走为经常性的行为方式，再到化石上有否表示直立行走产生的结构，再到是否具有语言能力、劳动生产和艺术创造力等等。

吴教授其实也是回到了恩格斯关于劳动创造了人这一伟大的结论，无论是由树上的活动转到树下的活动，从手的使用频率不断增加，到四肢的逐渐分工，再到直立行走后视野的骤然开阔，为大脑发育提供条件，再到语言的诞生，再到火的采集和保存等等，都表明是劳动一步一步创造了人本身，劳动使猿人一步一步进化成人。

第二，吴教授讲到现代人起源的三种科学假说。吴教授主张多地区进化假说，他也尊重其他主张。但是显然吴教授的多地区进化假说科考根据更充分、更有力。

吴教授在讲到这些重要内容的时候，强调对人类进化的判断至少要从三个方面综合考虑：一是从各件化石证据得出的结论，应该相同协调、不矛盾；二是要与古人类行为文化的漫长历史以及古环境基因的证据不矛盾；三是对具体证据的解读，或者推理的逻辑不能矛盾。我觉得这是在古人类研究方面长期积淀的重要方法论。要证明一种科学上的假说，不管是肯定还是否定它，需要完全以科学的考察根据来说话，这是实事求是的马克思主义认识论在古人类研究学方面的一个体现。

第三，吴教授还讲到对未来人类的预测，包括人种和地理环境的作用，还有大脑进化的趋势等，这些问题还需要我们继续探索。

总之，吴教授以九十高龄和一位资深古人类学家的丰富深厚学养与科研积累，给我们上了难能可贵的一课，为我们系统、深入地讲解了有关人类进化方面的知识，让我们再一次感谢吴教授的精彩演讲。

当代西方马克思主义

（2018 年第 4 期　陈学明主讲）

郝振省（开场）：今天是 4 月 21 日，距离世界图书与版权日还有两天的时间。而今天距离全世界无产阶级和劳动人民的伟大导师马克思诞辰 200 年的纪念日还有两周时间。今天也是中央和国家机关“强素质·作表率”读书活动主题讲坛进入第九年的重要时刻，所以今天这个日子特别有纪念意义。为了纪念马克思，我们为大家特别邀请到了复旦大学马克思主义学院和哲学学院特聘教授、博士生导师陈学明先生作为今天的主讲嘉宾。大家欢迎他！

陈学明教授还是中国马克思恩格斯研究会的副会长、全国当代国外马克思主义研究会会长。他今天演讲的题目是“当代西方马克思主义”。今天相关部委的领导同志依然准时到场，和我们一起聆听陈教授的演讲，让我们对他们的到来表示感谢。

在马克思诞辰 200 周年之际，我们党和国家采取多种形式来纪念这位历史伟人是理所当然的事情。由原中央编译局和中央电视台联合摄制的有关马克思生平的纪录片，即将在中央台第一频道黄金时间播出。有关马克思主义和马克思思想的各种理论研讨会正在接连不断地召开。今天我们就请陈学明教授来给我们介绍当代西方马克思主义的由来与发展、特征与表现、趋势和要点，以及它对中国的意义和中国对它的借鉴。现在让我们以热烈的掌声欢迎陈学明教授开讲。

郝振省（总结）：下面按照惯例，我对今天的讲座做一个小结。

陈教授一开始讲到西方马克思主义的主要特征，特别是讲到西方马克思主义理论家通过和第二国际的理论家、第三国际的理论家和第四国际理论家的斗争和辩论。在关于哲学基本问题的讨论中，西方马克思主义的理论家强调，马克思主义哲学是主客体相统一的实践哲学，主要的特征是实践性、历史性和总体性。

在关于资本主义是改良还是革命的问题上。西方马克思主义的理论家认为对当代资本主义还是要持一种革命的态度。我觉得这表明了西方马克思主义对马克思主义思想精髓的长期坚守。

第二，陈教授讲到了美国与西方金融危机以来西方马克思主义的新趋向。比方说为左翼理论注入了新的活力，比方说马克思主义正在经历从传统向后现代的逻辑转换，等等。我觉得可以理解为西方马克思主义不仅在坚守马克思主义的思想精髓，还在尽可能多的领域弘扬和主张马克思主义的参与精神、实践精神、批判精神、革命精神、开放精神。

第三，陈教授讲到西方马克思主义在中国的意义。主要分为历史三个时期：第一个时期，西方马克思主义主要是促进思想解放，打破教条主义。第二个时期，主要是为我们增强马克思主义信念带来了强大的思想资源。第三个时期，主要是现代性批判理论的成果，为我们中国社会主义道路提供了重要的理论资源。我觉得这个非常重要。

陈学明教授在这短短的两个小时中，为我们介绍了西方马克思主义的主要特征以及金融危机后研究问题的新趋向，阐发了它对中国特色社会主义建设的价值和意义，对西方马克思主义的来龙去脉、代表人物、主要理论观念以及政治主张作了非常全面的讲解。这对于我们有分析地批判地借鉴西方马克思主义，开辟中国化的马克思主义新境界，对于提高我们自己的理论素质，办好我们自己的事情，是十分必要、也是正当其时的。让我们再一次用热烈的掌声感谢陈教授厚重、精彩的演讲。

人工智能：天使还是魔鬼？

（2018年第5期　谭铁牛主讲）

郝振省（开场）： 今天是2018年第5期，总排序第109期中央和国家机关“强素质·作表率”读书活动主题讲坛，我们为大家特别邀请到的主讲嘉宾是中国科学院院士、中国科学院原副院长、现中央人民政府驻香港特别行政区联络办公室副主任谭铁牛教授。大家欢迎他！

谭铁牛教授演讲的题目是“人工智能：天使还是魔鬼？”今天，相关部委的领导同志和我们大家一起来聆听谭铁牛教授的主题演讲，对他们的前来我们表示感谢！

近几年人工智能是一个热词。我们经常看的报纸，如《人民日报》《光明日报》《文汇报》《中国日报》《学习时报》《北京晚报》《新京报》《人民政协报》，上面几乎每天都有关于人工智能的新闻或者消息。我们认为人工智能之所以成为热词，与国际社会在人工智能领域激烈、甚至白热化的竞争有着直接的因果关联；与人工智能发展的国家战略规划有直接的因果关联；与党的十九大报告中提出的推动互联网、大数据、人工智能与实体经济深度融合的伟大历史任务有直接的因果关联。

我昨天看到欧盟的一位副主席讲，人工智能正在改变世界，就像当年的蒸汽机和电力改变世界一样。我觉得这句话讲得有道理。在这种形势下，作为中央和国家机关的司处级领导干部，很有必要改变我们对人工智能问题碎片化的、平面化的、残缺不全的、甚至相互矛盾的认知，进而获得一种相对理性的、全面的、本质的了解和把握。这就是我们今天邀请谭铁牛院士讲解这个问题的初衷。

谭铁牛院士主要从事图像处理、计算机视觉和模式识别等相关领域的研究，他还是中国人工智能学会副理事长、中国图像图形学学会理事长，英国皇家工程院外籍院士，发展中国家科学院院士，发表了许多重要学术论文。曾获国家技术发明二等奖、国家自然科学二等奖和国家科学技术进步二等奖各1项。这次谭院士是专程从香港返回北京来做这次演讲的，让我们以热烈的掌声欢迎他开讲！

郝振省（总结）：同志们，按照惯例，我对今天的讲座做一个小结。

谭院士一开始给我们讲了三个问题：第一，讲了人工智能的概念是1956年提出的，它和计算机的历史是直接相关的。人工智能的发展过程，大概是60多年，可划分为六个阶段。其中既有起步，也有反思；既有上升也有低迷，更有稳步和蓬勃发展期。我们觉得人工智能发展正像谭院士讲的，给予科学家对未知领域强烈的探求兴趣，以及社会需求的不断显现。它的发展显然不是一帆风顺的，其中的困难有时无法想象。正是一代代科学家锲而不舍的坚守与投入，当然还有社会需求的不断拉动，造成了今天人工智能比较繁荣的景象。

第二，谭院士讲到了人工智能的发展现状。讲到了以深度神经网络为代表的人工智能技术成功地跨越了科学与应用之间的鸿沟，在图像分类、语音识别、知识问答、人机对弈、无人驾驶等领域实现了应用。特别是在专用人工智能领域，最新的、运用人工智能技术的机器人，已经能像人一样躲避障碍物了；还有AlphaGo已战胜人类围棋冠军。可以说人工智能的科技成果在一些领域已超越了人类的水平，在智能手机、智能交通、智能医疗和智能安防领域已经得到了广泛应用。谭院士还讲到我国在人工智能领域的创业创新正如火如荼地展开，讲到人工智能是第四次技术革命的引擎。恩格斯说，科学是一种在历史上起推动作用的、革命的力量。我觉得就是因为科学是生产力，所以它才应该是决定的力量。统计和学习是人工智能的理论基础，强化算法是人工智能显示神奇威力的基本路径。正是在大数据、云计算、互联网、物联网等信息技术的支撑下，人工智能才能够实现深度学习、强度学习、穷尽算法、完善算法。所以如果我们充分理解了人工智能的本质特征和它的实现路径，你就会发现对人工智能发展的担心，是没有必要的。

第三，谭院士讲到了目前国内人工智能发展的状态和与国际领先水平的差距，特别讲到人工智能未来的发展趋势。既然机器人的本质特征是机器是工具，而不是人，它实现的手段无非就是深度学习、强度学习、穷尽算法、完善算法等等，压根不存在什么天使和魔鬼的问题。从“机器智能”到“人机混合”，从“人工＋智能”到“自主智能”的巨大转变，人工智能产业未来将蓬勃发展，人类将进入一个普惠型智能社会。

“人工智能”作为第四次技术革命的引擎，我们对它的发展充满信心。我觉得谭院士今天的讲座帮助我们运用马克思主义的认识论和辩证法，来理性地对待人工智能、发展人工智能，是非常有意义的事情，让我们大家再一次感谢谭院士！

用习近平经济思想统领新时代经济论争

（2018 年第 6 期　程恩富主讲）

郝振省（开场）：今天是 2018 年第 6 期，总排序第 110 期中央和国家机关“强素质·作表率”读书活动主题讲坛。我们为大家特别邀请到了中国社会科学院学部委员、学部主席团成员兼马克思主义研究学部主任、中央马克思主义理论研究和建设工程首席专家程恩富教授作为今天的主讲嘉宾，大家欢迎他！

今天程教授主讲的题目是“用习近平经济思想统领新时代经济论争”。相关部委的领导同志一如既往地与我们一同聆听程教授的演讲。

同志们，组织今天的主题读书讲坛，我们主要有三点考虑：第一点是贯彻党的十九大精神的需要。从党的十一届三中全会以来，经济建设始终是我们党和国家的工作重心，党的基本路线首先就是以经济建设为中心。在党的十九大报告中，再次强调要牢牢坚持党的基本路线，这是党和国家的生命线。党的十九大报告在总结过去五年历史性成就和历史性变革的时候，第一条就是经济建设取得重大成就。在讲到决胜全面建成小康社会，描绘全面建设社会主义现代化国家宏伟蓝图的时候，第一条就是贯彻新发展理念，建设现代化的经济体系，这实际上是贯彻党的十九大精神的需要。第二点是我们课程安排的需要。经济问题一直是中央和国家机关“强素质·作表率”读书活动的重要板块，我们很注意政治、经济、历史、文化、科技之间的平衡。第三点是党的十九大上确立了“习近平新时代中国特色社会主义思想”，紧接着中央经济工作会议上明确了“习近平新时代中国特色社会主义经济思想”，应该说“习近平新时代中国特色社会主义经济思想”既源于中国经济建设发展的实践，又指导着中国经济在新时代进一步的发展和深入实践，是当代马克思主义政治经济学理论的重大创新。应该说学习研究“习近平新时代中国特色社会主义经济思想”，对我们更为自觉地贯彻党的十九大精神，做好本职工作，有很强的针对性和现实性。

就习近平经济思想研究而言，程恩富教授是国内重量级的权威专家之一，担任中国经济规律研究会会长、世界政治经济学学会会长等重要职务，在海内外报刊发表了600多篇文章，还独著或合编出版了40多本相关专著。在这些文章和著述中他提出了一系列的创新性的见解，还曾经就经济理论和经济问题在中央政治局集体学习会上进行过讲解。现在让我们热烈欢迎程恩富教授开讲!

郝振省（总结）：同志们，下面按照惯例，我对程教授今天的讲座做一个小结。

第一，程教授讲到习近平总书记关于科技引领生产力发展的论述，讲到科技创新是引领发展的第一动力，人才是创新的根基，核心技术是国之重器。这里面程教授讲到一些争论，讲到了科技发展举国体制的合理性和必要性。帮助我们理解习近平总书记所说的人才、科技和自主创新对于发展社会主义生产力的极端重要性。

第二，程教授讲到习近平总书记在基本经济制度方面的论述。比如在国企改革中，习总书记明确指出，国有企业特别是中央管理企业，在关系国家安全和国民经济命脉的主要行业和关键领域要占据支配地位。我觉得程教授强调了国企对于就业率和公平的特殊作用，强调了国企对于国民经济、对于执政党与国家政权的支柱和基础作用。这实际上表明习近平经济思想进一步深化和发展了我们党关于基本经济制度的思想和理论。

第三，程教授讲到了习近平总书记关于基本分配制度的思想。讲到了实行基本经济制度的缘故，是由于基本经济制度的决定性作用，必然要实行以按劳分配为主体、各种生产要素凭借产权参与分配的这一基本的分配制度，强调共享新理念和共同富裕的原则，指出发展成果要更多由人民共享的政策，大大增强了广大人民群众的获得感。程教授特别强调，习近平总书记的这些创新思想包括以人民为主导等，实际上是习近平经济思想在社会主义市场经济条件下，对社会主义分配制度和原则的坚持和发展。

第四，程教授讲到习近平总书记关于基本经济调节制度的思想，讲到要在公有制与市场经济的结合上下功夫。从经济制度考虑，既要使市场在一般资源配置中起决定作用，又要发挥政府宏观调控的一系列保障作用。一只是“看不见的手”，一只是“看得见的手”，“两只手都要用好”。我想这既避免了极端市场化的危险，又避开了僵化的计划经济模式，充分显示了习近平经济思想对于社会主义基本调节制度的坚持和发展。

第五，程教授讲到习近平总书记关于经济全球化和开放制度的论述。习近平总书记提出了“一带一路”倡议，并且逐步得到“一带一路”沿线各国的响应，不断造福相关国家和人民，这表明了习近平经济思想已经超出了我们的国界，逐步覆盖了全球，形成了关于国际社会基本经济格局的基础论述。

总之，程恩富教授以他特有的理论底蕴、理论功力和一些理论案例，通过基本经济动力、基本经济制度、基本分配制度、基本调节制度和国际经济的基本格局等五个问题的讲解和阐释，为我们勾画了习近平经济思想的主要建树、主要框架和主要逻辑，为我们中央和国家机关司处级领导干部学习贯彻习近平经济思想，乃至习近平新时代中国特色社会主义思想提供了重要的指导和帮助。所以让我们再一次用热烈的掌声，感谢程教授的精彩演讲！

大脑的奥秘

（2018 年第 7 期　王佐仁主讲）

郝振省（开场）： 今天是 2018 年第 7 期，总排序第 111 期中央和国家机关“强素质·作表率”读书活动主题讲坛，我们为大家特别邀请到中国科学院神经科学研究所高级研究员、神经科学国家重点实验室的王佐仁教授作为今天的主讲嘉宾，大家欢迎他。王教授很年轻，他 2005 年从美国加州大学伯克利分校毕业后回到中国科学院神经研究所，从事神经科学与类脑智能的交叉研究。现任中科院神经科学研究所的党委书记兼纪委书记。

今天相关部门的领导同志一如既往地与大家一同聆听王佐仁教授的演讲，对他们的到来我们表示感谢。

同志们，我们安排这次讲座的主题主要有三方面的考虑：第一，我们前不久邀请谭铁牛教授讲“人工智能：是天使还是魔鬼?”，所以趁热打铁，现在讲一讲“大脑的奥秘”是很有必要的。人脑的功能属于综合复杂的精神活动，表现为记忆力、感知力、思维判断、联想意志等能力，还表现在能对事物进行归纳总结和逻辑演绎。研究大脑功能更有助于人工智能的发展与扩张。

第二，我们曾请欧阳自远院士讲过中国探月工程的问题，请中国科技馆原馆长王渝生讲宇宙的四大疑难问题，讲宇宙的种种神奇故事。我们也有必要请专家和学者来讲讲人脑的奥秘。

第三，上次我们讲到，世界各国在人工智能技术的研发方面呈白热化状态，对于脑科学的研究，也是如此。其实从 20 世纪 90 年代开始，美国、欧盟、日本都先后推出了本国脑科学时代的计划纲要。进入 21 世纪，2013 年奥巴马宣布了美国“脑计划”战略；2014 年日本提出了“大脑革命计划”；随后加拿大、澳大利亚等国也都提出了相关计划。中国也制订了 2016 至 2030 年为期十五年的脑科研的发展规划。国务院“十三五”国家科技创新规划中，将脑科学与类脑的研究列为科技创新的重大项目，这意味着脑科学研究已经被列入我国的国家战略之中。习总书记在2018年的两院院士大会上强调了脑科学研究的基础性、前瞻性和重要性。因此，了解一些脑科学的基本知识、科研成果和机制，对于我们中央和国家机关司处级领导干部是十分必要的。同志们，让我们以热烈的掌声，欢迎王佐仁教授开讲。

郝振省（总结）：同志们，按照惯例，我对今天的讲座做一个小结。

第一，王教授介绍了脑科学研究的战略意义和大脑的奥秘，包括人类脑科学研究的一些重要成果和重要进程。例如讲到脑科学的研究获得了将近20个诺贝尔奖。特别是讲到了大脑低能耗的问题，阿尔法狗与人之间的人机大赛，虽然人类失败了，输给了阿尔法狗，但在能耗上，阿尔法狗的功率是20万瓦，而人脑的功率只有20瓦，并且阿尔法狗还需要100多名工程师作为支撑，反差巨大。人类在脑科学研究领域虽然取得了极大的成就和进展，但也存在诸多的盲点和困难，还需要我们进一步攻坚克难。

第二，王教授介绍了脑科学与人工智能的关系，脑疾病与健康用脑的关系。这实际上讲到了脑科学研究的两个方向。未来我们研究脑科学，一个是人工智能方向，一个是脑疾病的防治和诊断，包括医学和生理学的关系。向人工智能方向发展，就是在深度学习神经网络与视觉神经机制及其关系上做足文章。对视觉神经环路机制的研究，也能提升人工智能深度学习的能力。在把握脑科学与类脑人工智能关系的几个层面上，将来会推动脑机融合与增强智能，促进人工智能的发展。在脑疾病的治疗与健康用脑方面，讲到了自闭症、抑郁症、手机瘾等，这些都是人类面临的脑疾病方面的重要问题。我认为这两个脑科学研究的方向是一致的。人工智能的发展与脑科学之间，虽然不能简单定义因果，但其发展也取决于我们对脑结构、脑功能、脑机理等方面的研究成果。

第三，脑科学相关产业的展望。脑功能检测工具的使用，脑疾病的干预和诊断工具的开发，残疾人的神经义肢等，都证明了科研成果必须与产业结合。科学技术发展的规律，就是要与社会实践相统一，科学技术作为人类对自然界各种规律的总结，归根到底是源于人类的社会实践。而其服务于产业发展，又从产业发展中获得动力和条件，是最基本、最广泛和最可持续发展的社会行为，这种产业拉动是非常必要的。

王教授在短短两个小时里，给我们介绍了脑科学研究的重要成就和进展，重要方向和问题，重要目的和追求，帮助我们认识脑科学研究开发的重要意义，理解脑科学的机理和奥秘，了解脑科学研究的国际形势。我们应该更加自觉地落实贯彻我国的脑科学发展战略，增加我们的知识，增强我们的素质和能力。同志们，我们再一次用掌声感谢王教授的精彩演讲！

国家安全形势新变化与战略选择

（2018 年第 8 期　杜文龙主讲）

郝振省（开场）：今天是 2018 年第 8 期，总排序第 112 期中央和国家机关“强素质·作表率”读书活动主题讲坛。我们为大家特别邀请到我国著名军事问题专家，中国军事文化研究会网络研究中心主任，中央军委科技委兼职委员，原军事科学院研究员杜文龙同志作为我们今天的主讲嘉宾，大家欢迎他！

杜文龙同志今天主讲的题目是“国家安全形势新变化与战略选择”。这期讲座的初衷，是为了纪念中国人民解放军建军 91 周年。“八一”建军节最初是 1933 年 7 月 11 日中华苏维埃共和国临时中央政府根据中央革命军事委员会于 1933 年 6 月 30 日提出的建议而设立的。南昌起义打响了武装反抗国民党反动派的第一枪，标志着中国共产党独立创建革命军队、领导革命战争。中国新民主主义革命的胜利、社会主义建设的成功以及改革开放的历史性进步，离不开中国共产党的领导，也离不开中国人民的红色武装力量。毛泽东同志曾说，没有一支人民的军队，便没有人民的一切。我们从历史的厚度来读这句话的时候，心情又是沉重，又是自豪。当然，纪念建军是永恒的，但内容是与时俱进的，形式也是多种多样的，我们请杜文龙同志主讲这个题目就体现了这个原则。讲国家安全不完全限于军队，但是军队应该是它最主要的篇章，因为军队就是捍卫国家和人民安全的。

2013 年中央组建了由习近平同志任主席的中央国家安全委员会，“国安委”的宗旨就是提高国家在面临各种安全危机和挑战时的应变能力，也代表我国在捍卫国家安全和国家利益方面的决心和意志。作为中央和国家机关的司处级领导干部，我们有必要了解国家当前安全形势和国家利益的保护情况，以及相应的战略选择。

杜文龙同志多年来一直研究中国及周边地区安全问题，以及武器装备的革新与发展。他在重要刊物发表文章多篇，参加了数十部专著、教材的编写。他参加了包括建军90周年阅兵等重大活动的直播报道，多次接受包括中央电视台在内的中外媒体访谈，是广受欢迎的资深媒体评论员。让我们热烈欢迎杜文龙同志开讲。

郝振省（总结）：按照惯例，我对今天的讲座做一个小结。

第一，杜文龙同志从公共空间、虚拟空间、陌生空间来理解国家的安全问题，将安全分为绝对安全和相对安全，并且从主权边疆、利益边疆及新边疆三个角度进一步阐述了安全问题的演变，特别讲到了我国边（海）防“长”“杂”“难”“弱”的历史及现状，这些都有助于我们理解习近平同志“总体国家安全观”的思想。

第二，杜文龙同志讲到当前我国周边安全的基本态势，用了四个词组十六个字加以概括。一是“战略受制”，讲到美国对我国已经形成围堵的战略态势，奉行“接触加遏制”的政策。二是“对手环伺”，讲到日本的领土野心、印度的称霸南亚等。三是“热点突出”，我国周边业已存在和潜伏的危机日益凸显。四是“隐忧常在”，倘若爆发一场战争，则可能会引起连锁反应等。这使我们看到我国国家安全形势的严峻性、对手的复杂性和挑战的多元性。也使我们更能够理解习近平同志“安不可以忘危，治不可以忘乱”的提醒，理解他关于必须强化忧患意识、坚持底线思维的重要思想。

第三，杜文龙同志讲到了我国周边安全的对策思考，包括需要战略指导创新、作战理论创新，以及武器装备创新。我觉得这里不只是“安不可以忘危，治不可以忘乱”的问题，关键要有转危为安、甚至“治之于未乱”的能力，并且要有与之相匹配的实力。

杜文龙同志作为军事问题专家，为我们做了一场接地气、有灵气、长志气的演讲，让我们再一次感谢他！

中国歌剧艺术欣赏
——兼谈中国美声的魅力

（2018年第9期　金曼主讲）

郝振省（开场）：今天是2018年第9期，总排序第113期中央和国家机关“强素质·作表率”读书活动主题讲坛。我们为大家特别邀请到我国著名女高音歌唱家、歌剧表演艺术家，中国歌剧学科的创始人，北京大学歌剧研究院院长金曼女士作为今天的主讲嘉宾，大家欢迎她！

金曼教授今天演讲的题目是“中国歌剧艺术欣赏——兼谈中国美声的魅力”。相关部委的领导同志也来到现场，和我们一起聆听金曼教授的讲座。他们既是聆听者更是组织者，感谢他们对读书活动的长期支持和奉献。

同志们，金曼教授是我国著名的歌剧表演艺术家，多年来她在歌剧舞台上演绎了大量歌剧作品，塑造了江姐、林道静、宋庆龄等众多人物形象，深受广大观众喜爱和欢迎。她就任北大歌剧研究院院长以来，致力于歌剧观念的变革，在继承中国优秀歌剧艺术传统、消化吸收西洋歌剧科学发声方法的基础上，创立了中国学派、中国风格的歌剧学科，培养了一大批高素质的歌剧人才。她一直在倡导并实践用中国美声来表演原创的中国歌剧。她主持创作的《青春之歌》《钱学森》《宋庆龄》《王选之歌》等歌剧作品，都是追求新时代中国歌剧美学的成果，具有独特的艺术气质和精神品格。大家热烈欢迎金曼教授开讲。

郝振省（总结）：下面按照惯例，我将今天的讲座做一个小结。

金曼教授一开始讲北大歌剧研究院的创立和发展，进而讲到歌剧的概念、历史和其他相关知识，让我们跟着她进入到一个非常深邃的艺术领域。我觉得大家听完讲座后能够对歌剧有一个基本的了解。她特别讲到歌剧是衡量一个国家文化艺术水平高低的重要标志，它是艺术皇冠上的明珠。她也讲到了中国歌剧近百年来的坎坷和辉煌。我们看到，一部民族歌剧史承载着百部优秀歌剧，所有这些不仅仅向大家介绍和传播了歌剧知识及中国歌剧的历史，更使我们感受到中国歌剧始终与我们中华民族的苦难辉煌相伴随而产生，相依赖而发展。

金曼教授讲到当前中国歌剧在世界上的地位和面临的挑战，讲到了中国美声，提出我们要在立足本土的基础上，将西方的精华融入中国流派，形成中国美声学派。讲到当今中国歌剧、中国美声唱法存在的缺点与不足，也使我们深深感受到中国歌剧前行的压力和动力。

在金曼教授睿智而激情的演讲中，我们感受到了中国歌剧希望立于世界歌剧之林的坚定追求和决心，感受到了中国美声唱法无可替代的声音穿透力和难以比拟的艺术表现力。更重要的是，我们能够感受到当代中国歌剧艺术家对国家和民族的伟大担当。让我们再次感谢金曼教授的精彩演讲。

从诺贝尔奖谈创新能力的养成

（2018年第10期　金涌主讲）

郝振省（开场）：今天是2018年第10期，总排序第114期中央和国家机关“强素质·作表率”读书活动主题讲坛。我们为大家特别邀请到清华大学教授、中国工程院院士金涌先生作为今天的主讲嘉宾，大家欢迎他！

金涌院士今天主讲的题目是“从诺贝尔奖谈创新能力的养成”。我们认为这个题目非常有现实意义：第一，党的十九大报告提出，创新是引领发展的第一动力，是建设现代化经济体系的战略支撑。而诺贝尔奖是衡量一个国家科技创新能力的重要指标。第二，近年来我国的莫言先生、屠呦呦女士获得了诺贝尔奖，这表明中国同诺贝尔奖的联系越来越紧密。第三，进入21世纪，我们的邻国日本已经有18位科学家获得了诺贝尔奖，这与他们在世纪之初制定的诺贝尔奖计划有一定的关系。这些因素，是我们邀请金院士来讲本期题目的原因所在。

金涌院士长期以来从事化学反应工程、流态化反应工程教学与研究工作。在国内外发表学术论文400余篇，获得技术专利37项。曾获全国优秀教师奖、全国五一劳动奖章、北京市教学名师奖、美国化学工程师学会PSRI讲座奖和国家科技进步奖等多个奖项。同志们，让我们以热烈的掌声欢迎金院士开讲。

郝振省（总结）：同志们，下面按照惯例，我对今天的讲座做一个小结。

第一，从诺贝尔奖看化工造福人类。金院士讲到，合成氨技术的发明，对人民生产、生活水平的提高起到了极大的促进作用。他还讲到青霉素的发现对于医药工业及解除人民疾病痛苦的作用。因此，诺贝尔奖不仅对科学技术的发展起到了巨大的激励作用，也对生产力的发展起到了巨大的推动作用。

第二，金院士讲到了科技发展取决于创新。他认为一流技术是市场换不来的，也是买不来的，更是模仿不来的。科技的发展和进步是社会发展的内生要素，是依靠社会本身产生的。他还讲到不同领域的创新情况常常截然不同。自然科学领域的创新与原有的发现是相互包容、并行不悖的，而工程技术领域的创新就非常残酷，是替代性的。

第三，金院士讲到了科技创新的方法。他认为单纯的演绎和归纳发现不了重大的科学原理，只有将演绎、归纳、直觉综合运用，才能实现原创性的科学发现。我们也应该善于运用辩证法的思维方式解决问题。

第四，金院士讲到创新思维与教育培养方式有极大关系，也与认知过程和模式有直接关系。创造的核心要素在于创造者的人格特质、心理历程以及个人与环境的交互作用。金院士还讲到想象力、联想力、变通力、交叉与组合能力等一系列创造者应具备的能力。特别是讲到一些科学家诙谐的故事，使我们直观地感受到了他们对于创新思维的实际应用。这些听起来很传奇的故事的背后是巨大的奉献精神、巨大的社会包容，也是他们锲而不舍精神的体现。

今天金院士从诺贝尔奖谈起，给我们上了一堂创新思维课程，是一次关于创新思维的盛宴。让我们再一次感谢金院士精彩、幽默、诙谐的演讲！

文学读解习近平"两山"重要思想

（2018 年第 11 期　何建明主讲）

郝振省（开场）： 今天是 2018 年第 11 期，总排序第 115 期中央和国家机关"强素质·作表率"读书活动主题讲坛，我们为大家特别邀请到中国作家协会副主席、中华文学基金会理事长、中国报告文学学会会长何建明同志作为今天的主讲嘉宾，大家欢迎他！

今天的主题讲坛我以为缘自三个要素。第一，缘自习近平总书记的"两山"重要思想和党的十九大关于生态文明、美丽中国的重要论述和重要部署。今天，人民群众的需求发生了新的变化，从过去"盼温饱"到现在"盼环保"；从过去"求生存"到现在"求生态"。习总书记在浙江工作时提出了"绿水青山就是金山银山"的重要思想和规划，接着他又提出，要像保护眼睛一样保护生态环境，像对待生命一样对待生态环境。特别是在党的十九大报告中他又强调，既要创造更多的物质财富和精神财富以满足人民群众日益增长的美好生活需要，也要提供更多的优质生态产品以满足人民群众日益增长的优美生态环境需要。党的十八大提出了建设"美丽中国"的伟大目标；党的十九大报告指出，建设生态文明是中华民族永续发展的千年大计，这就构成了习近平新时代中国特色社会主义思想中关于生态文明的重要板块，也是我们实现中华民族伟大复兴的重要任务。

第二，缘自著名作家何建明同志。他是中国报告文学学会的会长，曾获得过 5 次"五个一"工程奖，4 次"徐迟报告文学奖"，3 次"鲁迅文学奖"。他的代表作有《时代大决战》《爆炸现场》《南京大屠杀全纪实》《忠诚与背叛》等，这些作品始终同党和人民共命运，与改革开放的新时期共前进。何会长的责任担当与文学笔触常常充满大爱、大恨与反思。我昨天看到他的书就想起了艾青的一句诗："为什么我的眼里常含泪水？因为我对这土地爱得深沉。"他的作品具有强烈的震撼力和感染力。

第三，缘自何会长最新的报告文学作品《那山，那水》。何会长深入浙江、深入生活进行前沿调查，吃在乡里，走村探户，终于写出这样一部充满绿水青山气息的佳作。如果说小岗村是当年农村走出经济困境的第一村，那么安吉余村则是如今进行生态文明建设的第一村，美丽中国从这里起步！

现在就让我们热烈欢迎何建明副主席给大家演讲！

郝振省（总结）：下面按照惯例，我对今天的讲座做一个简单的小结。

何建明同志首先讲了习近平“两山”重要思想提出的过程。同志们从他的介绍中可以了解到，安吉余村曾因为开矿赚了一些钱，但是造成了严重的环境污染，破坏了村民们的生存环境，大家抱怨连连，那时的余村已经陷入恶性循环的怪圈中。正是在这种情况下，习近平同志来到这里调研，听取了情况汇报，在和村干部交谈中提出了“两山”的重要思想。他讲到，我国生态环境的矛盾有一个历史积累的过程，不是一天变坏的，但是不能在我们手里变得越来越坏，共产党人应该有这样的胸怀和意志。这说明他看到了造成生态环境严重恶化的客观原因，同时也表明了必须要解决这一普遍性困境的责任担当，这也表明以习近平同志为核心的中国共产党人，坚持以人民为导向，脚踏实地、深入实际发现问题，用掌握的马克思主义、科学发展观作为思想武器，创造性地分析问题、解决问题，从而坚持和发展了马克思主义，坚持和发展了中国特色社会主义。

美丽中国从这里开始。何建明同志讲到习近平关于“两山”重要思想被当地的干部群众接受以后，由精神财富变成物质财富，所发生的一系列全方位的变化。安吉乡村流光溢彩、风景如画，安吉的白茶品牌高雅，安吉的竹制品名扬天下，安吉的民宿千姿百态。习近平同志讲到把生态环境转为生态农业、生态工业、生态旅游、生态经济的优势。同时我们看到这本书里讲到的，整个余村、安吉，乃至浙江民风更加和谐向上、健康阳光，这充分表明代表先进阶级的正确思想一旦被群众掌握，就可以转化成巨大的物质力量。许多过去不敢想、想不到的生产方式、生活方式都成为人民群众基本生活工作的模式。

最后，何建明同志强调，“两山”重要思想无处不在，讲到这个思想的普遍性问题。“两山”理论和实践，从余村到鲁家村、到天荒坪镇，从安吉县一直到浙江省，到全国各地的经验推广，一直到写入党的十九大报告，成为我们党带领全国人民进行生态文明建设、打造美丽中国的指导思想。这是人与自然和谐共存的最高境界。

何建明同志以他特有的文学家的激情和理性，为我们解读了习近平“两山”重要思想的由来和发展、理论和实践、榜样和扩展。他的解读既高屋建瓴，又深入浅出，对于在座的各位同志准确领会和有效贯彻习近平生态文明思想乃至整个新时代中国特色社会主义思想，都有着特别的针对性和重要性，让我们再次感谢何建明副主席精彩厚重的演讲！

百炼成钢
——中国共产党如何应对危局和困境

（2018 年第 12 期　曹普主讲）

郝振省（开场）：今天是 2018 年第 12 期，总排序第 116 期中央和国家机关“强素质·作表率”读书活动主题讲坛，我们特别为大家邀请到了中共中央党校（国家行政学院）全国党校（行政学院）教师进修学院院长曹普教授作为本期讲坛的主讲嘉宾，大家欢迎他！

今天，曹普教授主讲的题目是“百炼成钢——中国共产党如何应对危局和困境”。曹普教授长期担任中共中央党校中共党史教研部主任，承担中共中央党校省部班、地厅班等主体班次的教学工作，是我国党史教研战线的权威、名师、名家。由他来讲这个主题，与由他主编的《百炼成钢：中国共产党如何应对危局和困境》这本书有直接的关系。

我简单介绍一下，这本书至少有“两好”可圈可点。第一个“好”是书名好。“中国共产党如何应对危局和困境”从危局和困境的角度讲党史，很吸引人。我们党究竟遭遇了什么样的危局，陷入了什么样的困境，最后又是如何克服危局、走出困境的？可以说这是我们在座的各位想了解而又不甚了解的。第二个“好”是内容好。我们翻阅本书就会意识到，中国共产党的历史其实就是一部化解危局、脱离困境的历史：从稚嫩到成熟，从弱小到强大，一次次遭受挫折，有时候甚至遭受灭顶之灾，却一次次力挽狂澜，一次次凤凰涅槃、浴火重生。正像中共中央党校（国家行政学院）常务副校（院）长何毅亭同志在本书的序言中所说，“‘苦难辉煌’4 个字，正是中国共产党奋斗历程的真实写照”。

习近平总书记在庆祝改革开放 40 周年大会上讲到，“我们现在所处的，是一个船到中流浪更急、人到半山路更陡的时候，是一个愈进愈难、愈进愈险而又不进则退、非进不可的时候。改革开放已走过千山万水，但仍需跋山涉水，摆在全党全国各族人民面前的使命更光荣、任务更艰巨、挑战更严峻、工作更伟大”。这就让我们认识到，更加深入了解和研究中国共产党在历史上曾经的危局和困境具有更加紧迫的现实意义。同志们，让我们热烈欢迎曹普教授开讲！

郝振省（总结）：下面按照惯例，我对今天的讲座做一个小结。

第一，从危局和困境的产生看，有主观上的原因，如党成立初期的稚嫩性、天真性、不成熟性，甚至是不设防性，比如我们对第一次国共合作是非常忠诚的。更有客观上的原因，就是国民党反动派的残酷性，他们置共产党人于死地而后快。当然还有共产国际包办代替、盲目指挥的原因等。

第二，从危局和困境的应对及解决来看，体现了中国共产党人革命信仰的崇高性和革命意志的坚定性，这种革命精神始终是中国共产党人宝贵的精神财富。还表现出中国共产党革命的智慧及其成长性、成熟性，中国共产党的理论是在不断进步和发展的。

第三，从危局和困境带给我们的启示来看，在我们党带领全国人民实现“两个一百年”伟大目标的奋斗进程中，一方面我们要有思想准备，就是要认识到危局和困境的产生也具有必然性和偶然性，这不仅是基于事物矛盾的普遍性和特殊性得出的结论，更是基于党的十九大精神提出的，中国共产党是追求人类进步的党，特别是在构建人类命运共同体的过程中，中国共产党负有不可推卸的责任。

另一方面，我们破解危局和走出困境，也具有必然性和某种偶然性。说它具有必然性，因为在当今世界，没有哪一个党像我们党这样历经了这么多难以想象的危局和困境；没有哪一个党像我们党这样不忘初心、牢记使命、不断学习、自我革新；没有哪一个党像我们党这样一代又一代形成自己的核心，朝着明确的目标大踏步前行。说它具有偶然性，因为我们要时刻准备应对重大挑战，抵御重大风险，克服重大阻力，解决重大矛盾。我们立足偶然性是为了实现必然性。暴风骤雨之后大海还在那里，中国还在那里，是因为中国共产党还在那里！

我觉得曹教授今天不是一般地讲党史，也不是平铺直叙地讲党史。他是以大量的材料支持和深刻的理论素养，用质朴的语言和典型的案例着重分析了我们党的危局和困境，带给我们重要的党史知识和理论知识。让我们再次感谢曹普教授！

2019年郝振省主持词选编

认识我们的宇宙

（2019 年第 1 期　武向平主讲）

郝振省（开场）： 今天是 2019 年第 1 期，总排序第 117 期中央和国家机关“强素质·作表率”读书活动主题讲坛。我们为大家特别邀请到我国著名的宇宙学家、中国科学院院士、国家天文台研究员、中国科学院大学天文与空间科学学院院长武向平教授，大家欢迎他！

今天，武向平教授主讲的题目是“认识我们的宇宙”。我们设计这次主题有两点考虑：第一，由于学科的隔阂，我们许多人关于宇宙的知识是碎片化的，比如对中国古代的盖天说、浑天说，后来的托勒密地心说、哥白尼的日心说，从开普勒对日心说的加强，到牛顿万有引力定律对日心说的加固，再到宇宙大爆炸理论和宇宙膨胀理论等，我们的认识都很零星、有限。因此我们有必要系统化地了解宇宙学的基础知识。第二，同志们知道最近我国在航天领域取得了重大进展，我国自己研制的嫦娥四号探测器在月球背面成功实现了软着陆，而我国的火星探测计划也将于 2020 年前后开始实施。这些利好消息增加了我们了解宇宙的意愿。基于以上两点，我们请到了武向平院士，为大家讲一讲宇宙的奥秘。

武向平院士长期从事宇宙学的研究，主持了在天山地区开展的“宇宙第一缕曙光探测”科学实验，他也是中国科学院先导科技专项“多波段引力波宇宙研究”首席科学家，国际大科学工程“平方公里阵列射电望远镜（SKA）”中国首席科学家，由他主讲这个专题是非常理想的选择。下面让我们用热烈的掌声欢迎武向平院士！

郝振省（总结）： 下面按照惯例，我对今天的讲座做一个梳理和小结。

第一，武院士讲到了宇宙的基本要素和特征。我们说有无数颗恒星，一层一层向外展开，地球在整个宇宙中显得如此的微不足道，人类更显得如此渺小。然而生存在地球上的小小人类，却以自己五千年的文明史观测到浩瀚宇宙的年龄、身高、密度、家族成员等，掌握它的演化规律。像法国哲学家帕斯卡尔所说的那样，人只不过是一根芦苇，是自然界最脆弱的东西，但人是一根能思想的芦苇……纵使宇宙毁灭了他，人却仍然要比致他于死命的东西高贵得多，因为他知道自己要灭亡，以及宇宙对他所具有的优势，而宇宙对此却是一无所知。所以说，我们全部的尊严就在于思想。当渺小的东西能够涵盖很伟大、很庞大的事物之时，你还能说它很渺小吗？

第二，武院士讲到了宇宙的起源及其形成过程。宇宙来自大爆炸，从高温的状态膨胀散开，以星系为基本单元来成长，非均匀地分布于广袤空间，形成了有规则的结构。因为大爆炸的作用，形成了世间的基本元素，氢元素和氦元素逐步构成并维护着星球的实体。这实际上验证了恩格斯的一个结论，世界的真正统一性在于它的物质性，运动是物质的存在方式，时间是物质运动的延续性，空间是运动着的物质的广延性。这里讲的宇宙的形成实际上给了我们一种理论自信，宇宙学的理论发现是世界物质论的坚实基础。

第三，武院士讲到宇宙未来的命运，讲到膨胀、收缩的问题，讲到暗物质、暗能量的问题，还讲到人类命运的前景。宇宙末日、地球末日和人类末日的描述是否太悲观了？其实不然，这恰恰反映了科学家们探究规律和真理的精神，我们不妨把这种精神叫作规律自信。所谓规律自信就是用科学的方法探讨自然界或者人类社会运行的因果关系，寻求规律性的逻辑，并按照逻辑本身得出结论，哪怕特别残酷也没有关系。当然我们不是俯首帖耳做这种结论的奴隶，而是寻求改变的路径和办法，从而使宇宙和地球朝着更有利于人类的方向发展。

同志们，今天武向平院士以他精深博大的宇宙学、天文学的科研底蕴，以一种举重若轻的口吻，深入浅出地向我们介绍了宇宙的基本特征、宇宙的起源、宇宙的前景，还有地球和人类的未来命运，使我们在较短的时间内获得了非常珍贵的关于宇宙学的基本知识，为提升我们的综合素质上了非常重要的一课，让我们再次以热烈的掌声感谢武院士的精彩演讲！

文明的多样性和世界未来的发展

（2019 年第 2 期　钱乘旦主讲）

郝振省（开场）： 今天是 2019 年第 2 期，总排序第 118 期中央和国家机关“强素质·作表率”读书活动主题讲坛。我们为大家特别邀请到北京大学博雅讲席教授、历史系博士生导师，我国著名历史学家钱乘旦教授作为我们的主讲嘉宾，大家欢迎他！

钱教授今天主讲的题目是“文明的多样性和世界未来的发展”。在党的十九大报告中，“八个明确”的第七条和“十四个坚持”的第十三条就提出，中国特色大国外交要推动构建新型国际关系，推动构建人类命运共同体；始终不渝走和平发展道路、奉行互利共赢的开放战略，坚持正确义利观，树立共同、综合、合作、可持续的新安全观，谋求开放创新、包容互惠的发展前景，促进和而不同、兼收并蓄的文明交流。为此，自然有必要弄清楚以下一些问题：何为世界文明多样性，它是主观的还是客观的？世界文明多样性是如何形成和展现的，它是线性还是非线性的？如何看待和应对世界文明多样性？现在让我们热烈欢迎钱乘旦教授为大家解答这些问题！

郝振省（总结）： 下面按照惯例，我对今天的讲座做一个小结。

第一，钱教授讲了古代文明的多样性。人类最古老的文明出现在两河流域，河流是远古时期人们生存的保证和交往的通道；欧洲最早的文明也出现在水边，但这个水边是海边。后来他讲到希腊的城邦制，也讲到中世纪西方分封制造成的混乱。在中国，秦以后的政治统一和孔子的学说，使得中华文明延续至今。

第二，钱教授讲了现代文明的多样性。西方国家实际上都是从专制制度起步的。现在西方各国的制度都不一样，这就表明不仅古代的文明多样性有它的客观存在性，现代西方文明也毫无例外地表现出文明的多样性。应该说这种多样性是不以人的意志为转移的。不过现代的文明多样性与最初古代的文明多样性不同，古代的文明多样性更多取决于地理环境、生存条件；现代的文明多样性更多取决于生产方式、历史传统、意识形态和文化差异。

第三，钱教授讲了现代化的多种模式。他讲到不同国家有不同的现代化模式，文明的多样性不仅是成功的保证，恰恰也是现代文明的特征。可以这样理解，现代化的模式实际上是现代文明继承和发展古代文明的结果，我们在这个前提下不断追求自己的现代化，所以每个民族都有自己不同的现代化模式，这才是和平、共赢、包容的模式。

钱乘旦教授以他深厚的底蕴、渊博的知识、睿智的思维，从古代文明的多样性谈到现代化的多种模式。让我们再次感谢钱教授的精彩演讲！

当前国际形势、中国外交与中美关系

（2019 年第 3 期　金灿荣主讲）

郝振省（开场）： 今天是 2019 年第 3 期，总排序第 119 期中央和国家机关“强素质·作表率”读书活动主题讲坛，我们为大家特别邀请到了中国人民大学教授、国际关系学院副院长，我国著名的美国问题专家金灿荣教授作为今天的主讲嘉宾，大家欢迎他！

大家可以从今天金教授的主讲题目“当前国际形势、中国外交与中美关系”中发现，我们今天安排的主讲内容有三个指向，也可以说有三个目的。目的之一是想请同志们通过大学者的研究成果，尽可能准确、科学地了解国际形势。了解国际形势是我们党领导中国革命、中国建设、中国改革开放重要的方法论之一。毛泽东主席在抗日战争胜利后关于我党方针的论述，他晚年提出的关于“三个世界”的理论，都是深入研判国际形势后提出的重要战略举措。邓小平同志提出和平与发展的时代主题，也是研究国际形势作出的科学的战略判断。习近平同志“一带一路”倡议的提出，更是研究国际形势的重要成果。从这个角度讲，我们中央和国家机关的司处级干部，应该把了解和把握形势，特别是国际形势作为我们的基本功课。

目的之二，是通过准确、科学的介绍来了解中国的外部环境和外交格局，从而为我们在各自岗位上更好地开展工作提供参考。同志们知道，外交是内政的延伸，一切外交活动都是以内政为基础的，特别是在今天高度融合的情况下，可以说外交就是内政，内政就是外交。

目的之三，是帮助大家了解中美关系的现状和走向。美国是世界上最大的发达国家，中国是世界上最大的发展中国家，中美关系是我们外交格局中的核心因素和中心问题。当前，中美关系进入一种新的变局之中，那么中美关系下一步会有什么样的走向？这是在座各位应该了解的，也是大家即将了解的。

基于这三个目的，我们确定了今天的主讲题目。金灿荣教授的主要研究领域就是美国政治制度与政治文化、中美关系和大国关系、中国外交和战略，由他来主讲这个主题再合适不过了。同志们，让我们以热烈的掌声欢迎金灿荣教授做主题演讲。

郝振省（总结）：下面按照惯例，我对今天的主题讲坛做一个小结。

第一，金教授从几个方面讲到现在的国际形势处于“百年来未有之大变局”状态，一是由西方主导转向东西方平衡；二是中国模式对西方模式构成挑战；三是第四次工业革命对世界形势影响巨大。我觉得这里面有一个内在的逻辑，就是由西方主导世界转向东西方的平衡，现代化的模式不再唯西方是从，这就导致了国际形势的不确定性。特朗普的逆全球化也好，美国优先原则也好，发动贸易战也好，实际上都表现了美国对国际形势大变局的不满，因为美国要维护西方主导，维护西方模式的唯一性。

第二，金教授讲到当前中国外交的情况，特别提到了几个方面：一个是我们与周边国家的关系，总体还是不错的；一个是我们和大国的关系，多数还是和谐的；还有总体可控的外部环境。

第三，金教授讲到了新形势下的中美关系。由于美国不接受中国的崛起，于是采取了一系列非理性的手段，包括制造贸易摩擦、搅局设障、歪曲舆论等，其实从某种意义上来说，这也等于他承认和证实了中国的崛起。既然中国崛起已成定势，美国衰落也是事实，那么这两个大国间最理想的关系应该还是不冲突、不对抗、相互尊重、合作共赢。但这是我们所秉持的理念，而美国秉持的理念是崛起国和守成国之间必然有冲突，有我无你，有我无他。所以我们应该从总体格局出发来理解和应对中美关系，来维护人类命运共同体的健康发展。

如此复杂的国际局势，金教授举重若轻地将其展现在我们面前，他的语言既幽默风趣，又直白犀利；他的思考角度独特，颇有深度。让我们再次感谢金教授的精彩演讲！

中国共产党的战略智慧

（2019 年第 4 期　杨春贵主讲）

郝振省（开场）： 今天是 2019 年第 4 期，总排序第 120 期中央和国家机关“强素质·作表率”读书活动主题讲坛。同志们，第 120 期意味着什么呢？意味着我们的读书活动已经走过了整整十年的历程。十年来，我们认真贯彻落实习近平同志《领导干部要爱读书读好书善读书》重要讲话精神，在中央和国家机关工委、国家新闻出版署的领导下，经过承办单位、协办单位等各方面的通力合作和不懈努力，“强素质·作表率”读书活动取得了很大的成功，达到了预期的效果，不仅受到中央和国家机关党员干部的热烈欢迎，在社会上也产生了广泛影响，对学习型党组织建设，对全民阅读活动，都起到了显著的促进作用。

今天，当我们回顾读书活动十年来所走过的历程，感受到读书活动对我们工作、学习所产生的积极作用的时候，我们要向所有指导、支持、参与和服务读书活动的领导同志、专家学者、干部职工表示由衷的感谢！

同时，我们还要继续总结经验、寻找问题、精准发力，按照习近平同志“中国共产党人依靠学习走到今天，也必然要依靠学习走向未来”的要求，更加努力地把这项活动提升到新的境界，使其在中央和国家机关建立学习型党组织的活动中、在全民阅读推广活动中发挥更大的作用。

今天我们为大家特别邀请到的主讲嘉宾是中共中央党校原副校长杨春贵教授，大家欢迎他！这次主题讲坛的题目是“中国共产党的战略智慧”。请杨教授来讲这个主题，主要有三点考虑。第一，今天是第 120 期主题讲坛，所以主讲内容和主讲嘉宾要有足够的分量，能够体现出建立学习型政党以带动学习型社会的追求，能够体现出“强素质·作表率”读书活动的宗旨，能够体现出“强素质·作表率”读书活动为改革发展、治国理政服务的价值。第二，战略思维关乎对事物全局长远的、根本性的谋划，这种能力对于司处级干部是十分必要的。我们在工作中之所以出现一些顾此失彼、事倍功半、事与愿违的问题，往往就是由于自身缺乏战略思维。第三，杨教授是我国著名的马克思主义哲学家和资深的理论家，他曾担任中共中央党校副校长，还是中国辩证唯物主义研究学会会长，是中央马克思主义理论研究和建设工程《马克思主义哲学》课题组首席专家。提起杨春贵教授，大家是有口皆碑的，所以我们请他作为今天的主讲嘉宾。让我们热烈欢迎杨教授开讲！

郝振省（总结）：下面按照惯例，我对今天的讲座做一个简单的小结。

杨教授在第一部分为我们展现了中国共产党人的战略思维和战略智慧。他讲到以毛泽东同志为代表的中国共产党人在新民主主义革命时期的伟大战略决策，以及后来在社会主义建设道路上的战略探索；讲到邓小平同志在历史转折关头对思想路线的拨乱反正，确立“一个中心、两个基本点”的基本路线，以及“三步走”“两个大局”等发展战略；讲到江泽民同志从战略高度论述的社会主义现代化建设中的十二个重大关系，以及“三个代表”重要战略思想的价值所在；讲到胡锦涛同志关于科学发展观的战略回答，以及和谐社会的战略构想。杨教授特别讲到党的十八大以来，以习近平同志为主要代表的中国共产党人的战略方向、战略目标的科学设计，战略布局的协调发展，战略部署的系列推进。我们的中国特色社会主义理论，在其背后有一个重要的方法论武器，那就是战略思维。

在第二部分，杨教授以历史为佐证，讲到全局的问题，讲到把握重点的问题，讲到统筹兼顾的问题。他讲到的这些是马克思主义的认识论和马克思主义的辩证法，实际上马克思主义本体论和它的历史观也都在其中。我们要把战略思维进一步升华到马克思主义哲学的高度。

今天杨教授的讲座深入浅出，娓娓道来，纵横捭阖，既使我们了解到我们党战略思维的优良传统、重要历史和重要案例，又使我们了解到形成这种战略思维的深层原因，更使我们了解到掌握这种战略思维的方法和路径。让我们再次感谢杨教授深刻、精彩的演讲！

五四运动在中国现代思想史上的意义

（2019 年第 5 期　董学文主讲）

郝振省（开场）：今天是 2019 年第 5 期，总排序第 121 期中央和国家机关“强素质·作表率”读书活动主题讲坛。我们为大家特别邀请到北京大学校务委员会委员、中文系教授，全国马列文论研究会副会长，中国毛泽东文艺思想研究会副会长董学文先生作为本期的主讲嘉宾，大家欢迎他！

今天董教授演讲的题目是“五四运动在中国现代思想史上的意义”，今年是五四运动爆发 100 周年，也是中华人民共和国成立 70 周年。五四运动发生的这 100 年与共和国成立的 70 年紧密连接在一起，也与“两个一百年”奋斗目标紧密连接在一起，甚至与我们建军 100 年也紧密连接在一起。在这个伟大运动发生 100 年之际来进行纪念，其意义是不言自明的。在党中央召开的纪念五四运动 100 周年大会上，习近平总书记发表了气势磅礴、内容深刻的重要讲话，当此之时，我们组织主办这次主题讲坛的必要性和重要性尤为突出。

关于五四运动的起因、过程和影响，大家也许在中学时代就从历史课本上学过。当时中国作为一战战胜国，得到的却是战败国的待遇，本该收回的德国在山东的权益却被转送给了日本，消息传回国内，举国哗然。1919 年 5 月 4 日，以北大学生为主的几千名学生喊出了“还我青岛”“外争主权，内惩国贼”的口号，伟大的五四运动就此爆发。什么叫反帝？就是外争主权。什么叫反封建？就是内惩国贼，因为国贼就是封建政府的代表。所以五四运动是一场彻底的反帝反封建的爱国主义运动。今天，我们从思想史的角度来研究和探讨这一伟大历史事件，这对于我们深入学习研究、贯彻落实习近平新时代中国特色社会主义思想是非常重要和不可或缺的。

同志们，今天的演讲主题之所以能够落实，关键还在于我们找到了马克思主义文艺理论家董学文教授。董教授的导师是北大中文系的杨晦教授，而杨晦教授就是五四运动的主要参与者之一，火烧赵家楼的九位青年中就有他。而且后来在北大那个时期的一级教授里面，杨晦教授是唯一一个共产党员。董教授后来研究五四运动，也是听从了导师杨晦先生的建议。下面让我们以热烈的掌声欢迎董教授开讲。

郝振省（总结）：下面按照惯例，我将今天的讲座做一个小结。

董教授首先讲述了五四运动的基本情况。五四运动就是为了反对帝国主义和封建主义。这一运动虽被镇压了，但它所带来的影响和效应震撼天地。五四运动开启并推动了中国反帝反封建的资产阶级民主革命，这是它彪炳史册的功绩。毛泽东同志说过："五四运动所进行的文化革命是彻底地反对封建文化的运动，自有中国历史以来，还没有过这样伟大而彻底的文化革命。"习总书记说："五四运动，爆发于民族危难之际，是一场以先进青年知识分子为先锋、广大人民群众参加的彻底反帝反封建的伟大爱国革命运动，是一场中国人民为拯救民族危亡、捍卫民族尊严、凝聚民族力量而掀起的伟大社会革命运动，是一场传播新思想新文化新知识的伟大思想启蒙运动和新文化运动，以磅礴之力鼓动了中国人民和中华民族实现民族复兴的志向和信心。"这些论断有着坚实的实践基础、历史基础和文化基础，是科学的、永恒的。

董教授讲到，五四运动高举"民主"和"科学"两面大旗，但是对于民主和科学的概念，当时的人们有着根本性的分歧，实用主义、实证主义、进化论思想、西方民主等各种学说都有，五花八门。唯有以李大钊等人为代表的早期共产主义者，操持新式的思想武器，认为"民主"就是工农劳动群众当家作主的社会主义民主，"科学"就是马克思主义唯物史观，这才赋予了五四运动以真正的魂魄。

董教授最后讲到，五四运动之所以能够提出对中国现代文化发展方向和现代社会制度选择的科学诉求，就是因为其以先进的世界观和革命论作为指导。处在中国历史变革关头的五四运动，激励了新的阶级力量登上历史舞台，预示着中国将在革命的烈焰中重生，也宣告了不屈不挠的中华民族即将迎来伟大复兴。

董教授以他长期对五四运动的深入研究和学术积累，以他作为马克思主义文艺理论家的功力和睿智，从思想史的角度，为我们深刻揭示了五四运动的本质和“德先生”“赛先生”的真谛。让我们再次感谢他的精彩演讲!

西学中，创中国新医学

（2019 年第 6 期　汤钊猷主讲）

郝振省（开场）：今天是 2019 年第 6 期，总排序第 122 期中央和国家机关“强素质·作表率”读书活动主题讲坛。我们为大家特别邀请到中国工程院院士，复旦大学附属中山医院外科教授汤钊猷先生作为今天的主讲嘉宾，大家欢迎他！

汤教授曾担任过上海医科大学校长、中国工程院医药卫生学部主任、中华医学会副会长、中国抗癌协会肝癌专业委员会主委，曾获国家科技进步一等奖 2 项、三等奖 2 项，何梁何利科技进步奖，中国工程科技奖，吴阶平医学奖，陈嘉庚生命科学奖，以及美国纽约癌症研究所“早治早愈”金牌奖等一系列重要的国内外奖项。汤教授在肝癌早诊早治方面作出了创造性贡献，是我国顶级医学专家。

同志们，“中西医结合”是我国医学科学发展的一项长期国家战略。毛泽东主席早就指出：“中国医药学是一个伟大的宝库，应当努力发掘，加以提高。以后中西医一定要结合起来。”习近平总书记在谈到医学科学的国家战略时也强调：“坚持中西医并重，推动中医药和西医药的相互补充，协调发展。”无论从国家战略层面看，还是从国民健康需求看，抑或从国际市场中医药的份额看，中西医结合都是一个十分重要的、值得我们关注的问题。但是，“中西医结合”的现状和前景如何，有什么大的突破，在医学的理解和实践方面有什么明显的进展，我们很多同志不十分清楚。而汤教授本人是西医外科权威，在几十年的医学实践中，他发现了若干西医难以应对、而中医能够解决的疑难病症，这使得他对于中西医的结合有足够的发言权。

下面让我们以热烈的掌声欢迎汤院士开讲！

郝振省（总结）：下面按照惯例，我对今天的讲座做一个小结。

第一，汤教授主张根据中西医结合来创立中国新医学。他首先强调了创立中国新医学的必要性、严峻性和可能性。汤教授讲到，半个世纪以来，西医在治疗癌症方面取得了明显的进步，但这样的进步与人类治疗癌症的需求相比，还是很悬殊。汤教授还讲了医学史的发展：讲到西医在微观、局部上的优势和中医在宏观、整体上的优势；讲到中医和西医的关系，指出两者不是相互取代的对手，而是取长补短的伙伴。特别是汤教授讲到的几个病例，让我们看到了中西医结合的疗效。疗效才是硬道理，说明通过中西医结合来减少侵入性治疗是可行的。

第二，汤教授强调了“中西医结合”的理论性、科学性和合理性。比如他讲到了中西医结合临床实践上的一些构想和总结；讲到了老子的“知止可以不殆”、孔子的“和”理念，以及孙子的“不战而屈人之兵”等中华传统文明精髓；讲到了毛泽东、习近平、钱学森关于中西医结合的一些重要观点。我觉得汤教授是从传统文化、红色文化和先进文化的角度，为创立中国新医学提供了科学的理论支撑。

汤教授还讲到《黄帝内经》等“中华三经”，讲到中医整体观与西医局部观的结合，中医平衡观对西医过度治疗的校正，中医辨证论治对西医单方诊疗的补充等等，既具体又深入。

第三，汤教授强调了创中国新医学的政策性、策略性和阶段性，讲到创立中国新医学的核心是中西医结合，要双向而行，既有中学西，也有西学中，但重点是西学中。

我们了解到，创立符合中国国情、具有中国思维、洋为中用、中西融合的中国新医学，需要医学工作者长期的努力，还有大量的工作要做，可能需要几十年，甚至几百年的时间，中西医结合不是一蹴而就的。

今天汤院士以九十岁高龄，层层递进，向我们讲述了他作为我国肝癌研究权威，对于“中西医结合”的理论研读和深入思考，也讲述了他对创立中国新医学的一整套建议和构想，体现出一位共和国医学科学家对党和人民无私奉献的精神。让我们以热烈的掌声感谢汤教授精彩的演讲！

革命者的初心

（2019 年第 7 期　何建明主讲）

郝振省（开场）：今天是 2019 年第 7 期，总排序第 123 期中央和国家机关“强素质·作表率”读书活动主题讲坛。我们又一次邀请到中国作家协会副主席、中国报告文学学会会长何建明同志作为我们的主讲嘉宾，大家欢迎他。

今天何建明副主席主讲的题目是“革命者的初心”。这是我们第三次邀请他当主题讲坛的主讲嘉宾，我们有三个理由：第一个理由，我们考虑到 7 月 1 日是中国共产党的建党纪念日，作为中央和国家机关工委、国家新闻出版署主办的品牌性活动，我们要在这个重要平台上纪念党的成立，庆祝党的生日，所以我们想到请何建明副主席讲上海地下党的情况。

第二个理由，现在全党范围内正在开展“不忘初心、牢记使命”主题教育。讲上海地下党，实际上也是在回顾党艰苦卓绝的奋斗历程：什么是“初心”？为什么要不忘“初心”？有了这种“初心”的共产党人该怎样履行自己的使命？

第三个理由，何建明副主席是一位“不忘初心、牢记使命”的红色报告文学家，他的作品不乏激情，更具理性，气势磅礴，思想深刻。去年他受上海有关方面的委托，撰写一部关于上海地下党的作品，向建党百年献礼。现在他这部报告文学作品已经完稿，即将出版，可以说，今天他是先讲为快，而我们是先听为快。欢迎他给我们开讲！

郝振省（总结）：下面按照惯例，我对今天的讲座做一个小结。

中国共产党人的“初心”及其使命感，建立在对马克思主义理论的科学认识和对人类社会发展规律的科学把握的基础上。正因为有这样的理论基础，中国共产党人的“初心”才如此的坚定，中国共产党人的使命感才如此的强大。何建明同志刚才讲到黄炎培先生的儿子、毕业于哈佛大学的黄竞武同志，为了保护黄金不被蒋介石偷运，遭到特务逮捕，最后被活埋，英勇就义。他讲到陈延年、陈乔年、瞿秋白、邓中夏等人，他们在就义时气贯长虹、从容不迫，蔑视敌人，那才是共产党人的光辉形象。为什么在如此残暴、灭绝人性的敌人面前，我们中国共产党人能这样坚如磐石、坚不可摧，能用热的血来对付冷的兵器？从何建明同志的演讲中我们可以看到，是马克思主义科学的世界观与共产主义伟大崇高的理想给了他们力量，使他们坚守“初心”、牢记使命。陈独秀曾说，组建政党必须理论开道才是，……我们第一件事，是尽快把《共产党宣言》翻译出来，……第二件事是马上成立“马克思主义研究会”，为建立自己的无产阶级政党作准备！还有，我也尽快把《新青年》从北京再搬回上海，要让它成为新的政党的机关报……我们党为了从理论上建党，从思想上建党，花费了相当大的代价，有很大的战略谋划。正是这一系列的重要举措才使这批中国共产党人初步掌握了马克思主义的唯物史观和剩余价值学说，认识到资产阶级的灭亡和无产阶级的胜利同样是不可避免的，是规律。《共产党宣言》中有句话：无产者在这个革命中失去的只是锁链，他们获得的将是整个世界。这就是当时共产党人的信仰，是他们的“初心”。

何建明同志讲到中国革命的复杂性，还讲到出现叛徒的情况。叛徒之所以叛变、出卖组织、出卖同志，主要还是因为他们参加革命缺乏理想的根基，抱有强烈的个人目的。而要成为真正的共产党人，必须不断加强理论修养不断修炼自我，自觉克服不正确的思想观念，时刻牢记使命，不忘初心。

何建明同志讲到中国共产党成立初期领导城市革命和工人武装起义的问题。因为苏俄的十月革命就是通过工人起义和市民暴动夺取政权的。当时的中国共产党，希望取得布尔什维克式的胜利，首先想到的是走以工人阶级为主体的城市革命的道路。所以 1931 年之前党的主要目标和任务都是以工人罢工、起义与城市革命为重心。何建明同志今天讲到的这些英烈们的奋斗牺牲，大多发生在这个时期。

上海第三次工人武装起义取得了胜利，但是蒋介石反革命集团背叛革命，对中国共产党举起了屠刀，大搞白色恐怖，使革命进入低潮。我们不仅应该永远铭记当时牺牲的中国共产党人的英勇形象，还应该客观地理解城市革命道路和农村包围城市道路之间内在的逻辑关系，理解城市武装起义与武装夺取政权道路之间内在的逻辑关系。恩格斯说，无论从哪一方面学习，都不如从自己所犯错误的后果中学习来得快。毛泽东也曾讲，错误和挫折教育了我们，使我们比较地聪明起来了。

何建明同志在演讲中，将自己代入其中，他因为主人公的遭遇而悲愤，因为主人公的牺牲而心痛，因为主人公的坚定而坚定，我们也随着他的情感变化不能自已。他的讲座使我们身临其境，能够感受到烈士鲜血的温热和烈士英灵的伟岸。作为中央和国家机关的司处级领导干部，我们要坚定“不忘初心、牢记使命”的理念，做“不忘初心、牢记使命”的模范。让我们再次感谢何建明同志的精彩演讲！

通过研读经典提高辩证思维能力

（2019 年第 8 期　董振华主讲）

郝振省（开场）：今天是 2019 年第 8 期，总排序第 124 期中央和国家机关“强素质·作表率”读书活动主题讲坛。我们为大家特别邀请到中共中央党校（国家行政学院）哲学教研部副主任、全国应用哲学研究会会长董振华教授作为今天的主讲嘉宾，大家欢迎他！

董教授主要从事马克思主义哲学、发展哲学、中国特色社会主义等方向的研究，主持和承担“十八大以来党中央治国理政新理念新思想新战略的哲学基础研究”“马克思主义哲学创新路径及发展趋势研究”等多项国家社科基金重大课题的研究工作，参与中宣部《习近平新时代中国特色社会主义思想三十讲》《习近平新时代中国特色社会主义思想纲要》的编写工作。他在《求是》《人民日报》《光明日报》《哲学研究》等报刊发表学术论文百余篇，其中多篇被《新华文摘》全文转载。董教授还在人民出版社出版《创新实践论》《治国理政思想方法十讲》等专著十多部。

习近平总书记曾在十八届中央政治局第十一次集体学习时的讲话中强调：“党的各级领导干部特别是高级干部，要原原本本学习和研读经典著作，努力把马克思主义哲学作为自己的看家本领，坚定理想信念，坚持正确政治方向，提高战略思维能力、综合决策能力、驾驭全局能力。”我们党在中国这样一个有着超过 13 亿人口的大国执政，面对着十分复杂的国内外环境，肩负着繁重的执政使命，如果缺乏辩证理论思维的有力支撑，是难以战胜各种风险和困难的，也是难以不断前进的。那么，各级领导干部在现实生活和实际工作中，在得与失的价值选择中，就要正确处理手段和目的、局部和全局、当前和长远、重点和非重点等各种关系，就要更加自觉地坚持学习、掌握和运用辩证思维。鉴于此，我们今天请到了在辩证思维理论和马克思主义哲学研究方面颇有造诣的董振华教授来为大家演讲，他演讲的题目是“通过研读经典提高辩证思维能力”。让我们用热烈的掌声欢迎董教授开讲！

郝振省（总结）：下面按照惯例，我对今天的讲座做一个小结。

第一，董教授讲研读经典是向先贤问道。经典凝聚着人类先贤的优秀思想。而这些优秀思想是先贤对自然社会、规律本质不断追求的精髓，是先贤探索真理的结晶。这种精髓和结晶经过历史的选择和时间的沉淀，成为超越时空的人类智慧。庄子有一句话：“吾生也有涯，而知也无涯。”以有涯对无涯，最科学、最经济的选择只能是阅读经典，这样才能达到事半功倍的效果。所以我们要尽可能多地去阅读经典，向先贤问道。

第二，董教授讲到研读经典不能画地为牢，必须打破学科壁垒，各种经典都要研读，做到融会贯通。他讲到阅读中国古典哲学著作，不仅能使我们增强辩证思维能力，还能使我们了解马克思主义哲学中国化的内在根据。阅读西方哲学经典，能使我们了解到西方古典哲学对马克思主义哲学的重大贡献。阅读马克思主义哲学经典，能让我们找到开启马克思主义思想体系的钥匙。

第三，董教授讲到从经典中汲取思想智慧、培养浩然之气的问题。我们现在研读经典、提高我们的辩证思维能力，目的何在？目的就是要回答一个问题，就是真理性和价值性如何统一的问题。没有价值观做基础，辩证法的发挥和发展就会受到极大的限制。为什么马克思、恩格斯能够完成辩证法的彻底革命，使辩证思维成为无产阶级革命的锐利思想武器？就是因为马克思、恩格斯一生胸怀崇高理想，为人类解放不懈奋斗。

马克思曾说：“在选择职业时，我们应该遵循的主要方针是人类的幸福和我们自身的完美……我们的幸福将属于千万人。我们的事业并不显赫一时，但将永远存在；而面对我们的骨灰，高尚的人们将洒下热泪。”这段话讲得特别深刻，正因为马克思心怀这样的为人类幸福不懈工作的志向，他才能够完成辩证唯物主义自然观的构建，并且创立辩证唯物主义历史观。

可以说，董教授不仅为我们研读经典提供了宝贵指导，而且为我们增强辩证能力提供了重要借鉴，让我们再次感谢董振华教授的精彩演讲！

走进音乐的世界
——兼谈艺术在人类生活中的意义

（2019年第10期　周海宏主讲）

郝振省（开场）：今天是2019年第10期，总排序第125期中央和国家机关“强素质·作表率”读书活动主题讲坛。今天我们为大家特别邀请到我国著名音乐美学家、全国音乐美学学会副会长、中央音乐学院原副院长周海宏教授作为今天的主讲嘉宾，大家欢迎他！

设计和策划这次主题讲坛，我们有这样的考虑：今年10月1日是中华人民共和国成立70周年，在这个大喜大庆的日子里，我们聆听了习近平总书记在庆祝中华人民共和国成立70周年大会上发表的铿锵有力、气吞山河的国庆讲话，观看了威武雄壮的阅兵式及群众游行活动。作为中央和国家机关的一个重要平台和品牌，我们希望还有自己的庆贺方式，就是走进音乐世界，进入艺术的神圣殿堂。贝多芬曾说，音乐是比一切智慧、一切哲学更高的启示。钱学森先生也认为，音乐对启迪人们在科学上的创新是很重要的。基于以上的考虑，我们请来了周海宏教授。

周海宏教授长期从事音乐审美与教育心理学的教学工作，发表过几十篇关于音乐美学的论文。他曾获得中国文联文艺评论奖著作类一等奖、教育部高校青年教师奖。周教授多年来致力于严肃音乐的普及工作，对哲学美学、人格与动机心理学有着很深入的研究。他多次在中共中央组织部、中央党校（国家行政学院）和众多高等院校举办过讲座，他还是中央电视台音乐频道《音乐公开课》的主讲嘉宾。下面让我们热烈欢迎周教授开讲！

郝振省（总结）：下面按照惯例，我对今天的讲座做一个小结。

周教授讲到音乐何需“懂”这个话题，应该说他讲的是现实，我们大家对欣赏经典音乐、高雅音乐确实有畏难情绪。对于高雅音乐，很多人都有听不懂的感觉，周教授认为我们听不懂不是我们的原因，而是音乐本身的问题，进一步说是音乐本身存在着功能缺陷，并且用文学化、美术化的方式解说音乐是一种错位。提出我们听音乐也要“破除迷信，解放思想”。

周教授接着分析了音乐听不懂的原因，虽然问题出在音乐人身上，但是解决问题的关键还是在我们大家身上，这就要求我们心灵的眼睛要向内寻求本质，也就是周教授讲到的心理学中的人的联觉现象，把视觉、触觉、味觉、嗅觉的感受与听觉关联在一起，这种能力是人先天就有的，但也需要后天的培养和拓展。作曲家通过联觉组织音乐、创作音乐，我们也通过联觉接受音乐、消费音乐。好的作曲家与好的音乐消费者都要逐步形成持续而稳定的联觉对应关系，前者体现的是生产能力，后者体现的是消费能力、欣赏能力。而经典音乐生产消费的良性循环，需要我们特别重视起来。

周教授还讲到以联觉的对应关系为基础，对音乐内容的理解一定是主观的、模糊的，不同的人对同一部音乐作品的联觉可能是完全不同的，比如同一部名曲经过不同指挥家的指挥，就体现出完全不同的效果和感受。这就告诉我们，艺术欣赏具有很强的主观性，没有一个所谓的标准答案。他讲到，你可以放松地听音乐，可以尽情地想，通过想象生成音乐视觉，由此你联觉的能力就成熟了，你欣赏音乐的能力就提高了。

最后周教授讲到了艺术教育的重要性。他指出，培养人们感性素质的关键期是童年阶段，这个阶段对于人们审美标准、审美偏好、审美习惯的养成至关重要。周教授还提出了“要想成功幸福，从小热爱艺术”的口号。

周教授的讲座，引领着我们一步一步走进了音乐世界。一些伟大的音乐作品往往能够超越简单的感官语义，触发你心灵深处的感动，使你获得一种从细腻、微妙到强烈、复杂的心情。周教授以渊博的知识、睿智的思想告诉我们，提高音乐欣赏能力，走进美妙艺术世界，对于我们的成长和进步、工作和生活，相当迫切和重要。

让我们再次感谢周教授的精彩演讲！

深化理解中国特色社会主义的几个理论问题

（2019年第11期　刘建军主讲）

郝振省（开场）： 我看到大家冒雪参加今天的主题讲坛，特别受感染，想起来这样一句打油诗，“瑞雪迎嘉宾，读书滋味长”。今天是2019年第11期，总排序第126期中央和国家机关“强素质·作表率”读书活动主题讲坛，我们特别为大家邀请到了中国人民大学马克思主义学院的刘建军教授作为今天的主讲嘉宾，大家欢迎他！

刘建军同志是中国人民大学马克思主义学院教授、博士生导师，是中央实施马克思主义理论研究和建设工程首席专家、教育部长江学者特聘教授、全国宣传文化系统“四个一批”人才入选者、教育部新世纪优秀人才支持计划入选者、全国高校思想政治教育研究会学术委员会委员，享受国务院特殊津贴。刘教授主要从事马克思主义理论和思想政治教育的教学与研究，出版著作10多部，发表学术论文和理论文章250多篇。

刘教授今天主要介绍中国特色社会主义思想体系的几个理论问题，包括最基本的概念、范畴，以及内涵和外延的一些问题。往往有这么一种情形，在中央某个时期的战略方针已经开始贯彻的时候，其实有不少同志对这些战略方针的产生背景、理论基础、学理根据还不够了解，从而使得我们贯彻中央指示、中央精神还存在着某种盲目性。可以预期，刘教授今天的讲座将会帮助我们克服盲目性、提高自觉性，使我们加深对习近平新时代中国特色社会主义思想体系的理解。现在让我们以热烈的掌声欢迎刘建军教授开讲。

郝振省（总结）： 下面按照惯例，我对今天的讲座做一个小结。

第一，刘教授讲到了需要搞清楚“新时代”的历史起点问题。大家知道，党的十九大宣布中国特色社会主义进入到“新时代”。有人说“新时代”的历史起点问题还要讨论吗？然而作为马克思主义哲学社会科学工作者，就必须回答“新时代”从哪里开始这样的问题。

刘教授认为“新时代”的起点实际上有三个历史节点，“新时代”的进入本身就是一个过程，而且各个方面、各个领域的进入也不是整齐划一的，这就体现了“新时代”历史起点问题上的确定性与丰富性的统一问题。没有确定性我们就难以把“新时代”和“新时期”区分开来。在它的丰富性上，不那么整齐又会陷入形而上学，所以在“新时代”的起点问题上，刘教授给出了这样的问题。

第二，刘教授讲到社会主义初级阶段的时间跨度问题，这又是一个许多人不注意甚至忽视，而实际上又是关系到中国特色社会主义的基础、历史进程和前途命运的重大问题。从我们能够找到的材料来看，只有关于社会主义初级阶段的生产关系与生产力方面的论述，而没有或者很少有关于时间跨度问题的论述。刘教授通过分析我们党领导社会主义建设、领导改革开放伟大实践的经验，特别是根据党的十九大报告的重要结论，尝试为社会主义初级阶段划分出四个历史时期。

第三，刘教授讲到十九届四中全会的启示。他提到了双重维度，一个是经济快速发展的维度，另一个是社会长期稳定的维度。十九届四中全会的焦点集中在社会长期稳定的维度上。现在一方面我们继承改革开放之前的好制度，同时又特别重视改革开放以来形成的新制度。

第四，刘教授讲到如何理解习近平新时代中国特色社会主义思想的理论体系。刘教授探讨性地将这个体系划分成基本理念、基本战略和基本方法。借鉴刘教授的分层结构，我们在学习研究、宣传贯彻习近平新时代中国特色社会主义思想的进程中，可以较好地避免“只见树木不见森林”，也可以避免“只见森林不知树木”的情形。

今天刘教授的主题演讲引导我们一起探讨了中国特色社会主义一些基础性的理论问题，为我们更好、更有成效地学习习近平新时代中国特色社会主义思想提供了重要的方法论的借鉴，有利于我们提高自觉性，克服盲目性，发挥好“作表率”的作用。让我们再次感谢刘教授精彩的演讲！

汉字与中华文化

（2019 年第 12 期　王宁主讲）

郝振省（开场）：今天是 2019 年第 12 期，总排序第 127 期中央和国家机关“强素质·作表率”读书活动主题讲坛，我们为大家特别邀请到我国著名语言文字学家，北京师范大学文学院资深教授、博士生导师、汉字与中文信息处理研究所所长王宁女士作为今天的主讲嘉宾，大家欢迎她！

王宁教授师从我国著名的文字训诂学家陆宗达教授，她在应用训诂学之外创立了自成体系的理论训诂学。关于文字学她在先贤与前人的基础上创建了“汉字构形学”“汉字字体学”与“书写汉字学”，对汉字的标准化、规范化以及现代化作出了重要贡献。

同志们，说到汉字与中华文化的关系，似乎是一个不成问题的问题，我们一说学文化就是先识字。前几天我看到一个小故事，说的是红军队伍行军的时候，把字贴到前面同志的行军包上，让后面的人看，每天学一两个字，通过这种方式扫盲识字。新中国成立之初，农村的文化建设也是从扫盲识字开始的。但是我们说熟悉的事物未必熟知它，耳熟能详的东西未必了解它的来龙去脉，未必能够把握它的真谛。王宁教授今天将给大家详细介绍她多方面的研究成果，以她深厚的造诣带领我们去了解汉字艺术的奥妙，进而了解和体味中华文化的博大精深、根深叶茂。同志们，让我们大家热烈欢迎王宁教授开讲！

郝振省（总结）：下面按照惯例，我对今天的讲座做一个简单的小结。

第一，王教授向我们讲到汉字的价值及汉字问题的重要性。她讲到汉字最初是中华民族超越时空传递语言信息的符号系统，她特别强调这句话。如何理解超越时空，就是当语言信息变成文字信息，听觉符号变成视觉符号的时候，就标志着最初的汉民族和我们中华民族进入到新的文明阶段。这个阶段的表现就是与以往的瞬时即逝的口语信息相比较，文字信息一旦产生就可以长时期地，甚至永久性地留存下去，为历史的继承性创造了条件。与只局限在很有限的空间的语言信息相比较，文字信息一旦产生便可以广泛传播开来，成为经艺之本和王政之始，为汉民族更好地、更有效地应付恶劣的生存环境提供更强有力的力量。

由听觉符号变成视觉符号是革命性的。是中华民族的继承性使中华民族的创造性得以可能，这是一条。按照马克思主义唯物史观，首先要解决吃喝住穿的问题，然后在这个基础上逐步解决政治、科学、艺术和宗教问题。其实我们的文字，在某种意义上就属于政治、科学、艺术、宗教的工具。

第二，王教授讲到汉字的性质和特点。首先讲到汉字是因意构形的表意文字，今天先生给我们讲了好多故事。早期的古汉字因物象构形，鹿、虎、象、兔、马、犬、牛、羊的象形文字，甲骨文的物象构形，还有小篆的字按照意义合成新字，这种现象，我认为提供了一种思考，再一次验证了辩证唯物主义关于内容和形式范畴的真理性和科学性。

首先是内容决定形式。王教授讲到汉字符号的因意构形，一旦有了这个因意构形的文字符号以后，人就会根据生活和生产需要不断调整形式，这个应该就是形式对内容的反作用。王教授还讲到汉字方块字的发展问题，其中也蕴含着内容和形式的辩证法。

特别是王教授讲到汉字属于自源性的古文字，先有意符后有音符，音符也是由艺术转化过来的。汉字是和中华民族一起成长起来的，所以我们对汉字的依赖根深蒂固，溶于血脉。汉字对我们的服务也是忠心耿耿，绝无二心。

第三，王教授讲到汉字系统或者说汉字与传统文化的关系。首先，她讲汉字是历史文化的活化石，透过汉字可以追溯中华文化种种的原生态。汉字对于动物的取向反映了游牧文化与原始文化的特点。汉字向植物的取向反映了中原地带进入到农耕时代的阶段。其次，汉字记载形成的各种文献成为中华民族历史的剪辑，构成了中华文字最深厚的源头、最强有力的底蕴。再次，由于汉字因意构形，因象成形，不仅建固了典籍和典册，而且对典册所存在的思想文化，包括学术体系也给我们很深的启发。比如由千字引发的千人合一的自然观。讲到汉字汉语使用人口占到全球的20%，刚才那位同志讲1/10，可能严格讲不到1/10。互联网上所占比例2016年是2.8%，今年9月份达到6.1%。这说明两个问题，一是说明我们汉字的重振雄风、方兴未艾，二是说明我们距离文化强国还有很大的距离，因为我国整体科学文化事业正在发展。

王教授以她十分渊博的汉字科学知识为我们娓娓道来，她讲述了关于汉字和中华文化的重要知识，让我们从过去碎片化了解的基础上进入到理性认识，了解了汉字的重要价值，汉字的性质和特点，汉字与中华文化相辅相成、相互支撑的关系。可以说王教授为我们提供了一堂文字科学的盛宴。让我们再次对王教授特别丰厚、特别生动，引人入胜的主题演讲表示再次感谢！